Jwala und Karl Gamper

ES IST ALLES GESAGT.

Jetzt braucht es Beispiele.

Wie schön Wirtschaft sein kann.
22 Unternehmer/innen setzen Zeichen.

edition.gamper.com

Jwala und Karl Gamper
ES IST ALLES GESAGT

In Kooperation mit:
J.Kamphausen Verlag & Distribution GmbH, Bielefeld
www.weltinnenraum.de

Visuelle Inszenierung: Jwala und Karl Gamper
Titelbild: Jwala Gamper
Typografie/Satz: Pepi Schellhorn
Druck & Verarbeitung: Sterndruck, A-6263 Fügen

1. Auflage Mai 2007 - 15.000 Exemplare
Die Deutsche Bibliothek – CIP – Einheitsaufnahme

Ein Titelsatz für diese Publikation ist bei der
Deutschen Bibliothek erhältlich.

ISBN 978-3-9501903-0-4

In Kontakt Sein.

SIE ERFAHREN

- Beispiele einer schönen Wirtschaft. Sie hören von Menschen und deren Anliegen in existierenden, erfolgreichen Firmen. Von Menschen, mit denen Sie Kontakt aufnehmen können

- dass wir in der Wirtschaft sensibel sein können, feinsinnig, authentisch, menschlich und kreativ

- dass unsere Einzigartigkeit gefragt ist und unser Mut zum Ausdruck

- den Geist eines kreativen Unternehmertums. Mit Kopf und Herz und Bauch. Mit Weisheit, Wissen und Können

- gefühlte Gedanken und Worte und Handlungen - als lebendige Wirklichkeit. Mit Menschen wie … Sie! In einem Buch, das Sie lockt zum
  Wettspiel der Ideen am Marktplatz.

ENTRÉE

Willkommen bei dieser Reise. Ich darf mich vorstellen. Mein Name ist Karl Gamper, sozusagen Ihr sprachlicher Reisebegleiter. Mir zur Seite Jwala, meine Frau.
Es gibt Tausende und Abertausende von Unternehmen, die sich umstellen. Nicht nur im Außen. Mehr im Innen. Und wenn ich sage Innen, meine ich wiederum weniger betriebsintern, sondern vor allem unser internes Betriebssystem.
Die ART, wie wir denken. Die Bravour, mit der wir die Fähigkeiten des Bewusstseins, die Veränderung unseres Standpunktes und damit unsere Wahrnehmung von Welt, Mensch, Markt und Business in unseren Alltag integrieren.
Es findet derzeit aktuell eine LAUTLOSE REVOLUTION statt. International. Vor allem jedoch in der Ersten Welt. Über diesen Paradigmenwechsel gibt es eine Flut von Büchern und Publikationen. Auch ich gehöre zu jenen Autoren, die diese fundamentale Veränderung in sich erfahren haben und darüber schreiben. Grundlegende Gedanken dazu habe ich in dem Buch „So schön kann Wirtschaft sein" veröffentlicht.

Ich bin Praktiker. Habe jahrzehntelang Firmen gecoacht und Veränderungsprozesse begleitet. Ich sehe mich als >Fährmann< zwischen den Welten Business und Bewusstsein. Und als solcher wollte ich zu „So schön kann Wirtschaft sein" ein Nachfolgebuch gestalten mit Beispielen. Denn weder Theorien – so meine Überzeugung – noch Berge von Veröffentlichungen zeigen diese gegenwärtige, grundlegende Veränderung so unzweifelhaft, so real und überzeugend wie EXISTIERENDE, ERFOLGREICHE FIRMEN. UNTERNEHMEN, DIE TÄGLICH DIE BEWÄHRUNGSPROBE UND DIE ABSTIMMUNG AM MARKT GEWINNEN.
Damit ist auf einer bestimmten Ebene ALLES GESAGT.

Deshalb haben Jwala und ich diesen Titel gewählt. Denn es gibt – wie erwähnt – eine gewaltige Menge an Literatur zu Neuer Wirtschaft, zu Bewusstseinserweiterung, zu spiritueller Evolution, zu transpersonaler Psychologie, zu neurolinguistischem Programmieren, zu Erkenntnissen der Gehirnforschung, der Quantenphysik, der Quantenpsychologie, der ... wir könnten hier eine Enzyklopädie eröffnen. Dass sich unser Bewusstsein wandelt, dass wir an einem Bifurkationspunkt* stehen, dazu braucht es kein weiteres Buch.
JETZT braucht es BEISPIELE.

Wir haben ein Jahr unserer Lebenszeit investiert, um Unternehmer/innen zu finden, die dem Neuen nicht nur auf der Spur sind, sondern dieses in ihren Firmen umsetzen. Und die bereit waren, darüber zu sprechen.

---

* Bifurkation. Bi – zwei. Furka – die Gabel. Also eine Weggabelung, an der wir als Menschheit stehen. Das Wort „Bifurkation" (bifurcation) wurde das am häufigsten verwendete Fremdwort in den USA; das vielleicht als zusätzlicher Hinweis.

Die Ergebnisse dieser Gespräche, Begegnungen und Besuche in den Unternehmen lesen Sie in diesem Buch. Nicht in Form von Interviews, sondern aus der Sicht des Autors auf diese Menschen, deren Anliegen und deren Firmen.
Mein Text wiederum wurde von jedem Einzelnen aufmerksam gelesen und zur Veröffentlichung freigegeben. Damit es hier zu keiner Verwirrung kommt: Jeder einzelne Projektpartner las nur den Text über sich und sein Unternehmen. Etwas anderes wäre nicht sinnvoll, da sich die 21 beteiligten Unternehmer/innen zum Zeitpunkt des Erscheinens dieses Buches untereinander gar nicht kennen. Das Projekt umspannt vier Länder und reicht vom Piemont bis nach Hamburg, von Zürich bis Wien. Gleichzeitig wusste natürlich jeder die Namen der anderen und kannte deren websites. Auch wir haben – bis auf ganz wenige Ausnahmen – alle 21 Partnerinnen und Partner dieses Buch-Projektes erst im Zuge der Recherche kennen gelernt.

Wir – das sind Jwala und ich. Wir sind ein Paar. Auch wenn wir gemeinsam leben und arbeiten, so haben wir doch unterschiedliche Fähigkeiten, Interessen und Vorlieben. Jwala ist für mich die Meisterin der Form. Ich bewundere ihre Ästhetik, ihren Sinn für Schönheit und ihre unverkennbare Formensprache. Von ihr sind in diesem Buch fast alle Fotos – und jene, die nicht von ihr sind, wurden von ihr bearbeitet.
Zudem die Signs, die Farben und das Gewebe der Typografie.
Ihre Begleitung hat meine Sicht geprägt.
Ich hingegen bin Ökonom. Meine Leidenschaft war die Entwicklung des Konzeptes, das Finden der 21 Partner/innen, der tiefe Austausch mit allen, der Besuch in den Unternehmen und das Schreiben der Texte als Autor. Beinahe alle kamen auch für mehrere Tage zu uns ins Claudiaschlössl, um mit einem guten Zeitbudget das zu erfassen, was gesagt werden will.

NACH WELCHEN KRITERIEN HIELTEN WIR AUSSCHAU?

Das lässt sich nicht an einem Punkt festhalten. Das Thema ist zu komplex. LebensKunst im Sinne von Weisheit, Wissen und Können gehören dazu. Ebenso ein authentisches Anliegen und die Lust, nach persönlichem Wachstum zu streben.
Ich könnte auch sagen: Wir hielten Ausschau nach MUSTERBRECHERN, nach NON-KONFORMISTEN in einem positiven Sinn.
Das Denkformat FUNKTION STATT KONVENTION war ebenfalls zentral.

Weitere Punkte waren Kreativität, Offenheit und nicht nur Mut, sondern auch vorzeigbarer Erfolg bei der Umsetzung.

Dazu kam entscheidend hinzu:

- Welchen Gewinn haben die Leser/innen, die in diesem Buch von den vorgestellten Partnern hören?
- Erweitern die einzelnen Beiträge das Spektrum der Sicht?
- Was kann für das eigene Leben mitgenommen werden?
- Mehr noch: Lässt sich daraus ein starker, nachhaltiger Nutzen ziehen? Kann für Sie ein Unterschied entstehen, der einen Unterschied macht?

Das Anliegen von allen Beteiligten war, die Kontraste herauszuarbeiten, die individuelle Differenzierung sichtbar zu machen und zu zeigen, es geht nicht um Rezepte. Nicht um Richtig oder Falsch!
Worauf es ankommt ist innere STIMMIGKEIT, die Orientierung an der eigenen Wahrheit. AUTHENTIZITÄT. Diesem Ruf couragiert zu folgen, dazu ermutigt jeder Beitrag. Denn anders als alle anderen ist nur: Jeder einzelne Mensch!
Daher stehen Anliegen und Ausdruck im Mittelpunkt. Das hervorzuheben und zu einer inspirierenden Form zu gestalten, war das Zusammenwirken von Jwala und mir.

Dieses Buch ist einer menschenwürdigen Wirtschaft gewidmet. Einer Wirtschaft, die Freude macht. Alle Beiträge miteinander bilden ein Gemälde. Die Summe der Teile ergibt ein Ganzes. In dieser Haltung ist das Buch gestaltet.

Jedes einzelne Kapitel kann allein für sich stehen. In jedem einzelnen Kapitel können Sie eine Reihe von Einsichten, Hinweisen und nützlichen Details entdecken. Jeder Beitrag ist sozusagen ein Bild für sich. Wie ein Teil einer Komposition.
Gleichzeitig gestaltet die Aneinanderreihung der einzelnen Aussagen den Bogen des Gesamten. Alle Beiträge – inklusive jener über Jwala – ergeben ein erweitertes Bild. Eine Melodie, um eine Analogie zu verwenden, die deutlich macht, dass Wirtschaft ein fließendes, unterstützendes Miteinander sein kann.

Wir haben dem Buch mit Bildern und Signs eine zusätzliche Dimension, eine emotionale Sprache, hinzugefügt.
Unsere Ausrichtung ist, Ihnen eine bibliophile Kostbarkeit zu bieten.

Ein schönes Buch, das auch Details ehrt und das Sie gerne der Reihe Ihrer Lieblingsbücher hinzufügen.

Auch die Anordnung und Reihung der einzelnen Firmen folgt einer inneren Stimmigkeit. Daher empfehle ich, das Buch beim ersten Mal von Kapitel zu Kapitel zu lesen und nicht zu springen.
Wir treffen einander wieder am Ende des Buches.
Für jetzt ist: ALLES GESAGT.
Es folgen Beispiele.

Karl Gamper, im April 2007

Einen Schritt näher

DIE TEEKAMPAGNE
GÜNTER FALTIN

Unsere Reise beginnt in Berlin. Bei „Faltin." Wenn wir alles Beiwerk beiseite lassen, den Doktor, den Professor, den Unternehmer, sogar den Vornamen, so ist das nicht respektlos. Im Gegenteil: Faltin – diese Purheit ist Botschaft.

Damit sind wir direkt beim Kern. Und dieser lautet aus Faltin'scher Sicht: „Einfachheit ist die Königsdisziplin." Einfachheit ist das Prinzip der Vernunft. Einfachheit ist die treibende Kraft, aus der heraus sich Kreativität entfaltet.

Doch lassen wir uns Zeit. Lehnen wir uns zurück und beginnen bei dem Mann namens Faltin. So verlockend es wäre, den Lebensweg nachzuzeichnen, so ist das JETZT ungleich spannender. Daher nur kurz: Schon in der Schule, während die Mitschüler Comics lasen, faszinierte Faltin Ökonomie. Doch nicht Ökonomie in dieser verwässerten und globalen Begrifflichkeit, nein, nein, nein! Faltin hielt Ausschau nach dem Faszinierenden. Damals schon bis … zum heutigen Tag.

WAS IST DIESES FASZINIERENDE?

Das Träumen. Exakter gesagt und in unsere Erwachsenensprache übertragen: Vorsprung durch Fantasie. Faltin begeisterte sich sein Leben lang an einfachen Ideen, die durch geschicktes Zusammenfügen – einem Puzzle gleich – ein unverkennbares Muster bildeten; Konzepte, die die Bewährungsprobe der Praxis und die Abstimmung am Markt bestanden. Bei der Umsetzung. Bei der Erdung!
Anders gesagt: Ein „Ideenkind," das Erfolg produziert. Das Menschen mitreißt. Das einen Unterschied macht und das die Welt – oder zumindest die Arbeitswelt – farbiger, leuchtender, leichter, schwebender macht und am Marktplatz zeigt: Es ist möglich! Es ist möglich, Konventionen zu brechen, neue Wege einzuschlagen, sich nicht nur an Benchmarks zu orientieren (Learning from the best), sondern ganz authentisch dem eigenen Ruf zu folgen und: Die eigene, geliebte Idee auf den Boden zu bringen.
Darum geht es ihm. Das ist sein Brennen und der rote Faden seines Lebens. Ein roter Faden, der sich auf ein Feld konzentriert. Auf das Feld der Ökonomie.
Daher studierte Faltin Ökonomie, promovierte, assistierte und stand – obwohl er nie Professor werden wollte – schon als 29jähriger auf drei Berufungslisten auf dem ersten Platz. Es wurde eine Professur an der Freien Universität Berlin.
Was er im Gehege der Wissenschaft nicht fand? So manches – doch am wenigsten die Freiheit, alles über Bord zu werfen. Die freche Lust zum Ungewöhnlichen, den rigorosen Mut auch zu scheitern, weil Neuland eben jungfräulich ist; die Aufforderung, absichtlich aus der Reihe zu tanzen und nicht nur die Tanzfläche, sondern auch das Orchester – ja den gesamten Rahmen – zu verlassen. Dieser Quergeist ist nicht wissenschaftlich. Dafür jedoch menschlich. Und kann Spaß machen. Mehr noch: Darin

liegt der Nährboden möglichen Erfolgs. Und natürlich auch der Keim eines Fehlschlags.

Ich begegnete Faltin zum ersten Mal im Jahre 2004. In schriftlicher Form. Faltin schrieb das Nachwort zu einem Buch von Fred Gratzon, der im gleichen Verlag veröffentlicht wie ich. Bei Kamphausen. Das Buch heißt: „The Lazy Way To Success." Der Untertitel ist eine extreme Draufgabe: „Ohne Anstrengung ALLES erreichen." Ich kann mich noch gut erinnern: Das Nachwort! Ich war elektrisiert. Zum ersten Mal verstand ich den Unterschied zwischen ENTREPRENEURSHIP UND BUSINESS ADMINISTRATION. Faltin differenziert durch die Entlehnung der beiden Wörter aus dem angelsächsischen Sprachraum den deutschen Einheitsbegriff „Unternehmertum." Dabei hat Faltin besonders den Entrepreneur im Blick. Dieser ist es, der die Unternehmensidee spinnt, der das Puzzle nach einer in sich stimmigen, den eigenen Neigungen und Visionen – wie auch den Bedürfnissen des Marktes – gemäßen Idee zusammensetzt. Das ist ein „innerGame", ein schöpferischer Prozess, der zunächst einmal befreit ist von betriebswirtschaftlichem Fachwissen.

Faltin: „Entrepreneurship ist viel mehr als Geschäftstüchtigkeit. Der Entrepreneur ist ein Künstler. Und deshalb braucht es eine gehörige Portion jener (Nicht-) Arbeitstechniken, die Kunstliebhaber bei ihren Idolen bewundern, die jedoch von der bürgerlich-calvinistischen Arbeitsethik verteufelt werden."

Das traf mich direkt. Und so war es eine wunderbare Fügung des Lebens, als mich ein Jahr später mein Verleger Joachim Kamphausen anrief und sagte: „Hast du Lust, dein neues Buch* in Berlin vorzustellen? Im Labor für Entrepreneurship. Bei Prof. Faltin. Dieser würde dich auch interviewen."

Lust hatte ich. Doch interviewt zu werden – von einem Professor ...?
Ich flog nach Berlin. Das „Labor für Entrepreneurship" in der Niedstraße, Berlin-Friedenau, war bis auf den letzten Patz gefüllt. Ich war nicht frei von Nervosität. Ein Interview... mit einem Professor! Faltin ist ein großer, schlanker Mann mit klugen, lachenden Augen. An diesem Abend bekleidet mit Leinenhose und offenem, weißen Hemd. Ich mit Anzug und Krawatte! Joachim Kamphausen war auch da. Faltin fragte mich so entspannt, geschickt und unterstützend, dass in mir während meiner Antworten das Verständnis für das Wesentliche eines kreativen Unternehmertums wuchs. So spielten wir uns lachend die Bälle hin und her. Welcher Schrecken auch immer aus meiner eigenen Studienzeit vor fragenden Professoren in meinen Knochen nistet, an diesem Abend war davon nichts zu bemerken. So entstand das Bild einer kreativen Wirtschaft, genährt und getragen von Menschen, die ihren Talenten, Vorlieben und Fähigkeiten Ausdruck geben. Einer Wirtschaft, die uns Menschen dient – anstatt einer Wirtschaft, die durchzogen ist von hemmender Gesetzesflut, übermächtigen Institutionen und anonymen Kräften.

Beide fühlten wir uns einem Gedanken verpflichtet:
DEM WETTSPIEL DER IDEEN. Faltin: „Wir brauchen einen Markt der Ideen, einen Ideenwettbewerb. Wir haben hier und heute die Chance, einen Schritt nach vorne zu gehen, geradezu in eine Befreiung der Menschen. Entrepreneurship kann ein Weg sein für große gesellschaftliche Veränderungen."

Wir blieben nach diesem Abend in Kontakt, trafen einander mehrfach, telefonierten, tauschten aus. Es ist mir eine Freude, Ihnen aus meiner Sicht Faltins Meisterbeispiel vorzustellen, die Teekampagne.

Heute ist die „Teekampagne" das größte Handelshaus für Darjeelingtee weltweit.

Sitz: Potsdam, Deutschland.
Zunächst war die „Teekampagne" nur eine Idee, ein Brainchild. Sitz: Im Kopf und im Herzen von Günter Faltin.

Wie wird aus einem „Ideenkind" – das ursprünglich nur im Designlabor von Faltins Innenwelt lebte – eine Firma, unter deren Dach Menschen werken, Waren über Kontinente bewegt werden, Geldströme fließen; mit Hunderttausenden von Kunden? Wie formt sich eine Marke? Was löst einen solchen Sog aus? Und wie ist es möglich, dieses Unternehmen mit so wenigen Mitarbeiter/innen dermaßen vorbildlich zu führen?
Die hier gestellten Fragen sind dabei nur ein winziger Ausschnitt aus möglichen Fragen. Denn wir könnten fragend bis in atomare Details vordringen – ohne die geniale Grundidee zu erkennen.

Wie lautet diese?

Im Kern heißt sie >FUNKTION STATT KONVENTION<. Das bedeutet, sich auf die eigentliche Aufgabe zu konzentrieren und diese unvoreingenommen versuchen zu lösen, statt den vorherrschenden Konventionen zu folgen.
Dieser Gedanken-Laser führt unweigerlich zu Schumpeter, der den Begriff „creative destruction" prägte. Joseph Schumpeter, 1883 – 1950, Professor, österreichischer Finanzminister um 1920; später Dozent an der berühmten Harvard University, sah als entscheidende Kraft wirtschaftlicher Entwicklung den innovativen Unternehmer, dem die Rolle der >schöpferischen Zerstörung< zufällt.

Doch bekanntlich ist alle Theorie grau. Auch deshalb wählte Faltin die Herausforderung, als Professor zu zeigen – und damit beispielhaft zu lehren! - wie Entrepreneurship gedacht ist, wenn es umgesetzt wird. Denn Beispiele sind gefordert. Menschen müssen sehen, wie etwas funktioniert, um es zu verinnerlichen und zu verstehen. Sonst könnte der Zweifel die Überhand bekommen.

Faltin lachend: „UM ZU WISSEN, OB SIE AUF DEM RECHTEN WEG SIND, WENN SIE IHR „IDEENKIND" NACH „FUNKTION STATT KONVENTION" FORMEN, FRAGEN SIE DIE EXPERTEN IHRES GEBIETES. WENN SIE ALLE FÜR EINEN SPINNER HALTEN, DANN SIND SIE AUF EINER SPANNENDEN FÄHRTE."

Warnung: Im Nachhinein klingt alles sehr leicht; wie selbstverständlich, geradezu logisch. Im Vorhinein stehen Sie alleine da. Und mittendrin brauchen Sie eine starke Portion Mut, Vertrauen in Ihre Vision und in das, was sie ausmacht sowie Kreativität und Tatkraft, um Ihr „Ideenkind" geschickt den Umständen anzupassen, ohne es und ohne sich selbst zu verbiegen.

Daher ist >Funktion statt Konvention< kein Rezept – sondern ein gedanklicher Polarstern, an dem Sie sich orientieren können. Das Maß aller Dinge ist Ihr eigener Herzschlag. Das Wissen, das Spüren, das Ahnen um Stimmigkeiten. Wenn Sie in sich nicht die Fähigkeit kultivieren, mit Ungewissheiten zu leben – haben Sie schlechte Karten. Doch wie sagt der Weise: Das Leben ist ein Abenteuer. Die Perle gehört dem, der ins Ungewisse springt. Und: Wir leben in einem liebevollen Universum. Kosmisch gesehen. Auch das gilt es nicht zu vergessen.

Zurück zu Faltin und in die Zeit vor dem Start der Teekampagne. Faltin hat sich gefragt – und diese Fragen könnten auch die Ihren sein …

- Wo bin ich unzufrieden?
- Was genau ist das Problem?
- Was kann ich anders machen?
- Kann ich es einfacher machen?
- Kann ich etwas weglassen?
- Und wo in all dem kann ich einen Beitrag leisten, der mir Spaß macht und der auch mit meinen Fähigkeiten korrespondiert?
- Worauf habe ich wirklich Lust?
- Womit möchte ich meine Arbeitszeit – meine Lebenszeit – verbringen?
- Was würde einen Unterschied machen?
- Was ist der Marktvorteil?

„Als Entrepreneur wirst du nicht geboren, erst der Prozess macht dich zum Entrepreneur." Haben Sie die Fragen gelesen? Ist es Ihnen aufgefallen? Für keine einzige Antwort zu diesen Fragen brauchen Sie ein Diplom. Für keine einzige!

Da haben wir sie wieder, diese Differenzierung zwischen ENTREPRENEURSHIP UND BUSINESS ADMINISTRATION. Der Entrepreneur ist kreativ, unkonventionell, originell, lebt mit Fragen und lässt Antworten in sich reifen. Darin liegt eine nicht zu beschreibende Faszination. Kein Mensch weiß, wie lange so etwas dauert.

Sie wissen es auch nicht. Doch Sie spüren es. Etwas in Ihnen wächst. Etwas in Ihnen beginnt sich zu formen, ahnend zu verdichten. Es ist wie eine innere Aufregung, wie ein kribbelndes Erwarten von …? – noch ohne recht zu wissen, was sich zeigen will. Und dann – irgendwann – ist sie da. Die Idee. Obwohl so erhofft – doch unverhofft. Die Puzzlesteine passen auf einmal. >Things fall in place.<

Bei Faltin war die Idee: **Teehandel radikal anders zu denken.** Wer hätte das gedacht. Ein Professor, der Kaffee trinkt – schwingt sich ein auf Tee.

Lassen Sie uns jetzt pragmatisch weitergehen.

- Was ist die Funktion des Teehandels?
  Tee von A nach B zu bringen. Fertig. So klar, so direkt, so einfach.

- Was ist die Konvention des Teehandels?
  Nun, da gibt es zunächst den Teegarten, sagen wir in Darjeeling. Dann den Exporteur. In Kalkutta befindet sich das größte Tee-Auktionshaus. Dann den Importeur – nehmen wir an in Hamburg. Dann die Großhändler – da und dort, verteilt in den einzelnen Ballungsräumen. Dann den Einzelhandel, das Teegeschäft – direkt bei Ihnen um die Ecke. Dann Sie. Ja, Sie, denn Sie machen wir jetzt zum Teeliebhaber.

  Was für eine Kette von Gliedern zwischen dem Teegarten und Ihnen. Und all diese Firmen verdienen an Ihrem Tee. Reichen diesen weiter. Und reichen weiter. Und wieder weiter. Der Teehändler um die Ecke verkauft Ihnen schließlich 100 g. Und hat eine Auswahl von über 100 Sorten für Sie parat.
  Das also ist Konvention. Die Konvention des Teehandels. Habe ich etwas vergessen? Ja, jede Menge. Denn es gibt Agenturen, Scouts, Spezialisten und Berater … und noch vieles mehr.

  Wenn Sie sich auf die eigentliche Funktion des Teehandels, Tee von A nach B zu bringen, beschränken, machen Sie sich zum Außenseiter.
  Sie sprengen die Konvention. Radikal.

Das hat Faltin getan. Seine Idee:

- Nur einen einzigen Tee – dafür den besten der Welt.
- Und den nur in Großpackungen.
- Direkt aus Indien. Ohne Zwischenhandel.

Das macht den Tee preiswert. Daher der Name „Kampagne."

Als er diese Idee einem Experten in Hamburg erzählte, sagte dieser: „Herr Professor *(bitte hören Sie den Ton. Schwingen Sie sich auf den Tonfall ein)* Lieber Herr Professor. Ein Tee. Nur einen Tee. Und diesen nur in großen Packungen. Bitte! Kommen Sie zu uns nach Hamburg. Ich lade Sie ein. Wir zeigen Ihnen, wie Teehandel funktioniert."

Da wusste Faltin, er ist auf einer heißen Spur.

>FUNKTION STATT KONVENTION.<

Faltin hat das durchgezogen. Mit klarem Ergebnis.

Darjeeling ist der Champagner des Tees. Diese Provinz Indiens am Südhang des Himalaja liegt auf etwa 2.000 Meter. Das Klima dort ist voller Gegensätze. Heiß : Kalt. Trocken : Feucht. Ideal für Tee. Die steilen Hänge bieten den besten Winkel für die optimale Sonnenbestrahlung. Das macht diesen Tee einzigartig. Und sehr begehrt. Auch für Fälschungen. Heute wird am Weltmarkt ein Vielfaches mehr an Darjeeling angeboten, als dort geerntet werden kann. Um sich hier abzugrenzen und den Kunden maximale Sicherheit zu bieten, bietet die „Teekampagne" ganz ohne Schnörkel und Werbelyrik pure Fakten wie:

- Das offizielle Logo des Teaboard of India für 100 % reinen Darjeeling-Tee. Die Teekampagne war das Pionierunternehmen, das dieses Zeichen zum Schutz der Pflanzer vor Verfälschungen in Deutschland eingeführt hat.
- Die genau Bezeichnung des Tees; also ob es sich um einen First Flush oder Second Flush handelt
- Den Erntejahrgang sowie
- Die genaue Blattqualität. Finest Tippy Golden Flowery Orange Pekoe – das ist die Krönung der Qualität von Darjeeling.
- Darüber hinaus finden Sie auf jeder Packung eine Chargennummer. Wer diese Nummer auf der website der „Teekampagne" eingibt, kann exakt den Tee bis zu seinem Ursprung zurückverfolgen. Vom Namen des Teegartens, den Qualitätskontrollen, der Verschiffung in Kalkutta, der Ankunft in Rotterdam und wann genau der Tee für Sie abgepackt wurde.

Durch die konsequente Ausrichtung auf die Funktion entfällt nicht nur der gesamte Zwischenhandel – auch die Lagerhaltung liegt beim Endverbraucher. Was diesem nichts ausmacht. Er kauft inzwischen fast nur noch die 1kg-Großpackungen. Tee hält sich. Das alles spart viele unnötige Kosten.

DAS ERLAUBT GROSSZÜGIGKEIT. Die „Teekampagne" bietet nicht nur ein beispielhaft gutes Preis-Leistungsverhältnis; sie bezahlt DEN TEEGÄRTEN IN INDIEN FAIRE PREISE, sorgt für die Einhaltung hoher Sozialstandards, machte schon 1985 auf die Problematik der Chemierückstände aufmerksam, fördert ökologische Anbaumethoden und FINANZIERT EIN UMFANGREICHES WIEDERAUFFORSTUNGSPROGRAMM, DAS INZWISCHEN VOM WWF ORGANISIERT UND EVALUIERT WIRD. Und das seit 1992. Nicht nur das. Das Modelldorf Tinchulay entstand, Bio-Kompost wird gewonnen, Microentrepreneurship wird gefördert.

Faltin freut sich besonders über den Anklang der „Teekampagne" in Japan, dem Land des Tees schlechthin. >Strikt an Vernunft ausgerichtet seien die Prinzipien der „Teekampagne." Nur eine einzige Sorte Tee. Nur Großpackungen. Nur Direktversand. Sehr lobenswert. Sehr eindrucksvoll< - so der Tenor der Presse in Japan.

Entrepreneurship ist das schöpferische Gestalten. Das kreative Element. Im Grunde die Uraufgabe des Unternehmertums: Neues in die Welt zu heben. Business Administration ist wichtig. Damit werden Prozesse effizienter. Das ist Management. Doch diese einseitige Ausrichtung auf Administration – auch an unseren Schulen und Universitäten und Gründerinitiativen - tötet Kreativität. Der Alltag von Einkauf, Produktion, Verkauf, Lagerhaltung, Buchhaltung, Steuerrecht, Gesellschaftsrecht, Business-Plänen, Marktwissen, Trends, Kommunikation, Menschenführung … nimmt uns den Atem und den Mut, die Einfachheit einer Idee in uns gedeihen zu lassen. „Business is simple" – sagte Jack Welch, Star-Manager von General Electric.

Faltins Leidenschaft gehört den Entrepreneurs. Er fordert und fördert den Unternehmer als Künstler. Den Couragierten. Die Mutige. Menschen, die nicht nur dauernd neue Bedürfnisse provozieren, sondern auf bereits bestehende Probleme mit ökonomischer Vernunft und gesellschaftlichem Engagement authentisch und kreativ antworten. „WER DIE FANTASIE VERKÜMMERN LÄSST, WIRD BLIND FÜR DIE VIELFALT DER MÖGLICHKEITEN. WER ZAHLEN, DATEN UND FAKTEN ZUM ALLEINIGEN CREDO KÜRT, VERENGT DEN BLICK. DAS VORFINDBARE LÄSST SICH IMMER VERBESSERN!"
Und weil das so ist, hat Faltin eine Reihe seiner Meisterschüler tatkräftig unterstützt – und tut das weiterhin! – ihre „Ideenkinder" erfolgreich zu machen. Blühend. Einige davon sind Marktführer in ihrer Branche. Entrepreneure. Menschen mit Wurzeln und Flügeln.

„Ein eigenes Unternehmen zu gründen ist nicht länger etwas völlig Außergewöhnliches, sondern steht viel mehr Menschen offen, als wir uns bisher vorstellen konnten. Aktive Mitwirkung an der Gestaltung unserer Wirtschaft nicht nur für wenige. Mitbestimmung der etwas anderen Art! Sein eigenes Unternehmen entwerfen und besitzen?
>**Entrepreneurship für viele**< ist im Moment noch eine Vision.
Doch zum Greifen nah."[1]

Faltin: „Formen Sie Ihr Konzept so, dass es bei Stößen von außen immer wieder in die Balance zurückfindet, und das nicht nur auf einem einzigen Bein. Letztlich muss es auf jedem der Beine stehen können und die Balance behalten. Je sorgsamer Ihr „Ideenkind“ vorgedacht ist, desto besser können Sie delegieren. Können Business Administration zukaufen. Die „Teekampagne“ kam trotz massiver Anfeindungen aus dem konventionellen Teehandel nie in die Krise.“
Diese Skulptur von Kemal Cantürk steht im „Labor für Entrepreneurship“.

„Man muss sein eigenes Puzzle zusammenstellen und sein Ideenkind lieben:
Starting an enterprise >IS LIKE STARTING A LOVE AFFAIR.<

TEEKAMPAGNE

www.teekampagne.de

www.entrepreneurship.de

Tel.: +49-331-74 74 74

SHORT CUT

Konzentrieren Sie sich auf die Funktion. Arbeiten Sie diese für sich heraus. Das wird ein Prozess sein. Handeln Sie authentisch nach Ihrer eigenen Stimmigkeit. Neue Unternehmer/innen braucht das Land. Kreative.
Faltin: „Ich gebe Marx in einem Punkt recht; die Welt verändert sich durch die Wirtschaft. Um eine bessere Welt zu entwickeln, müssen die Künstler, die Feinsinnigen, Frauen und Männer gemeinsam – mitmischen."

---

[1] Faltin: Erfolgreich gründen. Der Unternehmer als Künstler und Komponist. DIHK-Verlag, 2007

* „So schön kann Wirtschaft sein." Karl Gamper. Kamphausen. ISBN 978-3-89901-073-7

LIFE ART MANAGEMENT

BRIGITTA JELLENKO. THOMAS DICKERT

Brigitta und Thomas sind ein Paar. Leben und arbeiten miteinander. Forschen, studieren, entwickeln die Trainings, gestalten die Programme, lehren, bilden aus. Sie Österreicherin, aus Linz. Er aus dem kühlen Norden Deutschlands. Miteinander haben sie „life art management" geboren und zu dem gemacht, was es ist.

LEBENSKUNST (life – art) – waren wir uns im Gespräch bald einig - zeigt sich. Wo? Natürlich auf Planet Erde. In unserem Körper. Denn warum tun wir die Dinge, die wir tun? Letztendlich – um uns und/oder anderen das Leben zu erleichtern. Um ein GUT GELEBTES LEBEN zu führen.
Das gelingt zwar nicht immer, und manchmal haben wir das auch nicht bewusst im Visier – doch zielt nicht alles darauf ab?

Der Körper wurde zum Zentrum der Arbeit von Brigitta Jellenko und Thomas Dickert. Vom Körper ausgehend und um diesen herum kreist ihr Beitrag. Das mag äußerlich während eines Trainings nicht immer sichtbar sein – doch innerlich ist das ihr Focus.

Dem Körper die vollkommen gleichwertige Aufmerksamkeit zu geben wie dem Verstand und den Gefühlen - das ist in unserer Wirtschaft selten. Meist geht es um Ratio, um mentale Prozesse in der Industrie, im produzierenden Gewerbe, bei den Banken, den Behörden. Zwar wird immer öfter auch das Emotionale integriert; doch der Körper? Dabei leben wir alle in unserem Körper. Und haben wir keinen Körper mehr…? Dann ist unser Leben in dieser Form vorbei!

Thomas und Brigitta: „DER KÖRPER IST GENIAL. Die Homöopathie zeigt, dass selbst in den höchsten Potenzen noch alle Informationen enthalten sind. Auch in unserem Körper ist alles enthalten. Das Feuer der Sterne, das Wasser der Ozeane, die Luft im Atem. Und der Körper ist aus Lehm gemacht; aus Erde. Es geschehen Wunder, wenn wir uns an die Weisheit der Zellen und an das Körperbewusstsein andocken."

Brigitta: „Zu jedem Gedanken gibt es eine körperliche Entsprechung. Zu jedem Gedanken!" Thomas: „Und wenn wir eine andere Wirkung haben wollen – brauchen wir nur zu beginnen - uns anders zu bewegen. Nur ein bisschen anders. So einfach."
Thomas: „Machen wir eine Probe?" Thomas leitete mich an, ein Thema zu wählen, das mir unangenehm ist – und mich danach so langsam wie möglich um 180 Grad zu drehen. „Langsamer… viel langsamer. Noch minimaler in der Bewegung. Und jetzt in die andere Richtung."
„Was fällt dir auf?"
Eine Richtung ist für mich komfortabler als die andere.

Nun lud mich Thomas ein, eine subtile, winzige Veränderung in der Haltung meines Körpers vorzunehmen und dann mit meinem Thema zu verbinden. Das tat ich. Ich bewegte mich. Im Nu entstand ein vollkommen anderer Zugang zu meinem Thema. Wie ein Riss. Eine im buchstäblichen Sinn neue Sicht tauchte auf. Faszinierend. Heute kann ich mit zeitlichem Abstand schreiben: Das Thema hat sich vollständig verflüchtigt.

Hinter dieser Arbeit liegt ein Erfahrungsbogen mit inzwischen Tausenden von Menschen. Thomas hat zudem lange für die AOK, deutsche Gesundheitskasse gearbeitet. Brigitta und Thomas kommen aus der Psychologie und haben intensiv Moshé Feldenkrais, Ida Rolf, William Leigh studiert und – wie alle, die lange unterwegs sind – jede Menge andere Schulen und Techniken ebenso.
Die Liste ihrer Ausbildungen ist lang.

Doch wie arbeiten die beiden in Teams, bei Firmen, in Organisationen? Der Körper ist ja beinahe tabu. Wohl kaum eine Firma wird sich gleich auf noch so achtsame und subtile Körperbewegungen einlassen; noch dazu auf Führungsebene. Wie also packen die beiden das an?
Mit drei Fragen. Diese drei Fragen bilden einen offenen Kreis, formen die Dynamik einer Spirale, die aus dem Prozess selbst entsteht. „Es ist erstaunlich, was geschieht, wenn Menschen mit diesen drei Fragen rigoros und ehrlich mit sich selbst arbeiten." Auch allein, nur für sich.

DIE DREI FRAGEN ...

1) Was willst du genau? Was willst du ganz genau?
2) Wofür ist das gut für dich?
3) Wie komme ich (wie kommen wir) dorthin?

Es sieht harmlos aus – doch es wirkt. Faustdick! Beginnen wir mit der ersten Frage. Wird diese Frage in einem Team gestellt, das an einem Projekt arbeitet – und wird diese Frage immer wieder und im Kreis mit Humor und Leichtigkeit gestellt - so hören alle die Antworten jeder einzelnen, jedes einzelnen. EINE SPONTANE DYNAMIK ENTSTEHT. Jeder ist auf sich selbst zurückgeworfen und geht aus diesem inneren Raum auf andere zu. Das ist sehr konfliktarm. Denn es geht ja zunächst nur darum, klar zu bekommen, „was will ich ganz genau?“ Das wissen wir so gut wie nie sofort. Fast alle können das benennen, was sie nicht wollen. Kaum jemand jedoch das, was er/sie will.

Die zweite Frage hat eine eruptive Kraft.

„Wofür ist das gut für dich?“ Oft übersehen wir bei der Arbeit, dass das Projekt auch etwas mit unserem Leben zu tun hat – nicht nur mit Sachzwängen. Tatsächlich investieren wir ja unsere Lebenszeit! Diese Frage macht die Rückkoppelung deutlich und löst Freude aus. „Wofür ist das gut für mich?“ – zielt darauf ab, die eigenen Stärken, Talente und Vorlieben einzubringen und zu erforschen:
Was begeistert „mich.“
Brigitta und Thomas: „Dass ein Unternehmens-Projekt >mit mir< zu tun hat, gar gut für mich ist ... diese Einstellung ist für viele neu. Und da wir die Menschen persönlich, achtsam und nicht-manipulativ einbeziehen, können wir zusehen, wie die Lust wächst, das eigene Claim abzustecken um gerne mit anderen zusammen zu wirken. Das ergibt sich meist wie selbstverständlich.

Brigitta: „DER KÖRPER EINES UNTERNEHMENS SIND – im übertragenen Sinn - DIE MITARBEITER/INNEN. Wenn wir um diesen „Körper“

- die Aufgaben,
- die menschlichen Beziehungen,
- die Persönlichkeitsentwicklung
- die Finanzen und
- die Gesundheit

so ausrichten, dass sich der „Körper“ wohlfühlt, dann entsteht ein Maximum an Produktivität und Beweglichkeit und ein kreatives, höchst vitales Feld aus Individualität und Gemeinschaft.“
Fehlt noch: „Wie komme ich (wie kommen wir) dorthin?“

Brigitta und Thomas: „Wenn die erste und zweite Frage authentisch beantwortet sind und der Körper mitgenommen wurde, ergibt sich das WIE. In gewisser ART geschieht das WIE einfach. Ein Plan entsteht. Möglichkeiten tauchen auf. Handlungsmuster zeigen sich. Chancen kommen. Nicht nur in Teams, auch für Entrepreneure, die mit ihrem „Ideenkind“ arbeiten und/oder ganz konkreten Herausforderungen. Die Verzahnung der drei Fragen setzt Beweglichkeit und Kreativität frei und vor allem Freude.

LIFE ART MANAGEMENT

verbindet Leben mit der Kunst, den Körper einzubeziehen und mitzunehmen. Management ist das richtige Tun. Wenn der „Körper“ - die Mitarbeiter/innen eines Unternehmens - beginnen, Zukunftsfelder aktiv zu gestalten, wird Potenzial freigesetzt.
Erfolg erfolgt.

Thomas Dickert: „Spiritualität ist für mich die Basis allen Erfolgs. Ich meine damit die ganz persönliche und individuelle Beziehung des Menschen zum Göttlichen, wie immer das der einzelne nennen will."
Brigitta ergänzt: „Und Herzensbildung. Denn was wir aus dem Herzen, in Liebe tun, das gelingt."
Brigitta Jellenko und Thomas Dickert arbeiten für Unternehmen und Organisationen, bieten jedoch auch Ausbildungen und offene Trainings an.

LIFE ART MANAGEMENT

www.life-art-management.com – Bewegliche Unternehmen. Tel.: +49-4181-940 950

SHORT CUT

„Wenn wir in den Körper kommen, dann sind wir so richtig lebendig. Und neun von zehn Problemen verschwinden. Das gilt auch für Unternehmen. Wenn die Mitarbeiter/innen begeistert sind, dann sprühen die Funken – von Körper zu Körper - und: Etwas kommt in Bewegung.
Unsere Gedanken und Gefühle bestimmen weitgehend unseren Lebenserfolg und unser Lebensglück. Wie also ist es möglich, auf sie einzuwirken, sie positiv zu gestalten? Die Antwort liefert die Neurobiologie: Der Weg führt über den Körper, über das Körper-Gefühl. Gefühle verändern unser Denken. Darüber ist sich die Wissenschaft längst einig! Und Thomas und Brigitta auch.
Wie wir uns bewegen, so fühlen und so denken und so handeln wir. Immer. Denn Handlung ist Bewegung.

HÄNDE. UNSERE HÄNDE. Ein Wunder im Mensch-Sein. Unsere Hände sind es, die uns zu dieser herausragenden Spezies machen. Es sind unsere Hände, die Evolution vorantreiben und Dinge ermöglichen, die die Natur niemals erfinden könnte. Nicht in Millionen von Jahren.

UNSERE HÄNDE, verbunden mit dem zunehmenden Verstehen, wie das Leben funktioniert, machen uns Menschen zu Meistern und zu Dieben gleichermaßen. Zu Königen und Sklaven. Zu Sklaven des Verstandes, wenn dieser unser König wird. Zu Königen des Lebens, wenn der Verstand unser Diener ist.

Unsere Hände greifen in die Tiefe der Seele, um sich mit dem Energiestrom der Ewigkeit zu verbinden. Wenn wir unsere Hände begreifen, verstehen wir unseren Körper. Und wenn wir unseren Körper verstehen, erfassen wir unsere Gedanken und Gefühle, verneigen uns vor der Weisheit des Lebens und handeln im Einklang mit dem Rhythmus der Evolution.
Stark. Geschmeidig. Sicher.

Wenn ich tiefer eintauche in die Arbeit von BRIGITTA UND THOMAS, berühre ich die Felder >Leben–Kunst–Management.< Mein Verstand versteht. Er wird auf gute Weise still. Und aus dieser Ruhe fließt eine Kraft …

Eine kleine Bewegung des Körpers - oder der Hand, eine winzige Veränderung des Fingers – und ein erstaunliches Bild öffnet sich mir, dem Betrachter.
Wie berührend. Und handfest.

dem leben
auf der
Spur.

dm – DROGERIE MARKT

GÜNTER BAUER

2 Sportmeldungen aus 1963 – Sektion Rudern:

Günter Bauer/Götz Werner – Juniorenmeisterschaft Deutschland. GOLD.
Günter Bauer/Götz Werner – Junioren-Europameisterschaft. GOLD.

Rudern ist ein faszinierendes Zusammenspiel von Ausdauer und Kraft, Präzision, Rhythmik und Bewegung. „Du bist einerseits zu 100 % konzentriert auf deinen Schlag, anderseits im exakten Gleichklang mit dem Partner. Du gibst dein Bestes, gehst auf in der Bewegung, verlierst dich in einem gewissen Sinn und bist doch klar im Jetzt. Während des Ruderns ruderst du einfach und holst alle Energie – fast möchte ich sagen des Universums – in deinen Körper. Rudern hat mich als junger Mann geformt. Das Training, die Wettkämpfe, die Siege – auch die Niederlagen."

Der Mann, der so spricht, ist ein Hüne. Sein Name: Günter Bauer, Vorsitzender der Geschäftsführung von dm drogerie markt GmbH, Teilhaber, Kommerzienrat und Partner im Konzern.
Sein Büro: Die Zentrale des dm Teilkonzerns Österreich in Salzburg.

Günter Bauer: „Wenn Sie mit mir – anstatt mit Götz Werner, dem Begründer von dm – die Facetten unseres Weges beleuchten wollen, dann schlage ich Konzentration vor. Konzentration auf den österreichischen Weg und auf die Länder rund um unser Land. Denn für die Entwicklung in diesem Bereich bin ich verantwortlich." Ich wollte. Und die Atmosphäre war viel entspannter, als die Strenge dieses Satzes vermuten lässt.

Wo anfangen? Günter Bauer holte aus und begann zu erzählen. „ES WAR EIN MITTLERES BEBEN, ALS 1973 DER ERSTE DROGERIEMARKT IN DEUTSCHLAND STARTETE. dm war wirklich ein Musterbrecher, sprengte Vorstellungen und Konventionen. Die Drogerie – das war damals das Paradebeispiel für die Theke, hinter der ein Drogist die Flaschen und Tuben hervorholt, die der Kunde – vielleicht besser die Kundin – verlangt. Götz Werner, einst mein Partner beim Rudern, setzte seine Idee konsequent um und startete in Karlsruhe. Bald kamen Günther Lehmann und ich hinzu. Und ein Jahr danach gründeten wir gemeinsam die dm drogerie markt Österreich GmbH, an der ich zu einem Viertel beteiligt war. Die dm-Märkte waren absolut funktional. Regale, in denen die Ware lag. Selbstbedienung. Das war damals für den Lebensmittelhandel schon nicht selbstverständlich – für eine Drogerie absolutes Neuland. Gesetzlich wurde es überhaupt erst möglich durch die Aufhebung der Preisbindung. Und der Preis war unser Attraktor! Stellen Sie sich vor, Sie bezahlten für einen speziellen Haarspray damals DM 10,50 und bei uns DM 5,90. Das wurde möglich, da wir die **Konvention der Bedienung** brachen, nicht der Beratung. Die Menschen konnten sich im Geschäft fachlich informieren.

Wir legten hier in Österreich am 25. November 1976 in Linz los. OHNE BANKDARLEHEN. UND DAS IST DIE ERSTEN 17 JAHRE SO GEBLIEBEN. WIR HABEN UNSER WACHSTUM AUS UNS HERAUS FINANZIERT."

Günter Bauer ist einer der letzten noch aktiven Pioniere des österreichischen Handels. Und es gibt nicht viele, die auf eine Entwicklung blicken können, die 1973 mit einem Geschäft in Karlsruhe begann und 2007 im Gesamtkonzern ca. 25.000 Mitarbeiter/innen, mit knapp 2.000 Filialen und einen Umsatz von knapp über 4 Milliarden Euro umspannt. Direkt verantwortlich im Konzern ist Günter Bauer für den Teilbereich Österreich mit den Ländern Ungarn, Tschechien, Slowakei, Slowenien, Kroatien, Serbien, Bosnien-Herzegowina und Rumänien. Das umfasst ca. 9.000 Mitarbeiter/innen, knapp 1.000 Filialen und 1,1 Milliarden Umsatz.
„Stolz?" – Ich stelle diese Frage nicht. Auch nicht die Frage nach dem Aufbegehren, nach der Vision oder nach der großen Veränderung. Warum?
Weil dieser Mann in seiner Gesamtheit eines ausstrahlt: **MUT ZUM MUT.**
Und wenn es jetzt eine griffige Formulierung braucht, dann diese: Wünsche werden wahr, dadurch, dass man handelt.

Günter Bauer ist ein Handler. Ein Umsetzer. Nicht planlos. Nicht getrieben. Weder zaudernd noch überspannt. Der regelmäßige Schlag, die Rhythmik des Ruderns, der gute Blick auf den Fluss, das Gewahrsein der Mitspieler am Markt, der Mitarbeiter/innen, der Kunden, der Lieferanten... die Entwicklungen, die Perspektive nach vorne – dieser unspekulative Gleichklang scheint sein Schiff auf Erfolgskurs zu halten.

Einen, meist zwei Tage - und oft auch mehr - in der Woche ist er draußen. Bei den Menschen in den Filialen. „Ich kämpfe nicht gegen die Vergangenheit," sagt er „wir müssen hinter uns lassen, was nicht funktioniert und das erschaffen, was funktioniert, um an der Evolution teilzunehmen. Damit wir uns fließend weiterentwickeln, mit dem Markt, mit der Technik, mit den Bedürfnissen der Menschen und mit jenen Angeboten, die angenommen werden. Nur anders zu sein bringt nichts. Das ist einfach zu wenig! Wichtig ist die Resonanz. WIE KOMMT ETWAS AN? WAS LÖST WAS AUS? WOFÜR STEHEN WIR? WIE ANTWORTEN WIR?"

„Ich habe zwei Ohren," sagt er. „Mit einem höre ich so genau wie möglich das, was mir meine Leute sagen. Auch die Kunden in den Geschäften. Mit dem anderen nehme ich auf, was vom Markt kommt, von unseren Beratern; welche Rückschlüsse wir aus diversen Studien ziehen können, wie sich Trends zeigen und integrieren lassen, welche Möglichkeiten Vernetzungen und Allianzen bieten. Und: Was ist der letzte Stand der Technik?" Das inspiriert mich, mit ihm über die vier Quadranten von Ken Wilber zu diskutieren, dem „Einstein der Philosophie". Wilber gilt als einer der einflussreichsten Denker der Gegenwart.

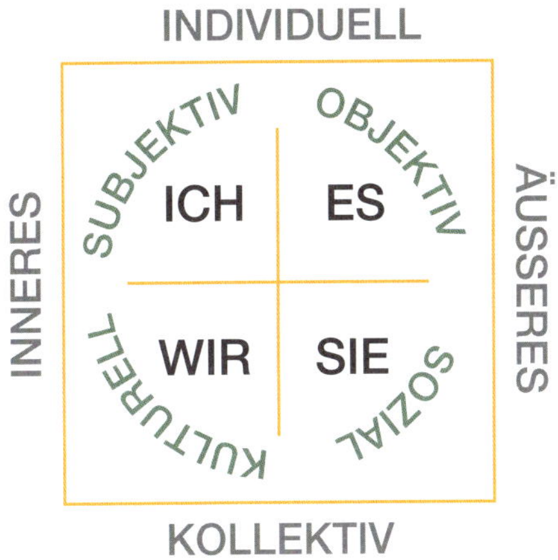

Nach Wilbers integraler Philosophie kann alles – von Atomen über Menschen bis zu Organisationen – von mindestens vier grundlegenden Perspektiven aus wahrgenommen werden:

a) von innen heraus; (ich höre, was mir eine Mitarbeiterin sagt)

b) die Außenansicht der gleichen Betrachtung. (z.B. eine Studie, ein generelles Muster, Trends.)

c) weil jedoch nichts isoliert für sich existiert, kommt die Sicht von innerhalb der Gemeinschaft hinzu (was sagt das Team?) und

d) eine systemische Sicht von außen. Das bedeutet, Organisationen werden als Systeme betrachtet, in denen jedes Teil in Beziehung zu einem größeren Ganzen steht. (Was heißt das für das System? Zum Beispiel für das System Drogeriemarkt oder für das System Markt?)

DAS ZUSAMMENWIRKEN DIESER VIER BETRACHTUNGSFORMEN FÜHRT – NACH WILBER – ZU EINER AUSGEWOGENEN, ZUKUNFTSFÄHIGEN UNTERNEHMENSKULTUR, BASIEREND AUF BEZIEHUNGEN UND SINNERFÜLLTER ARBEIT.

Bauer: „Das ist gescheit. Wir haben nach einem explosiven Wachstum ab 1982 unser Hauptaugenmerk auf Stabilisierung gelegt, für uns den Begriff Kultur entdeckt und von da an konsequent weiterentwickelt. Wir besitzen die Courage, uns als >Dienstleister< für Menschen zu betrachten und uns an dem auch messen zu lassen."

Dienstleister – in diesem simplen Wort steckt ein kraftvoller Musterbruch. Denn es ist für ein Handelsunternehmen nicht üblich, handwerkliche Dienstleistungen anzubieten. dm tut das. Und ist damit ein Pionier in Europa. 1986 wurde dieser Mix erstmals realisiert: Fußpflege und Handel. Frisör und Handel. Kosmetische Dienstleistungen und Handel. >Gesunde Pause< als Stärkungsinseln für gesundheitsbewusste Konsumenten in den Filialen. Heute sind das eigene Geschäftsfelder, die das Markenbild prägen.
Doch zurück zur Kultur. Bauer: „In der Kultur zeigt sich das jahrelange Engagement, mit gleicher Gesinnung wie in Deutschland eine permanente Ausrichtung zu einem kundenorientierten Unternehmen zu gestalten. Wobei wir die unterschiedlichen Wesensarten in der Bevölkerung sehen und respektieren."
Im Jahre 2006 bekam die dm-Gruppe die Bestnote aller deutschsprachigen Handelsunternehmen für Kundenzufriedenheit.
Ähnliches gilt auch für die Mitarbeiterzufriedenheit.

Günter Bauer: „Auszeichnungen dieser Art sind wie ein erfreulicher Zwischenstopp in einem Prozess, der immer weiter geht. Grundsätzlich orientieren wir uns in der Führung am Staufener Modell. Der Name kommt von der kleinen Stadt Staufen im Breisgau. Dieses enthält manches von dem, was wir vorhin über Wilber besprachen. Für uns ist das tägliche Praxis. Jede/r führende Mitarbeiter/in kennt dieses Buch. Gedanke, Wort, Handlung – sind eine Einheit."

Um diesen Beitrag zu schreiben habe ich mich intensiv mit dem Staufener Modell* auseinandergesetzt, um zu verstehen, wie in der Praxis eine solche Kultur geprägt wird. Auffallend ist, dass die Kernpunkte konsequent umgesetzt und institutionalisiert wurden; wobei eine Kulturarbeit im Grunde nie endet.

WAS SIND DIE KERNPUNKTE?

Beispielsweise bei der Gestaltung der Zusammenarbeit

- Beziehungsgespräche
- Förderungsgespräche
- Nahtstellengespräche

Das BEZIEHUNGSGESPRÄCH ist ein vertraulicher Austausch zwischen Menschen, die miteinander arbeiten. Es geht um deren Beziehung in der Arbeit. Es hilft, besser miteinander umzugehen, bildet Offenheit und Vertrauen und macht Unstimmigkeiten und Einseitigkeiten besprechbar.
Dazu steht im Staufener Modell wörtlich: **„JEDER MENSCH IST AUCH GEIST, EIN WESEN, DURCH DAS NEUE SCHÖPFUNGEN IN DIE WELT KOMMEN."** Und weiter: „Damit jedoch Freiheit nicht als Willkür erscheint, gehört Verantwortung als Gegengewicht dazu."
Ist es erstaunlich, dass ein Konzern solchen Überlegungen einen zentralen Stellenwert gibt und mit dem Methoden-Set eines modernen Managements auch implementiert; somit am Arbeitsplatz vor Ort verankert?
Hier bekommen die Manager/innen einerseits Rückmeldungen auch über ihre Führung von den Mitarbeiter/innen. Auch Günter Bauer!

Im Kern der FÖRDERGESPRÄCHE steht, welche Fähigkeiten und welche Talente für eine Fort- und Weiterbildung einzelner Mitarbeiter/innen gefördert werden wollen. Natürlich ist die gewählte „Rolle" des Einzelnen dabei entscheidend; plus dem Ziel, das jemand erreichen will. Die Fördergespräche finden unter vier Augen statt, sind gut vorbereitet, dauern etwa eine Stunde. Die Notizen werden gemeinsam abgesprochen. Dadurch entsteht auf natürliche Art ein Klima des Verständnisses und Vertrauens.

Spannend auch die NAHTSTELLENGESPRÄCHE. Diese dienen der kontinuierlichen Verbesserung an den Nahtstellen von Prozessketten.

---

* Staufener Modell, A.Hemming, Natura Verlag, ISBN 3-7235-1172-4.

Beispielsweise Geld – Ware – Info. Es handelt sich um horizontale Prozessketten. Hier steht die Zusammenarbeit der Menschen bei dm im Zentrum, die in unterschiedlichen Bereichen arbeiten. Somit geht es bei den Nahtstellengesprächen darum, einerseits Verbesserungspotenziale zu finden und anderseits die Prozesse zwischen den Ab-Teilungen durchgängig und flüssig zu gestalten; also >Teilungen< auszuhebeln!

Zu den drei Gesprächskategorien ein Satz von John Welwood, Beziehungs-Forscher: „Bewusstheit ist eigentlich nichts weiter als die Pflege des Gesprächs." Und weiter: „Um Mobbing zu verhindern, müssen Menschen lernen, miteinander über ihre wunden Punkte zu sprechen, anstatt an den Inhalten ihres Streits oder ihrer unterschiedlichen Meinungen festzuhalten." Durch diese Kultur der Gespräche entsteht natürlich eine Gesprächskultur. Und durch die Institutionalisierung der Gespräche durchzieht das Unternehmen dm Kontinuität. Das Fördergespräch findet ein- bis zweimal pro Jahr statt. Auch die anderen Gespräche sind zeitlich verankert und wiederkehrend.

Der dm-Chef: „Ich sehe in der Schriftlichkeit, in der Kontinuität, in der zeitlichen Planung, in der kraftvollen Umgebung, in der achtsamen Atmosphäre - auch eine enorme Chance für Klein- und Mittelbetriebe! Ja sogar für Familien. Natürlich ist es hier nicht so zwingend. In einem kleinen Unternehmen reden die Menschen oft und leicht miteinander. Doch meist wenig ausgerichtet. Eine Art >Ritual für wesentliche Gespräche< – verankert in Raum und Zeit – geführt mit menschlicher Reife, ist bestimmt ein starker Beitrag, um das Ausmaß der inneren Kündigung und die erschreckend hohe Zahl von Mobbing deutlich zu verringern."

ZWISCHENSPIEL:

dm – drogerie markt ist 2007 unter den TOP 5 „Österreichs Beste Arbeitgeber." Ausgewählt vom weltweit operierenden Institut „Great Place to Work" auf Basis einer anonymen Befragung von fast 2.000 Mitarbeiter/innen. Und bekam den Sonderpreis 2007 für >Lebenslanges Lernen – Schwerpunkt Lehrlingsausbildung.< Außerdem wurde dm von der Wirtschaftskammer und vom Wirtschaftsministerium als Österreichs bester Lehrbetrieb ausgezeichnet im Rahmen der Aktion >Fit for Future<.

Wir haben aus dem Staufener Modell bislang nur das Thema Mitarbeiter-Gespräche skizziert. Das Modell selbst ist sehr differenziert, ausgereift, praxiserprobt. Ausgestattet mit >Prozesslandkarten<, mit viel Sinn für >gesunde Rechtsverhältnisse<, für „Total Quality“ und mehr.
Bei dem Thema >Rechtsverhältnisse< geht es darum, das gesunde Rechtsempfinden aller Mitarbeiter/innen ohne Unterschied von Stellung oder Namen zu fördern und einzuladen, dem gesunden Menschenverstand, der inneren Wahrheit zu vertrauen. Und diese auch auszudrücken.
Günter Bauer: „Es gibt solche Gesetze und solche. Gesetze, die den Menschen unterwerfen und Gesetze, die ihm helfen, aufzublühen. Wir haben für unser Haus klar und eindeutig das zweitere gewählt. Wobei durch das Wort „Gesetz“ die Klarheit betont werden soll und nicht das Rigide oder Einengende.“

Die gesamte strategische Ausrichtung des Kundenmanagements von dm liegt in den Filialen und nicht in der Zentrale. Der Grund: Die Mitarbeiter/innen vor Ort sind näher an den Kunden. Wie wahr!
Bauer: „WIR LASSEN UNS VOM MARKT HER STEUERN. Ko-kreativ. Doch „den Markt per se“ gibt es nicht. Das wären zu viele Signale und das würde uns Kontinuität nehmen. Wie schon gesagt, hören wir auf konkrete Gespräche und arbeiten im Haus mit einem soliden Zukunfts-Monitoring. In dieses eingebettet ist ein professioneller Beraterstab, der uns beispielsweise via Markterhebungen Daten liefert, wie unsere Marke gesehen wird. Selbstverständlich auch im Vergleich zu anderen Mitspielern.

„Und wie sehen Sie“ - habe ich Günter Bauer gefragt - „konkret die Entwicklung des Marktes? Welchen Stellenwert nimmt LOHAS ein?
Wie integriert dm den überdeutlichen Paradigmenwechsel?“

„Diese Fragen sind sehr komplex. Wir sind ein Publikums-Unternehmen.
Bei uns kaufen alle Schichten ein. Wir haben eine höchst erfreuliche Akzeptanz bei jungen Menschen und stehen unangefochten an erster Stelle bei den Senioren. Wir sehen deutlich, wie sich das Bild der Frau und der Familie in den vergangenen Jahrzehnten gewandelt hat. Zwischen erwerbstätiger Power-Frau und klassischer Hausfrau – was wir vollkommen wertfrei verstehen - spannt sich heute ein weiter Raum und eine gesellschaftliche Öffnung für viele Frauen- und Mutterrollen. Dafür gibt es auch viele Namen und Rollenbeschreibungen. Einen, den ich besonders gelungen finde ist: „Latte-Macchiato-Mamma“. DAS ZEIGT DIE LEBENSLUST, DAS JA ZUR VIELHEIT, ZU VIELEN FRAUENROLLEN.

Auch die Familie hat sich längst gewandelt. Von der Dominanz der Großfamilie zur Patchwork-Society, wie Trendforscher das mit ihrer Vorliebe für Anglizismen formulieren.“

UND LOHAS?

LOHAS ist ein Kunstwort aus den Anfangsbuchstaben „lifestyle of health and sustainability" – also Lebensstil, besser LebensKunst; Gesundheit in einem sehr gesamthaften Sinn - und Nachhaltigkeit; wobei das „s" auch für spirit steht, für eine Spiritualität jenseits von Dogmen und damit abgewandt von den großen Deutungssystemen wie den Religionen. Die LOHAS bilden eine Szene. Szenen sind nicht Zielgruppen mit den bekannten Einteilungen wie nach Alter, Geschlecht, Beruf, Geographie usw. Szenen sind Wertecluster. Szenen haben ihre eigenen Codes und Signale, unausgesprochene Rituale und sprachliche Färbungen; eine Art „Szene-Slang."

Günter Bauer: „Wir haben sehr früh diese Bewegung wahrgenommen. Längst vor der Begrifflichkeit LOHAS. Und da wir uns vom Markt her steuern lassen, sind wir mitgegangen und haben reagiert. Nach und nach sind in unser Sortiment nachhaltige Produkte eingeflossen. Heute bieten wir unseren Kund/innen schon über 600 ausgewiesen nachhaltige Produkte. Wir sehen auf der einen Seite den Glamour-Effekt von LOHAS – auf der anderen jedoch auch, wie sehr dieser Trend an Fahrt gewinnt und sozusagen in die Mitte rückt. Wie heißt es so schön? Wir werden nachjustieren!
LOHAS als soziale Gruppierung sind info-orientiert und medienkritisch.
Darauf antworten wir mit einer Art „Infotainment."

Grundsätzlich sind wir vom Konsumüberdruss der 1990er auf dem Weg in eine Wohlfühlgesellschaft. Mit einer WOHLFÜHL-ECONOMY. Das heißt, der Konsum bekommt stärkere Genussaspekte und er wird sich – aus unserer Sicht – mehr in Richtung Qualität anstatt Discount bewegen. Eine Zahl aus einem anderen Bereich kann das noch verdeutlichen: ALDI verkaufte 2006 um 46 % mehr Bioprodukte als im Jahr zuvor, andere machten damit bis zu 64 % mehr Umsatz.
Diese Zahlen sprechen Bände!

Das führt unmittelbar zu einem Strukturwandel – natürlich nicht nur im Lebensmittelkonsum! Für uns als dm ist es von zentraler Bedeutung, die Balance zu halten. Und wenn sich diese verschiebt, beispielsweise hin in Richtung LOHAS – dann werden wir natürlich mitfließen."

Günter Bauer abschließend. „Bei dm setzen wir aus unserem eigenen Kultur-Verständnis mehr auf Authentizität anstatt auf eine Spaßgesellschaft. Nun trifft es sich, dass auch der LOHAS-Trend Authentizität in den Mittelpunkt stellt. Damit liegen wir in einem Mainstream. Das ist erfreulich für uns. Gleichzeitig haben wir uns auch nicht verbiegen lassen – als das noch nicht so klar war. Wir wollen auch in Zukunft anspruchsvoll sein und werden gleichzeitig die kleinen Freuden des Alltags bedienen. Wir verstehen uns als modernes und wertebewusstes Unternehmen, individuell ausgerichtet - jedoch nicht elitär. Gesundheit, Schönheit und Genuss noch tanzender zu verweben, das wird eine der – vielen – Herausforderungen der Zukunft.

Ich freue mich sehr, dass Ihre Frau uns das Sign >Dem Leben auf der Spur< vorgeschlagen hat. Denn wer dem Leben auf der Spur ist – ist auf einer guten und richtigen Spur. Nicht nur mit den Produkten – vor allem mit den Menschen."

dm – DROGERIE MARKT

www.dm-drogeriemarkt.at - Tel.: +43-662-85 83

SHORT CUT

„Werden die Konzerne die Welt retten?" – so titelte unlängst ein internationales Magazin, Redaktionssitz Washington. Der Beitrag über dm zeigt: Es lohnt, nicht zu vorschnell mit ja oder nein zu antworten.

In diesem Sinne auch ein Kommentar von Karl Gamper zu „Bedingungsloses Grundeinkommen:

INITIATIVE VON GÖTZ W. WERNER, BEGRÜNDER VON dm: BEDINGUNGSLOSES GRUNDEINKOMMEN

Wenn ein Tier auf die Welt kommt, hat es eine Chance zu überleben. Von Natur aus. Aus seiner eigenen Natur heraus. Das gilt auch für Menschen. Da wir jedoch nicht in der Wildnis leben, sondern in einem höchst komplexen, von uns selbst erschaffenen System, muss dieses unser System einerseits mit dem System der Natur kooperieren. Und anderseits könnten wir das von uns geschaffene System so ausrichten, dass es uns mit allem, was wir zum Überleben brauchen, versorgt. Die Produktivitätssteigerung unserer Wirtschaft macht das tatsächlich möglich. Schon jetzt. Dabei sind maximale Kapazitäten längst nicht erreicht. Und fast aus dem Stand heraus könnten wir die Automatisierung um 30 % steigern.

Wir könnten ein System schaffen, das uns mit einem Grundeinkommen versorgt. Das ist auf jeden Fall möglich, wenn wir das wollen. Wir haben dazu alles: Die Kreativität, das Verständnis für komplexe Organisationsmodelle, die wirtschaftliche Kapazität, die mentale Fitness. Auch die innere Bereitschaft? Das ist die Frage!

„OB“ ist in diesem Stadium die zentrale Frage. OB wir das wollen; OB wir unser System so verändern wollen? Das OB ist das Zünglein an der Waage. Solange wir das OB nicht sauber klären, verheddern wir uns im WIE.
Ein Beispiel. Als in den 1960ern der legendäre Präsident John F. Kennedy verkündete: „Am Ende dieses Jahrzehnts ist ein Amerikaner auf dem Mond gelandet und kommt wieder gesund zurück“, hat er damit einen Kontext geschaffen. Als das OB klar war, also OB die US-Regierung das wirklich will, dafür Geld einsetzt, die NASA beauftragt, die besten Köpfe des Landes an diesem Projekt mitwirken, sank das WIE auf jene Ebene, wo es wirken kann.
WIE lösen wir die Frage der enormen Hitze? WIE bereiten wir Astronauten auf Schwerelosigkeit vor? WIE konstruieren wir den Antrieb?
DER KONTEXT BÜNDELT DIE GEDANKENKRAFT AUF DAS ZIEL. Die Menschen haben innerhalb des Kontextes gearbeitet. Durchaus auch kontrovers. Doch das Ziel wurde in unserem Beispiel erreicht. 1969.

Zurück zum Thema Grundeinkommen

Für das WIE hat Götz W. Werner, Professor an der Uni Karlsruhe für Entrepreneurship, ein Studierzimmer voll mit Antworten, mit Modellen, Konzepten, mit Berechnungen. Ob diese stimmen? Keine Ahnung. Kann ich nicht beurteilen. Und dieses Buch hier ist nicht der Rahmen, um Tausende Argumente dafür und dagegen zu diskutieren. Mein Beitrag als Autor besteht darin, auf den Kontext hinzuweisen und auf das OB. Ist das OB klar, entsteht ein Projekt mit Lösungen. Ein großes Projekt mit genialen Lösungen. Da bin ich sicher. Mit dem Leben als Vorbild.

Nur ein Hinweis ...

Vor etwa 120 Jahren, als Reichskanzler Bismarck in Deutschland die Sozialgesetze einführte, wurden die Deutschen im Schnitt 46 Jahre alt und das Rentenalter wurde auf 65 Jahre festgesetzt. Mit dieser Regelung ist das Land gut ausgekommen.
Jetzt aber, wo die Deutschen im Schnitt knapp 80 Jahre alt werden, wollen sie früher in Rente. Eine geplante Rente mit 67 - im Laufe der nächsten 20 (!) Jahre - lehnen 73 Prozent der Erwerbstätigen ab. WENN ANGST UNSERE HANDLUNGSGRUNDLAGE IST, KÖNNEN WIR KEIN EINZIGES PROBLEM LÖSEN. Angst verstärkt Hysterie.

Wie sagt Götz Werner: „SORGE DICH NICHT UM DIE ZUKUNFT. DU BIST DERJENIGE, DER SIE ERSCHAFFT.“ Und ich möchte hinzufügen: Bewege dich in Richtung Freude. Freude ist die Abwesenheit von Angst. Freude ist die kreierende Energie par excellence*.

* par excellence; engl.-deutsche Übersetzung aus dict.cc: „feinste Prägung; schlechthin.“

Tatsächlich
gemeinsam.

SPHINX IT CONSULTING
INGRID KRIEGL

Ihr Gesicht beginnt zu strahlen. Es ist bestimmt mein subjektiver Eindruck – doch ich könnte wetten, der Raum um uns wird irgendwie heller. Ihre Begeisterung steckt mich an. So sehr, dass ich plötzlich begeistert bin. Von IT. Ich kann es nicht fassen.
IT. Informations-Technologie. Begeistert. Ich?
Meine inneren Bilder von abstürzenden Computern verblassen und das Gefühl der puren Hilflosigkeit darüber, warum das schon wieder und ausgerechnet jetzt … das sich tief in mich gegraben hat – gleich mit.
Vor mir die lebendige Zuversicht: Ingrid Kriegl, eine Frau Diplom-Ingenieur, Chefin des IT Consulting Unternehmens Sphinx, Wien.
So rätselhaft wie der Name Sphinx für ein IT-Consulting-Unternehmen auch sein mag, so rätselhaft ist mir meine plötzliche Lust auf IT.
Obwohl ich nur mit Mühe einen Computer von einem Klavier unterscheiden kann – Ingrid Kriegl ist die Leichtigkeit in Person. Und die Zuversicht.

„Darum geht es," sagt sie – „genau darum geht es. DEN MENSCHEN DEN SCHRECKEN ZU NEHMEN VOR DER IT. Das sehe ich als meine dringendste und erste Aufgabe. Darüber rede ich eindringlich mit meinen Mitarbeitern und das ist mein Anliegen den Kunden und Partnern gegenüber. Wir brauchen ein neues Selbstverständnis in der Branche und: für diese Branche! Beide Seiten, die Kunden und die IT-Leute, müssen mit einer neuen Einstellung aufeinander zugehen. Der Blick muss klarer werden, freier von Vorurteilen – von beiden Seiten. Wir brauchen eine neue Sicht auf die enormen Möglichkeiten der IT und der Menschen, die in dieser Branche arbeiten. Hier schlummert ein Potenzial, das kaum gesehen und daher nur verengt genützt wird."
In mir tobt innerlich ein Tornado. Soll ich meinen Beruf hinschmeißen und in Zukunft ein „Hermes" der IT werden? Retten wir damit den Planeten? Wird das der Menschheit die ultimative Perspektive bringen? Habe ich mein Leben sozusagen verschrieben und jetzt öffnet sich mir eine neue Chance? Ausgerechnet durch eine mathematisch geprägte Technik. Die in einer Sprache spricht, von der ich kein einziges Wort kenne? Java – habe ich schon gehört…

Ingrid Kriegl sieht in mein zerknittertes Gesicht und lacht. Sie bietet mir das „du" an und wir trinken erstmal ein Glas Prosecco.
Entspannt beginnt ein Austausch über NETECONOMY und den Möglichkeiten, die sich damit gebildet hatten. NetEconomy. Mit Gesetzen, Usancen, mit Vergangenheit und Zukunft, Erfolgen und Niederlagen, mit Firmen, Organisationen und – vor allem – mit Menschen. Und mit der Perspektive, wohin die Reise gehen könnte – immer mit Focus IT. Denn das ist der Kern und die Kernkompetenz von Ingrid Kriegl und ihren ca. 70 Mitarbeiter/innen bei Sphinx IT.

Als wir uns fragten: >Gibt es eine Überschrift über NetEconomy<, wählten wir: „NIEMAND IST SO INTELLIGENT WIE WIR ALLE.“ Denn die Möglichkeit der Verbindung über Computer mit allem, was damit einhergeht – weltweit - war ein Durchbruch. Und fortan sprach alles vom „Netz“. Das Netz wurde zum Inbegriff der NetEconomy.
Diese damals neue Wirtschaft bietet drei charakteristische Eigenschaften:

- Sie ist global.
- Immaterielle Dinge werden bevorzugt – z.B. Informationen, Beziehungen, Ideen.
- Sie ist intensiv vernetzt. Kontinente trennt ein Mausklick.
  Die Welt als „global village“ wurde Wirklichkeit.

Als wir eine Jahreszahl überlegten, schlug Ingrid Kriegl 1992 vor. Damals wurde die grafische Oberfläche des Internets Standard. Und erst das eröffnete dem breiten Publikum den Zugriff zum Netz. Dies, verbunden mit einer alles durchdringenden PC-Kultur, veränderte die Wirtschaft irreversibel.
„TRETEN SIE MIT SO VIELEN NETZWERKEN WIR MÖGLICH IN KONTAKT,“ war damals die allgemein übliche Strategie. Wir haben erst durch Erfahrung gelernt, wie wichtig die Ressource Zeit ist und wie lohnend Differenzierung auch hier sein kann. Und noch etwas wurde deutlich: Die menschliche Aufmerksamkeit wurde zum neuralgischen Punkt. „Wie gelingt es, die Aufmerksamkeit der Kunden auf unsere Marke, unser Angebot ... zu lenken?“ Das wurde zu einer der zentralen strategischen Fragen in einem gesättigten Markt. So etwas wie ein „war for attention“ um die Kunden begann.
Die Ausrichtung auf den Netzwerkwert überholte beinahe die Bedeutung des Unternehmenswertes. Schon ein 2-Mann Unternehmen mit einer guten Idee konnte an der Börse millionenschwer sein. Und IT spielte in dieser „neuen Wirtschaft“ die entscheidende Rolle. Das Netz wurde eine Möglichkeitsfabrik. Der technische Standard fundamental wichtig. Und es kommt hinzu, dass Netzwerke sich ja nicht zurückziehen, sondern dazu tendieren, sich in neue Territorien hinein zu vervielfachen.
Und dann – um 2000 – erlebten wir den Begriff von Joseph Schumpeter hautnah: „SCHÖPFERISCHE ZERSTÖRUNG; kreative Destruktion.“ Der Neue Markt krachte. Milliarden wurden versenkt. Ein neues Spiel begann...
Die NetEconomy hat geographische Räume überwunden und Entfernung wurde durch Geschwindigkeit ersetzt. Vieles von der NetEconomy ist geblieben, hat sich gesetzt, ist gereift, wurde evolutionär weiterentwickelt. „Masse, Masse, Masse“, das Credo des Netzwerkreichtums, hat sich aufgelöst. Der Futurist Alvin Toffler bringt es auf den Punkt: „Die Ära der Massengesellschaft ist vorbei. An deren Stelle:
EINE WELT DER NISCHEN.“
Dazu ein wichtiger Satz von Ingrid Kriegl: „DIE IT KOMMT JETZT AUS DER PUBERTÄT HERAUS UND WIRD ERWACHSEN.“
Gleichzeitig ist es wichtig, ihren Ursprung zu kennen und auch ihre „wilden Jahre.“

Wir haben in der Zwischenzeit das Glas Prosecco geleert und das Gespräch dreht sich zu Sphinx IT. Was genau bedient Sphinx IT und wo ist die Spur des wirklich Neuen?
Sphinx IT hat sich auf Individualsoftware spezialisiert. Auf die Entwicklung von Software, die es am Markt nicht gibt. Die ganz speziell entwickelt wird, um durch IT-unterstützte Lösungen einem Unternehmen Wettbewerbsvorteile zu eröffnen, die es ansonsten in dieser Form nicht hätte.

Ein Beispiel?

„Nehmen wir ABV – Allgemeine Bausparkasse. Ein sehr ambitioniertes Projekt. Viel komplexer, als ich es hier in der Kürze darstellen kann. Das mit großem Erfolg abgeschlossen wurde und „on top of it“ einen Innovationspreis gewonnen hat. Nur kurz: ABV wollte ein individualisiertes leistungsstarkes System, das von bis zu ein paar hundert Usern für über eine halbe Million aktive Bausparverträge mit hunderten Millionen Vertragsdaten samt Kontenbewegungen im Vollzugriff genützt werden kann. Mit der Möglichkeit, Antworten auf praktisch alle nur denkbaren Fragen zu simulieren. Beispiel: Jemand spart und fragt: In zwei Jahren kommt das Geld aus einer Lebensversicherung hinzu – was dann? Knopfdruck. Lösung. Antwort. Und es gibt bei einer Vertragsdauer über viele Jahre eine Menge Fragen! Und mögliche Veränderungen – auch zukünftige vom Markt oder vom Gesetzgeber her. Doch nicht nur das musste die Software lösen. Auch Tagesabschlussarbeiten wie Schriftverkehr, Zinsbuchungen, Prämien. Kontenverwaltung. Dazu höchste Ansprüche an Flexibilität, Zuverlässigkeit, verbunden mit einer einfachen, grafischen und leicht zu bedienenden Oberfläche. Für solche Anforderungen hochintelligente Lösungen zu erarbeiten, das ist unsere Kernkompetenz.“

Und wieder zeigt sich das Engagement der Unternehmerin, wenn sie sagt: „NICHT NUR UNSERE LEUTE, DIE GESAMTE IT-BRANCHE HAT DEN ENORMEN VORTEIL DES ABSTRAKTEN, MEHRSCHICHTIGEN DENKENS: Wir sind es gewohnt, höchst komplexe und multidimensionale Prozesse zu erfassen und genau zu verstehen; im Hintergrund technisch sauber und korrekt zu lösen; im Vordergrund - für den Anwender – jedoch so übersichtlich und einfach wie möglich abzubilden.
Dieses höchst verdichtete kreative Potenzial wird jedoch nicht wirklich genützt. Weder von den IT-Spezialisten selbst – noch vom Markt her. Die IT-Abteilung ist in den

Unternehmen zwar geachtet, jedoch isoliert. Sie wird oft nur für Wartungen oder bei Störungen herangezogen. Sie lebt, was die aktive Gestaltung betrifft, am Rande."

Das stimmt. Und warum ist das so?
Ingrid Kriegl: „Das hat mehrere Gründe. Zum einen isolieren sich die IT-Leute selbst. Hauptsächlich durch ihre Sprache. Kein Normalsterblicher versteht die Kürzel ihrer Alltagssprache. Manchmal versuche ich, mit den Ohren eines „Nicht-Insiders" die Gespräche in unserem Unternehmen zu hören. Kein Wunder, wenn die Menschen glauben, hier einer Geheimwissenschaft ausgesetzt zu sein. Das ist fatal. Denn wie soll sich Vertrauen bilden, wenn wir einander schon sprachlich nicht verstehen. Und welcher Kunde will schon zehn Mal nachfragen? Trennung entsteht. Die IT kommt in eine „Abteilung." Wie in eine geschlossene Welt, wird schubladisiert. Und: Viele Menschen fühlen sich der IT ausgeliefert.

Daher mein leidenschaftlicher und doppelter Appell:

- AN MEINE MITARBEITER: Sprecht verständlich. Und hört genau hin. Hinterfragt. Geht den Prozessen auf den Grund und vor allem – bietet Lösungen erst an, wenn ihr die Ziele und das Umfeld genau erfasst habt.
- AN UNSERE KUNDEN: Bestehen Sie darauf, nicht von uns abhängig zu sein. Und sehen Sie in der IT das, was sie sein kann. Eine Chance für Innovation!"

„MEIN GANZES BESTREBEN GEHT DAHIN, DIE IT ALS INNOVATIVE KRAFT IN DEN MITTELPUNKT DER UNTERNEHMEN ZU RÜCKEN. Nicht um der Selbstgefälligkeit willen. Sondern wegen des Nutzens, der für die Wettbewerbsfähigkeit gestiftet werden kann. Und hier will ich auch über meine Leute sprechen. Wir gehen zu 90% in Neuland und erarbeiten Lösungen, die es so noch nicht gibt. Das führt zu einer natürlichen Leichtigkeit im vernetzten Denken. Zu branchenunabhängigem Weitblick. Zu Resistenz gegenüber Stress. Und zu der Bereitschaft, außerordentlich komplexe Zusammenhänge zu verstehen, zu ordnen, zu organisieren, in Lösungen umzusetzen. Allein zu arbeiten und gleichzeitig im Team. Das ist Kreativität pur. Plus technisches Know how der Spitzenklasse.
Auch die Transparenz ist entscheidend, beispielsweise durch eine offene Kalkulation. Unsere Kunden können jederzeit via Internet sehen, wo das Projekt steht. Wer an welchem Prozess arbeitet. Wie viele Menschen beteiligt sind. Welche Kosten anlaufen. Auch welche Zeitspanne für einen speziellen Prozess geplant ist und wann was geliefert wird. Durch diese Transparenz und durch die ständige Kommunikation entsteht ganz natürlich ein gegenseitiges Verständnis. Das heißt: wir entwickeln mit dem Kunden das Projekt tatsächlich gemeinsam! In überschaubaren Schritten. >In Happen<, wie wir in Wien sagen.
Dabei entstehen deutliche VORTEILE sowohl FÜR DEN KUNDEN als auch für uns. Der Kunde versteht sein Software-Programm viel besser. Er lebt mit.
Wir fragen bei der Entwicklung rück. Und fügen meist Möglichkeiten ein, damit der

Kunde selbst weiter individualisieren kann – wo es sinnhaft ist. ABV zB. kann jedes beliebige neue Anspar- oder Darlehensprodukt in wenigen Stunden in der Lösung selbst abbilden – inklusive der gesamten Ablauflogik. Ohne zu programmieren. Und schneller als die Informationsbroschüren über das Produkt gedruckt werden können".

Das zentrale Anliegen von Ingrid Kriegl ist,
DIE **IT** IN DIE MITTE ZU RÜCKEN.

In das kreative Zentrum der Unternehmensgestaltung. „Die strategischen Ansätze der IT führen oft dorthin, die IT selbst effizienter zu machen. Das ist auch wichtig. Unser Ansatz ist weiter. Wir möchten das gesamte Unternehmen durch die IT stärken! Vor allem auch um Innovationen zu provozieren. Natürlich geht es bei Innovationen um etwas Neues. Doch „neu" allein ist zu wenig! Im Zentrum steht der Grad des Nutzens, den das Neue bringt. Das ist für uns der entscheidende Gradient, wenn es darum geht, Innovationen zu bewerten."

DER WEG ZUR OPTIMALEN LÖSUNG
DAS SPHINX-PHASEN-MODELL:

1) Come together

In dieser Phase begegnen sich zwei Firmen, zwei Kulturen, unterschiedliche Menschen mit unterschiedlichen Lebensläufen, Hintergründen, Fähigkeiten, Tätigkeitsbereichen und Zielen. Diese Phase verlangt Offenheit und einen guten Blick für den anderen von beiden Seiten. Vor allem eine Sprache, die beide verstehen. Und erfordert die innere Haltung, auf den anderen einzugehen. Hier ist ein sorgsames Zeitbudget erforderlich. Nicht zu lang. Nicht zu kurz. Der Aufgabenstellung angemessen.
Damit sind Thema, Ziele, Rollen und Rahmenbedingungen klar.

2) Mögliche Szenarien – Visionen – langfristige Perspektiven

Ingrid Kriegl: „Jeder Kunde und jeder Ablauf ist anders. Keiner lässt sich in ein Schema pressen. Nicht alles ist für alle sinnhaft. Doch wo es Sinn macht, werfen wir mit unserem Kunden einen pragmatischen Blick in die Zukunft. Damit meine ich, wir fragen uns konkret, ob die großen gesellschaftlichen Wellen, die wir derzeit sehen, Auswirkungen auf unser Projekt haben könnten; ob sich diese in möglichen Zukunftsszenarien für das betreffende Unternehmen spiegeln könnten. Wir fragen, ob sich daraus Innovationen ableiten lassen. Dieser Denkansatz hat sich bewährt. Mit Wellen der Veränderung meine ich konkret Mainstreams; MEGATRENDS; DIE DEUTLICHE VERÄNDERUNG DER KONSUMGEWOHNHEITEN; DEN PARADIGMENWECHSEL DER WERTE u.ä.m."

„Gerade die IT kann enorm viel beitragen, um beispielsweise den Megatrend >Individualisierung< zu bedienen. Als wir vorhin über ABV sprachen, wurde vielleicht etwas davon spürbar. Wir haben diese Software so entworfen, dass die ABV ihren Kunden ein Maximum an Individualität bieten kann, angepasst an deren spezifische Lebenssituationen.

Oder nehmen wir den Megatrend >New Work.< Die Menschen arbeiten heute ungleich flexibler, wechseln viel öfter, sind technikaffin und haben gleichzeitig einen intensiven Naturbezug. Die IT kann hier über e-büros einen Workflow ermöglichen, der früher undenkbar war. Wenn Unternehmen ihren Mitarbeiter/innen hier Möglichkeiten bieten, steigt natürlich die Attraktivität des betreffenden Unternehmens und ein anderer Typus von Mensch will mit an Bord sein.
Oder denken wir an den Megatrend >Frauen.< Selbstverwirklichung, Authentizität, Kreativität, ganzheitliches Denken ... all das und mehr wurde durch diese soziale Welle deutlich angeschoben.
Ähnliches könnten wir über >Alterung< sagen, über die >neue Weisheit<, über >Work-Life-Balance<.
Der Blick mit Kunden und mit unseren Leuten auf Tendenzen, Trends und Megatrends, Spezifika der Branche... hat zu so mancher Innovation geführt – mit beträchtlichem Nutzen für das jeweilige Unternehmen.

3) Analyse von Prozessen

„Wir haben in unserem Haus das Modell von Prof. Faltin, Berlin, übernommen. Wir unterscheiden zwischen Funktion und Konvention; zwischen dem „WAS" und dem „WIE". Was ist die Funktion? Beispielsweise Menschen eine bestimmte Sparform zu ermöglichen. Und wie ist die Konvention? Befassen wir uns tief und analytisch mit der Konvention, lassen sich relativ einfach Prozesse in drei Gruppierungen gliedern:
A) welche lassen sich „schöpferisch zerstören", weglassen?
B) welche lassen sich standardisieren, automatisieren?
C) welche machen das Unternehmen attraktiv, bilden einen USP, einen unvergleichbaren Wettbewerbsvorteil – und lassen sich durch intelligente IT-Lösungen „veredeln"?
Ingrid Kriegl lacht mich an: „Das habe ich gemeint, als ich sagte – rückt die IT in das Zentrum der Unternehmensprozesse, wird sie zum Kreativ-Pool. Und die IT bekommt ihre ursprüngliche Funktion wieder zurück. Sie mutiert ins Zentrum des Innovations-Managements."

4) Umsetzung in Lösungen

Das ist der Punkt, wo es um Methoden und Technologien geht, um Prozessgestaltung, um Modelle, um Simulationen, um Zahlen, Daten, Fakten. Um Zielkontrolle. Um eine korrekte Sicht auf alle Bereiche, die von einem Projekt betroffen sind, verbunden mit einer professionellen Kommunikation. Und mit jener Transparenz, die wir im Rahmen der Entwicklung bieten.

Ingrid Kriegl und ich sind intensiv eingetaucht in den Prozess der Veränderung, dessen Zeuge wir alle sind. Wir haben uns gefragt, welche Begrifflichkeit sich nach NetEconomy wohl durchsetzen wird. Derzeit sind wir diesbezüglich in einem Vakuum...
Wird es „NEO-ÖKOLOGIE" sein, wie führende Trendforscher vermuten?
Eines ist offensichtlich: Der sich deutlich sichtbare Wertewandel – bestärkt

durch die Klimaberichte, die mit einer nicht zu überbietenden Dringlichkeit eine Veränderung unseres menschlichen Verhaltens fordern und gleichzeitig vorantreiben – wird alle Märkte umkrempeln. (Daher: Neo-Ökologie.) Das wird alle Branchen treffen, auch die Technologie-Branchen. Und vielleicht kann hier die IT mit ihrer Nähe zu Komplexität im Hintergrund und ihrem Verständnis für Einfachheit und Anwendung im Vordergrund für die User – einen königlichen Beitrag leisten? DENN DIE MENSCHEN AUS DIESEM BEREICH HABEN GELERNT, MIT PARADOXIEN UMZUGEHEN. Mit sowohl als auch.
Bei Sphinx IT gibt es intern eine feine Unterscheidung zwischen Intellekt und Intelligenz. Der Intellekt ist logisch, rational. Intelligenz ist mehr als logisch; sie ist superlogisch, sie ist auch intuitiv. Und große Lösungen, Sprünge im System, entstehen immer, wenn wir Neuland betreten und dann sowohl den Intellekt als auch die Intelligenz zur Verfügung haben und: einsetzen! Aus diesem Mix entsteht jene Kreativität, die Innovationen ermöglicht. Innovationen, die einen bodenständigen, anfassbaren, nachhaltigen Nutzen bieten.

„Ich hatte einen Traum," sagte Einstein immer wieder, wenn er auf den Ursprung seiner Relativitätstheorie angesprochen wurde. Viele Forscher, große Erfinder, Künstler, Wissenschaftler – ja wir alle kennen die Momente, wo sich plötzlich in uns etwas neu zusammenspielt. Dieses Neue wird selten gleich von allen angenommen und akzeptiert. DIE VISION VON INGRID KRIEGL IST, DAS VOLLE POTENZIAL DER IT ZU NÜTZEN - UND DER BRANCHE EINE NEUE ETHIK UND EIN GEÄNDERTES SELBSTVERSTÄNDNIS ZU GEBEN. Und: das Wort IT neu zu definieren. Vielleicht in Richtung „integrativer Technik?" … oder …? Wofür könnte IT in Zukunft stehen? Wie könnte dieses Kürzel neu interpretiert werden? Oder gibt es ein treffenderes Kürzel?

Wenn Sie einen Vorschlag dazu haben, so mailen Sie diesen bitte an: ITneu@sphinx.at. Bei Sphinx werden Ihre Zuschriften gesammelt und auf www.sphinx.at die besten Vorschläge veröffentlicht. Und selbstverständlich mit einem Preis garniert.

Darauf tranken wir dann doch noch ein Glas. Allerdings „Tignanello."
Aus dem Hause Antinori.

SPHINX IT CONSULTING

www.sphinx.at
Tel.: +43-1-599 31-0

SHORT CUT.

Was geschieht, wenn sich die IT wieder auf ihren Ursprung besinnt? Der Ursprung war, den Menschen das Leben zu erleichtern. Das ging da und dort während jener Jahre, die Ingrid Kriegl >die Pubertät der IT< nennt, verloren. „Jetzt," sagt sie, „wird die IT erwachsen." Wie erfreulich.

Goldene Augen

CANTINETTA ANTINORI
GOTTFRIED KRASSER

(Weihnachtszeit. Wien. Stephansdom)
Ich stehe auf den Stufen des Steffl und schaue quer über den Platz. Viele Menschen. Die Eile unserer Zeit. Ein Mann fesselt meine Aufmerksamkeit. Er steht ruhig, bewegungsfrei - nicht starr - und schaut in die Jasomirgottgasse, die in den Stephansplatz mündet.

Eine Minute, zwei, drei... Relativ gesehen eine kurze Zeit. Absolut lange. Mir ist es zu lange und so schlendere ich über den Platz und stelle mich direkt von den Mann. „Servus Karl." Ein Lächeln umhüllt mich und ich habe das Gefühl, nicht nur erwartet, sondern willkommen zu sein. Doch wir sahen einander Jahre nicht. Gottfried Krasser und ich. Einerseits. Anderseits spielt das keine Rolle. Denn Gottfried ist immer da.

Ich kenne keinen anderen Menschen, über den ich so warmherzig und freundschaftlich schreiben will: >Gottfried Krasser? Kenne ich. Seit Jahrzehnten. Doch ich habe keine Ahnung, wer das ist.<

DENN GOTTFRIED IST EINFACH IMMER DA.
IMMER DORT, WO ER GERADE IST UND DAS IST ALLES, WO ER IST.

Wir waren miteinander in Mailand, in Prag, in Zürich, in München, in Wien ... und gleichzeitig gibt es zu Gottfried keine Geschichte. Ist das nicht erstaunlich? Normalerweise haben Menschen so etwas wie eine Zeitspur. Man trifft einander nach Jahren wieder und sagt: >Weißt du noch, damals.< Das ist bei Gottfried Krasser vollkommen undenkbar. Nicht dass er darauf nicht antworten oder so ein Gespräch abwehren würde – es kommt einfach in seiner Gegenwart nicht auf.

Denn Gottfried ist immer da.
HierJetzt.

>Was machst du?,< frage ich ihn. >Ich schau dir schon die längste Zeit zu. Was um alles in der Welt interessiert dich so an dieser Gasse?<
„Weißt du, diese Gasse braucht mehr Leben, mehr Flair. Es ist alles in Ordnung, die Geschäfte, die Hotels – doch es braucht diese gewisse Drehung. Und die lasse ich eben in mir entstehen."

>An was denkst du?<
„Ja, ich denke, wir sollten im Sommer draußen servieren. Erstmals. Und es sollte ein freiwilliges Konzept von allen Gastronomen sein. Jeder für sich. Doch in einem speziellen Stil."

UND SO WURDE ES DANN AUCH.

Ein erheblicher Teil der Gäste der Cantinetta Antinori genießt den Sommer im Freien. Unter weißen, langgezogenen Sonnenschirmen. Mit Sitzen, die den Stil der Welt haben, jenseits einer zuordenbaren Herkunft. An Tischen, die den Eindruck der Heimkehr vermitteln. Und seltsamerweise hat der Nachbar vollkommen andere Tische und andere Stühle und doch: Wie aus einer Hand.

Gottfried Krasser hat keinen Beruf. Er ist einfach das, was er tut. Und seit einigen Jahren inszeniert, orchestriert, konzertiert er die Cantinetta Antinori. Unter seiner Regie wurde daraus eines der besten Lokale von Wien. Und ohne in eine Übertreibung abzugleiten: mit Weltstandard. International. Und doch so eigen, dass es unkopierbar ist.

MUSTER LASSEN SICH AUF VERSCHIEDENE ARTEN BRECHEN. EINE FACETTE LAUTET: >FUNKTION STATT KONVENTION<. EINE ANDERE: >DIE KONVENTION DURCH PERFEKTION ZU ÜBERBIETEN<. Die Konvention so an die Spitze zu treiben, dass der übliche Rahmen der Konvention überschritten, transzendiert wird.

Dadurch öffnet sich eine neue Dimension mit einem neuen Spiel. Die Kunst dabei liegt in der BALANCE VON AUFMERKSAMKEIT, PERFEKTION UND LEICHTIGKEIT.

Schauen wir einem Meister zu. Nehmen wir einen Akrobaten. Einen Hochseilartisten, der in 15 m Höhe einen Salto rückwärts springt. Wissen Sie, was ich meine? Es könnte sein, dass in Ihnen beim Zuschauen das Gefühl entsteht, das könnten Sie auch und gleichzeitig ahnen Sie, das wäre Ihr Tod.

Gottfried Krasser ist in gewissem Sinne >Dirigent< und >Regisseur< von mehr als 70 Hochseilartisten. Bühne sind die Cantinetta Antinori und – eine kurze Strecke weiter – das Procacci; Szenelokal der Wiener City.
Die Gäste? Ja, die Gäste kommen aus aller Welt und – ein weiteres Faszinosum – durchmischen sich so unspektakulär, dass neben einem Weltstar Herr und Frau Unbekannt sitzen.

Ich frage Gottfried: >Möchtest du ein paar Namen nennen?<
„Nein. Kein name dropping. Das ist mir ganz wichtig. Bei uns ist jeder Gast gleich wichtig. Weil es auch so ist. Jeder Einzelne kommt zu uns, weil er sich das Erlebnis gönnt, Gast zu sein. Und exakt diese spezielle Anforderung zu erfüllen, das ist unsere Kunst. Unsere Aufgabe."

Eine Aufgabe, die im Grunde nicht wirklich trainiert werden kann. Denn es braucht dazu innere Fähigkeiten, die letztlich aus dem Raum des Bewusstseins kommen. Wie Achtsamkeit. Oder mit innerem Abstand sich auch in Situationen zu bewegen, die von außen her puren Stress verursachen. Wenn beispielsweise an fünf Tischen gleichzeitig bestellt werden will. In der Cantinetta Antinori werden die besten Gagen – ich möchte das Wort Gehalt in diesem Zusammenhang vermeiden – von Wien bezahlt. Immerhin einer Weltstadt. Wer im Team ist, verdient gut.

Nach welchen Kriterien wählt Gottfried Krasser seine Leute? Nach Zeugnissen? Nach Referenzen? Nach Alter?
„Ich frage nie nach Zeugnissen. Mich interessieren auch Fähigkeiten nicht wirklich. Wenn jemand bei uns mitspielt, ist er in seinem Beruf ohnehin top. Das ist Basic. ICH SCHAUE AUF DAS SEIN. Auch wenn das schwer greifbar ist und vielleicht nebulös klingt – DAS IST MEIN KRITERIUM. Ich spüre, wie jemand da ist – und ich orte in mir, ob diese Frau oder dieser Mann nicht nur ins Team passt, sondern dieses um eine – nämlich seine oder ihre – Facette bereichert. Und wenn das der Fall ist, sage ich zu. Dann zeigt sich ohnehin in kürzester Zeit das, was ist."

Immer, wenn ich in Wien bin, gehe ich in die Cantinetta. Mein Lieblingstisch ist neben der Türe. Am liebsten sitze ich mit dem Rücken zur Wand, genieße den sanften

Trubel in der Jasomirgottgasse und das Szenario im Lokal. Wenn es geht, gibt mir Gottfried die Ehre. Setzt sich zu mir. Gottfried sitzt dann mit dem Rücken zur Tür. Wir fallen sofort in ein Gespräch. Angeregt. Vertieft. Meist in einer sehr eigenen Direktheit. Und dann – plötzlich! – „Entschuldigung" ... Gottfried steht auf, um einen Gast, der eben die Türe öffnet, zu begrüßen. Wie selbstverständlich führt er ihn zu einem Tisch. In seiner eigenen Geradlinigkeit. Wenn er sich wieder zu mir setzt, sprechen wir nahtlos weiter.
Gottfried Krasser ist für mich der Meister der Aufmerksamkeit.

ENTSPANNT. GEGENWÄRTIG. Und ich habe das Gefühl, es entgeht ihm nichts – ohne jemals bei ihm auch nur im Ansatz so etwas wie eine Kontroll-Manie ausgemacht zu haben.

Für dieses Buch-Projekt trafen wir einander in einer Bibliothek. Ich wusste nicht recht, was ich ihn fragen sollte und er daher auch nicht, was er denn antworten solle. Da ging die Tür auf und eine bekannte Wiener Ärztin betrat den Raum. Gottfried kannte sie und lachte: „Wir reden gerade über mich. Wie würdest du mich denn beschreiben?"

„Unvoreingenommen" – kam wie aus der Pistole geschossen. Und mit dem durchdringenden Blick der Internistin setzte sie fort: „Unvoreingenommenheit – das ist dein herausragendes Charakteristikum."

Ein andermal saßen wir zu dritt in der Cantinetta Antinori. Eine Dame, Gottfried Krasser und ich. Wir tranken genüsslich ein Glas Tignanello. Und wieder die gleiche Frage von Gottfried.
Diesmal die Antwort: „Du bist für mich ein kommunikatives Genie."

Gottfried Krasser ist einer, der mit MASS UND ZIEL redet. Eher wenig. Und gleichzeitig kommuniziert er mit allen Sinnen. Es ist diese entspannte Wachheit, die aus meiner Sicht das Team so prägt, dass eines der besten Lokale international seinen Gästen einen Rahmen bietet, der geprägt ist von Wärme, distanzierter Herzlichkeit, exzellenter Qualität bei allem. Und Freiheit.

FREIHEIT von allem Aufgesetzten. In der Cantinetta ist nichts zu viel. Und nichts zu wenig. Diese Balance zu halten – Tag für Tag – und jeden Tag über viele Stunden, mit täglich Hunderten von Gästen... dafür braucht es Qualitäten, die – bei allem Respekt – nicht auf der Volkshochschule in Abendkursen gelernt werden können.

Dahinter steht auch kein Konzept. Sondern eine Haltung der Aufmerksamkeit, die zielgerichtet wirkt: Zum Wohle der Gäste. Nicht als Floskel, nicht als Formel, sondern als innerer Code, der Signale sendet und wirkt.

Es könnte sein, dass dieser Beitrag über die Cantinetta Antinori für jene Menschen, die sehr buchstäblich lesen, schwer zugänglich ist. Umgekehrt könnte es natürlich auch sein, dass so etwas wie ein Klima entsteht für Dinge, die es zwar gibt, die auch erlebbar sind – doch schwer fassbar.
Wo Worte an eine Grenze führen, hinter der das persönliche Erleben wartet.

Wer weiß, vielleicht treffen wir einander? Sie wissen. Mein Lieblingstisch. Gleich neben der Tür. Links. In der Cantinetta Antinori. Mit diesem verschwommenen Blick hinaus auf Wien und dem Wohl-Sein im Hier.

CANTINETTA ANTINORI

www.cantinetta-antinori.com
www.procacci.at
Tel.: +43-1-533 77 22-0

SHORT CUT

**Es ist alles gesagt.
Es ist was es ist.**

gelebter
Traum

PRO-LOGISTIK
REINHOLD HAUSBECK

Reinhold Hausbeck ist ein fragender Mensch. Ich kenne niemanden, der so fragt wie er. Sanft. Seine Fragen gehen immer ein Stück tiefer. Tastend. Wie eine Bewegung, die in unbekannte Schichten vordringt und doch nicht schmerzt.

Als ich zum ersten Mal dieses Konzert von Fragen hörte, konnte ich es kaum fassen. Ich dachte erst, das sei eine Masche von ihm. Doch die Dauer und Intensität unserer Begegnungen, das rigorose Forschen hinter der Oberfläche, seine Fähigkeit, absolut heiter, leicht, ja lustig, geradezu kindlich zu sein – um im nächsten Jetzt, wenn es passt, tief einzutauchen in den Moment - haben mich etwas anderes gelehrt.
Ja, Reinhold Hausbeck ist ein fragender Mensch. Und aus diesen Fragen, so scheint mir, formen sich in ihm Antworten, die sich jenseits einer linearen Stringenz* bewegen. In all unseren Gesprächen hatte ich nie das Gefühl, einem dieser trockenen Rationalisten ausgesetzt zu sein, die alles erklärt haben wollen und in sich keinen Raum für das Mysterium des Lebens lassen. Im Gegenteil. Seine fragende Art eröffnet genau diesen Raum. Einerseits.
Anderseits entsteht auch eine Art TROCKENE KLARHEIT. Ich meine damit eine Klarheit, die sich jenseits der häufig anzutreffenden Psychologisierung von Themen bewegt. Einer Psychologisierung, die stets vom Hundertsten ins Tausendste führt und doch nirgendwo ankommt. Und meist alle Beteiligten in einem Dunst zurücklässt, von dem letztlich keiner weiß, wofür all das Reden gut war.

Reinhold Hausbeck ist das, was unsere Gesellschaft als „erfolgreich“ bezeichnet. Er führt ein herausragend exzellentes Team, wobei das Wort >führen< nicht wirklich zutrifft; sondern eher bedeutet: aus Erfahrungen begleiten. In der Pro-Logistik herrscht eine Spielkultur, ein ko-kreatives Miteinander, das sich nicht auf nur „ein Ding“ zurückführen lässt. Das wäre, als würde ich sagen: Für das Wetter von morgen ist NUR der Nordwind zuständig.
Jede und jeder Einzelne in diesem Team – und ich habe viele kennengelernt – ist eine Art Künstler. Die eine parliert französisch, der andere in einer Sprache, die ich gar nicht genau zuordnen kann. Lettisch? Die Nächste gibt mir das Gefühl, ein weiblicher Karajan** der Zahlen und Kennziffern zu sein und alle treffen sich irgendwann in der Cafeteria, in der eine Jukebox, Samt-Sofas und Clubsessel stehen. Hier wird zweimmal in der Woche Essen gekocht. Für alle. Nach Ajurveda. Original. Indisch. Und nie und nimmer bayrische Hausmannskost. Die wird auch gegessen. An anderen Tagen.

Die Pro-Logistik ist geprägt von einem FLOW-TEAM. Ich war relativ oft dort. Mit und ohne Reinhold. Nie konnte ich einen Dirigenten ausmachen. Und doch spielt das Team ein Konzert. So erfolgreich, dass das Unternehmen zu den Top Ten in Europa zählt; qualitativer Transport. Ziel: In den nächsten 5 bis 7 Jahren „Europas führender Logistik Operator in Sachen Qualität, Service, Partnerschaft und Erfolg" zu sein.

Vielleicht denken Sie: „Es wird nicht so heiß gegessen, wie es gekocht wird." Da haben Sie Recht! Dem Team fehlt dieser saubere Ehrgeiz, der das Ego so bedient und häufig in diesen Erfolgsfirmen anzutreffen ist. Da ein Status-Symbol. Dort ein Designerstück. All das glänzt bei Pro-Logistik durch Abwesenheit. Die Gebäude in Oberaudorf in Bayern, der Zentrale (wie komisch dieses Wort für diese Firma wirkt), erinnern eher an einen >Kreativ-Schuppen< als an ein Unternehmen, das „führend ist in qualitativem Transport." Pro-Logistik-Team ist eine internationale Speditions GmbH.

Die Firma wurde 1992 gegründet. Von Reinhold Hausbeck. Und auf gute Art und Weise hat die Firma abgehoben. Hausbeck: „**Wir haben am Anfang fast nur mit offenen Zyklen operiert**. Das heißt, wir haben Aufträge um Aufträge aufgetan und dann irgendwie geschaut, dass diese auch durchgezogen werden. Einfach immer gestartet. Das war auf der einen Seite wahnsinnig erfolgreich, auf der anderen hat uns das in einen nicht enden wollenden Stress geführt. Wir konnten fast monatlich neue Mitarbeiter/innen einstellen. Und natürlich nur Menschen, die so ein Spiel mitmachen. Das war ja alles andere als geordnet. Besser gesagt: Von Ordnung konnte gar keine Rede sein. Gleichzeitig haben wir alles immer irgendwie hingekriegt und: sind gewachsen. Bis der Punkt kam – genau… bis der Punkt kam, wo uns die Sachen um die Ohren flogen. Da wusste ich: >Halt, Hausbeck, mach langsamer<. Kümmere dich auch – wenn schon nicht übertrieben – so doch um Organisation. Und so habe ich mich gefragt, was wohl die BESTE ORGANISATIONSFORM ist? Und während ich so darüber nachgedacht habe, kam mir in den Sinn: EINE, DIE SICH IN GEWISSER WEISE SELBST ORGANISIERT. So vom Team her. Von den Menschen. Denn schließlich müssen wir ja alle miteinander auskommen und keinem hilft es, wenn wir im freien Fall Auftrag um Auftrag abwickeln – ohne uns gleichzeitig zu organisieren. Denn das wurde zunehmend zum Ärgernis. Die Menschen waren so im Tun, so eingespannt in ihren Alltag, dass kaum Zeit blieb um zu schauen, was machen eigentlich die anderen? Wie laufen die Prozesse, wo könnten wir denn diese nicht nur noch schneller machen, sondern vor allem einfacher und ruhiger? Bei uns ist jeder Disponent Verkäufer. Wir haben dafür das Wort kreiert: „Verkaufsaktiver Disponent." Wir lachen beide.

„Und so kamen wir auf die Idee, uns zertifizieren zu lassen. ISO! ISO 9000. Oder 9001? Jedenfalls haben wir das durchgezogen. Und eines Tages, unter der Dusche, habe ich mich gefragt: Hat sich das gelohnt? Hunderte von Stunden um das zu dokumentieren, noch besser darzustellen – und auch nach außen hin marktgerecht darzustellen, was wir ohnehin tun – hat sich das gelohnt? Und weißt du was – ich hab's immer mit halbem Herzen gemacht, weil ich mir einreden ließ, das sei gut. Es gehört sich so! Und es bringt was. Sorry. Das Wesentliche steckt nicht drin!

Es werden nicht - und können gar nicht - alle Bereiche erfasst werden. **Die Wirklichkeit ist immer viel komplexer als jede noch so gute Abbildung.** Nochmals sorry. Und wenn die Menschen einen Zettel brauchen, auf dem steht, dass wir gut sind – so können wir in Bezug auf individuelle Bedürfnisse ohnehin nicht mit einer Bezugsgröße von ISO antworten. Und da hab ich zu meinen wunderbaren Leuten gesagt: Fragen wir uns, wie die Kunden näher zu uns kommen könnten. Und die Antwort war: Wir haben Lifecams installiert. Überall. In allen Büros. Auch in der Cafeteria. Und wir gaben unseren Kunden das Passwort, damit sie sehen können – via Internet – was wer gerade wo und wann tut. Nicht >big brother is watching you< – sondern aus der FREIHEIT ZUR OFFENHEIT.

Denn wenn wir sagen: >Vertrauen Sie uns Ihre Fracht an. Wir kümmern uns von A bis Z. Sie haben den Kopf frei für Ihre Kernkompetenz< – dann ist das schon was. Dazu braucht es Vertrauen. Und da kann es schon unterstützend sein, wenn sich jemand selbst ein Bild machen will. Denn nichts ist so offensichtlich, so direkt überzeugend, wie die getane Arbeit. Wie die Leistung, die sich zeigt. Tatsächlich. Ohne Schnick-Schnack. Mit und ohne Zertifikat.
Das hat eingeschlagen. Das hat überzeugt! Und auch ins Team kam ein neuer Juice. Irgendwie hat es was, vor laufender Kamera zu arbeiten. Und vielleicht gerade mit dem zu telefonieren, der eben hereinschaut. >Hallo! Schön, Sie zu sehen?<“

Gleichzeitig hat uns dieser Schwenker in eine Art Bürokratie viel gebracht. Wir wurden auf sehr gute Art ruhiger. Die Prozesse laufen verzahnter. Wir sind noch näher dran. Unsere Disponenten können jederzeit direkt mit dem Fahrer telefonieren – und umgekehrt. Jenseits dieser Kontroll-Manie. Das gibt schon ein Maximum an Flexibilität. Der Kunde kann noch während der Fahrt das eine oder andere umdisponieren. Der Disponent natürlich auch und der Fahrer denkt mit. Wird ernst genommen und ist geachtet. Wir machen kein großes Aufheben um Achtsamkeit. Wir sind es einfach. Zwar noch nicht immer und in allen Bereichen, doch immer mehr ... Und ich habe mich oft gefragt – ob das genügt. Und die Antwort ist „Ja.“ EINFACH EIN GROSSES **JA** ZU MENSCHLICHKEIT. **Auch zu Fehlern, die gemacht werden und die uns helfen, besser zu werden.** Es ist doch so: Jede und jeder gibt doch ohnehin immer das Beste. Wir haben doch niemanden im Team, der einen LKW, der nach Skandinavien soll – nach Sizilien schickt. Und wenn einmal ein Fehler passiert, dann ist jede und jeder im Team auch bereit, diesen Fehler wieder

auszubügeln. Ich brauch da nicht als Oberaufpasser durch die Räume schleichen. Wir kennen die Funktion von Pro-Logistik: Güter von A nach B. Mit optimaler Präzision. Mit feinstem Service für den Kunden. Maßgeschneidert. Entspannt und mit Leichtigkeit für alle."
Wir fahren heute praktisch in jedes Land Europas und in den Nahen Osten. Es gibt im Team viele Sprachen und die verschiedensten Nationen. Native Speakers. Dieses Brodeln, dieses Pulsieren - prägt das Betriebsklima."

Schnitt.

Lieber Reinhold – was fragst du dich zur Zeit?

„ICH FRAGE MICH, WIE ES IST, WENN ICH AUFHÖRE, KOMPLETT AUFHÖRE, DAS LEBEN MANIPULIEREN ZU WOLLEN. WAS IST DANN? WAS GESCHIEHT?"

Und weiter?
„Ich komme aus einer unglaublich hektischen Zeit. **Einer Zeit des inneren Fiebers.** Keinen Gedanken konnte ich zu Ende denken. Kein Gefühl fühlen. Ich war so was von getrieben. Die Firma. Die Firma! Die Firma!! Mein Lebensmittelpunkt. Mein Atem. Mein Herzschlag. Und darin mein Wollen, auch noch für meine Frau, die Kinder – vielleicht sogar noch für Freunde oder gar für Sport, für ein gutes Buch, für Kultur... Zeit zu haben. Dieses Konstrukt aus Anforderungen hat mich schlicht erschlagen. Mit der Scheidung - verbunden mit einer lebensgefährlichen Darmoperation - sank ich immer mehr in die Frage nach dem Sinn. Dieses >wozu das alles< war jedoch nicht mehr als ein Funkeln in der Hektik. Die Maschinerie lief. Ich war die Firma und die Firma war ich. Jede/r Mitarbeiter/in war auf mich fixiert. In dieser Zeit damals kamen zwei wunderbare Menschen und Seelengefährten in mein Leben. Eine wurde meine Mitarbeiterin und >rechte Hand:< Bärbel. Die andere meine Lebensbegleiterin und Gefährtin, mit der ich immer tiefere und unbekannte Bereiche des Mensch-Seins erforsche: Dani."

„ERST AM PUNKT >NULL< WURDE ICH LOSGELASSEN. Es – nämlich dieses Verursachen wollen! - entzog sich mir. Kurz danach schrieb ich in mein Tagebuch: >Ich habe das Spiel gewonnen, es ist gespielt und ich sehe, es war nur ein Spiel.< Ich war befreit aus jeglicher Identifikation.*** In den nun folgenden Jahren orientierten sich meine Mitarbeiter/innen mehr und mehr an den Prozessen und an dem, was wirklich ist. Also an der konkreten Situation! Heute tragen viele meiner Mitarbeiter/innen unausgesprochen meine Vision vom menschlichen Tätigsein in sich. Das sehe ich daran, wie sie etwas tun."

Reinhold: „Diese Darstellung ist notwendig – um deutlich zu machen, wie es um mich stand. Und meine Wertschätzung für mein Team und dessen sensationellen Beitrag kommt von ganzem Herzen!"

Gleichzeitig: ICH BRAUCHTE EINE EXISTENTIELLE KRISE und es brauchte Zeit, um die Chance darin für mich – und andere – zu sehen. Denn ich war seit meiner Jugend vollkommen fixiert auf Ziele. Und Wünsche. Ich war mein Ziel; bin mein Wunsch. Diese vollkommene Identifizierung hat vielleicht dazu geführt, dass ich alle meine materiellen Ziele erreichte. Gleichzeitig war es für mich total frustrierend zu erleben, dass ich dadurch kein bisschen glücklicher wurde. Diese Erfahrung habe ich jahrelang gemacht. Schließlich entstand ein innerer Abstand zu meinen Zielen und ich habe mich verstärkt auf Abläufe konzentriert. ICH BEGANN, DAS LEBEN ZU BEOBACHTEN. Als ich nach und nach und mehr und mehr aufhörte, am Leben zu „schrauben" – formte sich in mir ein anderes Verständnis von Erfolg. ICH SEHE ERFOLG HEUTE IN DEM VERMÖGEN, JEDERZEIT MEINEN WEG ÄNDERN ZU KÖNNEN. UND AUCH DIE RESSOURCEN DAZU ZU HABEN.

Unsere Gesellschaft ist eine Gesellschaft, in der niemand „da" ist. Manchmal gehe ich zu der Bushaltestelle bei uns im Ort und registriere, dass kein Mensch DA ist. Alle sind im Kopf unterwegs. Alle sind selbst noch beim Warten total beschäftigt; telefonieren, lesen Zeitung, machen sich Notizen, tun dies und das und vermitteln mit jeder Faser: >Ich bin in Eile. Unterwegs nach X. Und nicht da.<

DAS LEBEN SEIN ZU LASSEN UND EINFACH ZU BEOBACHTEN HAT MICH AUS MEINER KRISE HERAUSGEFÜHRT.

Heute fühle ich mich meinen Leuten, unseren Kunden und meinen Kindern gegenüber verpflichtet als Lebensbegleiter. Ich will, dass es allen gut geht. Diese Begleitung ist mit keinem Aufwand verbunden; zumindest derzeit.

Pro-Logistik ist eine Plattform für Menschen, die einen Bezugspunkt haben. Einen Bezugspunkt, der in einem ökonomischen Umfeld operiert und funktioniert. Eine Plattform, die einen Service bietet, eine Ausrichtung hat, Ziele erreicht, persönliche Entwicklung fördert und die Menschen ermuntert, eine Wahl zu treffen. Eigenverantwortlich zu sein – im Team.

Und an dieser Stelle würde ich es gerne belassen. Es ist alles gesagt. Gleichzeitig habe ich NOCH EINE FRAGE. WIE MÖCHTEST DU, KARL, ALS AUTOR, DIESEN BEITRAG BEENDEN? WAS SOLL NOCH GESAGT WERDEN – AUS DEINER SICHT?"

>Eine gute Frage, Reinhold, denn du bist einer, der es meisterhaft versteht, mit Wünschen und Zielen umzugehen und dessen Leben – soweit ich das sehe – von Fülle geprägt ist.
ZIELE UND WÜNSCHE SIND FUNDAMENTAL. Nicht nur in einem ökonomischen Kontext, sondern im Leben aller Menschen. Und wenn du mich schon fragst, dann sage ich hier gerne meine Sicht zu diesem Thema.

Zunächst habe ich für mich erkannt, dass DIE EFFIZIENTESTE ART, SEINE WÜNSCHE UND ZIELE ZU ERREICHEN DARIN LIEGT ZU **MEDITIEREN**. Das mag für viele erstaunlich sein und ich habe das auch noch in keinem Wirtschaftsbuch gelesen. Gleichzeitig ist das meine Erfahrung. Erst unlängst habe ich mich dafür entschieden – mit fast 60 Jahren – meinen Beruf als Trainer und Coach loszulassen, um als Autor zu leben. Mit >leben< meine ich, meine Familie und mich zu finanzieren.
Nun erscheinen pro Jahr im deutschen Sprachraum etwas mehr als 100.000 Bücher. Relativ wenige der Autoren können von ihren Veröffentlichungen >leben<. Meine Ausrichtung ist, zu diesen zu zählen. Das erscheint mir – und hier wiederhole ich mich – auch deshalb möglich, weil ich mich wie ein Hochleistungssportler über Jahre mit Zielen und mit der inneren Dynamik der Wünsche beschäftigt habe. Aus diesem Hintergrund habe ich diesen Schritt gewagt. Im Vertrauen.

Der erste und wichtigste Schritt ist Meditation.
Denn Meditation öffnet in uns den Raum der Stille. Wir erfahren eine innere Weite und spüren die Liebe des Lebens hautnah. Nicht nur in unserem Körper. Überall. Ein alles durchdringendes Wohl-Sein fließt durch die gesamte Schöpfung. Eine Ur-Kraft, die sich jeglichen Worten entzieht und stets mehr ist als das größte aller Worte. Natürlich könnte ich jetzt von >Gott< sprechen, doch das will ich nicht. >Gott< ist so besetzt. >Gott< als Wort vermittelt stets den Eindruck des Fernen, des Gewaltigen, des Übermächtigen, des Allgegenwärtigen, des Erhabenen. Im Grunde genommen ist >Gott< immer das grundsätzlich Andere.
Daher verwende ich lieber das Wort **STILLE**. IN UND AUS DIESER STILLE IST ALLES MÖGLICH. In dieser Stille bin ich in meinem Mensch-Sein, mit meinem Körper, meinen Gedanken, meinen Gefühlen. In dieser Stille zeigen sich alle Bewegungen des Lebens, die Fragen und Antworten, der Strudel des Unwissens und die Klarheit des Einfachen. In dieser Stille werden mir meine Projektionen deutlich und ich erlebe den Anderen als Spiegel meines Selbst. Als ein anderes >Ich-Selbst.< Auch wenn mich eine solche Erfahrung nicht immer jubeln lässt – so kann sie bestehen im Raum dieser Stille.
Meditation führt uns direkt zu dem beobachtenden Aspekt unseres Bewusstseins. Wir werden der Dinge gewahr – genau so, wie sie sind. In Stille entsteht kein >Zugreifen< des bewertenden Verstandes. KEIN GUT. KEIN SCHLECHT. KEIN URTEILEN. Kein Kommentar. Es ist was es ist und das ist alles, was ist.

Das könnte jetzt ein guter Moment sein, um das Wort >Ziele< gehen zu lassen. Ziele sind mit viel Anstrengung verbunden, mit viel Fremdbestimmtheit, mit Kampf und Krampf. Mit all den unglaublichen Kapriolen des Ego, das sich gerade bei >Zielen< eine kaum fassbare Überheblichkeit anmaßt. Diese Egomanie drückt sich oft aus in diesem falsch verstandenen: >Alles ist möglich<. Was ist schon einer egozentrierten Persönlichkeit möglich? Unserem Wesen hingegen ist alles möglich. Daher gehe ich ab diesem Punkt im Text nur noch mit dem Wort >Wunsch< weiter.

WÜNSCHE SIND DER KERN UNSERER EVOLUTION. Das gesamte Universum existiert, um neue, Leben spendende Wünsche hervorzubringen. Und das gesamte Universum unterstützt jene Wünsche, die aus dieser Haltung als Bitte gesendet werden. „Bittet – und es wird euch aufgetan."
Wünsche, die aus der Stille des Herzens geboren werden, erfreuen uns. Solche Wünsche sind auf eine zärtliche, sanfte, liebevolle Weise im Einklang mit dem Ganzen. Und jemand, der aus dieser Haltung seinen Wunsch in die Quelle des Lebens fließen lässt, hadert nicht, wenn sich sein Wunsch anders erfüllt als gedacht. Dieser Mensch weiß, er hat noch zu lernen auf dem Weg, ein Meister der Wunscherfüllung zu werden.

Auf dem Weg dorthin begegnen wir in einem nächsten Schritt dem PRINZIP DER **WAHL**. Das Chaos in unserer Welt ist darauf zurückzuführen, dass jede und jeder seine eigene Definition hat von dem, was >richtig< und was >falsch< ist. Über die Motive von Menschen nachzudenken verwirrt alles. Es geht daher nicht um „richtig oder falsch" – sondern um gefühlte Stimmigkeit aus unserem Wesen heraus. Diese innere Wahrheit ist niemals verletzend. Doch sie kann elementar sein, couragiert.

Mit dem >Prinzip der Wahl< meine ich, einen Gedanken zu wählen und diesen zu fühlen. Das Geheimnis liegt im >gefühlten Gedanken< und in der umgesetzten Erkenntnis, dass wir Menschen Gedanken lenken können, dürfen, sollen!
Welche Gedanken?
Natürlich solche, die sich gut anfühlen. Die sich jenseits von Angst bewegen. Die direkt aus dem Raum der Freude, der Wertschätzung kommen. Das ist trainierbar! Gefühle und Gedanken bedingen einander wie Geige und Geigen-Saite. Das Instrument – die Geige – ist in diesem Beispiel das Gefühl.

Vielleicht kann es dieser Vergleich noch deutlicher machen: Der Gedanke ist wie das Fernrohr, durch das ein Ziel sichtbar wird. Das Gefühl ist unser Navigations-System, das uns sicher zu diesem Ziel hinleitet. Es ist intelligenter – weil einfacher – das Hauptaugenmerk auf unsere Gefühle zu richten. Diese senden uns untrügliche Signale.

Und zwar im Grunde genommen nur zwei:

A) stimmige, komfortable Signale

B) unstimmige, unkomfortable Signale.

Der Körper ist dabei unser >Barometer.<

Im Körper sitzt unser emotionales Feedback-System.

Wir brauchen nur auf unsere innere Wahrheit zu hören und uns von den gefühlten Signalen steuern zu lassen.

Da wir in einer polaren Welt leben, gibt es mehr als Nordpol und Südpol; auch Angst und Liebe sind Pole.
Dazu ein wichtiger Satz:

LIEBE IST DIE ABWESENHEIT VON ANGST.

Das gilt auch für Freude.

FREUDE IST DIE ABWESENHEIT VON ANGST.

„Tu, was du liebst!“ – wie oft haben wir diesen Satz schon gehört. Doch – tun wir das, was wir lieben, wirklich jenseits von Angst? Jenseits der Angst, damit auch genügend Geld zu verdienen? Das ist eine sehr wahrhaftige Frage. Eine tiefe und wichtige Frage.
Daher sage ich immer wieder: >Spiel dein Spiel oberhalb der Linie der Angst.<
Ich könnte das auch dramatischer formulieren: Wir können es uns nicht leisten, dieses Angst-Spiel! Warum?
Weil wir damit Angst und Schrecken und Scham und Schulden und Sorgen und Mangel ... in unser Leben ziehen. Wer will das? Was wir säen, das werden wir ernten. Die Gedanken, die wir aussenden – kommen als Resultate zu uns zurück. Nochmals: Wir können unsere Gedanken fühlen. Und lenken.

Das führt uns zum nächsten Punkt:
DEM GESETZ DER **ANZIEHUNG**. Dies ist ein mächtiges Gesetz. Dieses Gesetz ist unter anderem verantwortlich für Transformation. Transformation bedeutet: Vom Nicht-Manifesten zum Manifesten UND vom Manifesten zum Nicht-Manifesten. Vereinfacht gesagt ist Transformation die endlose Welle des Lebens.

Ein ständiges, wechselseitiges Erzeugen. HSIANG SHENG nannten das die alten Taoisten. Der Tag transformiert sich in die Nacht. Die Nacht wird in den neuen Tag gezogen. Kein Kampf weit und breit. Das Leben transformiert sich von der Form in die Nicht-Form und von der Nicht-Form in die Form. Das Leben selbst ist ewig.

Wenn wir das >Gesetz der Anziehung< erfassen, beginnen wir zu verstehen, wie es funktioniert. Und wenden es an!
Daher die dringende Frage: >Wer kann und wer will sich leisten, Angst und Mangel auszusenden?< Es wird Menschen geben. Doch müssen Sie dazugehören? Wie wäre es, wenn Sie das einfach lassen würden?
Allerdings können Sie es nicht lassen, indem Sie nur darüber nachdenken! Sorry. Sie müssen es tun. Nur im Tun verändern wir die Muster unserer Handlungen. Nirgendwo sonst. IHR BEISPIEL IST GEFORDERT. UNSER ALLER BEISPIEL.

Damit sind wir bei der schlechten Nachricht angelangt. Im Wissen sind wir alle Weltmeister. Was wir brauchen sind Könner. Anwender. Um mit >gefühlten Gedanken< zu operieren, braucht es Übung. Disziplin.

EINE DISZIPLIN DER FREUDE.
DIE DISZIPLIN DER FREIHEIT.

Wir können Freude trainieren. Und – wichtig ! – wir dürfen erfahren, wie Freude funktioniert, um zu verstehen: Freude ist eine kreierende Energie.
Da haben wir es wieder. Es geht um Anwendung. Um Tun.

GEFÜHLTER GEDANKE
\+ WORT
\+ HANDLUNG
= ERFAHRENE REALITÄT.

Bleibt noch ein letzter wesentlicher Punkt:

OFFENHEIT.

Es bedarf Offenheit für das gewünschte Resultat. Ohne Empfänglichkeit geht es nicht. Diese Offenheit führt unweigerlich zu Vertrauen und zu Verantwortung. Genauer: zu Eigenverantwortung.
Es ist kann schmerzlich - und manchmal auch witzig – sein, wenn wir sehen, welche Ergebnisse unsere gefühlten Gedanken bringen. Manchmal liegen wir sehr daneben!

Dann können wir erkennen, dass wir >alles Mögliche< ausgesendet haben ... und das Gesetz der Anziehung hat uns dann auch prompt >alles Mögliche< gebracht.
Beenden wir unsere Reise hier. Einerseits ist alles gesagt. Gleichzeitig ist dieses Thema so umfassend und tief – und ich habe es auch sehr dicht geschrieben - dass möglicherweise die eine oder der andere Lust hat, diesen Abschnitt nochmals zu lesen.

Hier eine kurze Zusammenfassung:

- Meditation öffnet den Raum, um in Stille das Spiel von gefühlten Gedanken, Wünschen, Schwingungen und Frequenzen – als Zeuge zu erkennen. In der STILLE gibt es keinen Widerstand und unsere Schwingung ist hoch und schnell und rein.
- Es kommt den meisten Menschen nicht in den Sinn, dass wir tatsächlich die Macht haben, unsere Gefühle zu wählen. Aus unseren Gefühlen entstehen hochenergetische Frequenzen – wie jene der Freude; oder niederenergetische, wie jene der Angst.
- Wir verstehen das Gesetz der Anziehung niemals zur Gänze in seiner kosmischen Weite. Das bleibt ein Mysterium. Doch wir können erfassen, wie es funktioniert. Und wir können es nützen, wie Elektrizität. Das Gesetz der Anziehung antwortet präzise auf unsere Gedanken und auf die Schwingung unserer Gefühle. Aus der Frequenz der Angst kommt Mangel. Stimmen Sie Ihren Körper auf die Frequenz der Freude. Und Sie erleben Freude. „So einfach?" Ja!
- Wer ist bereit, den Dreiklang anzuwenden:
  1. Wir senden einen gefühlten Gedanken aus. (Unsere Angelegenheit)
  2. Das Universum antwortet. (Nicht unsere Angelegenheit)
  3. Wir akzeptieren das Resultat. (Unsere Angelegenheit)

Hier noch wichtige Impulse zum Schluss:

- Es gibt in uns ein emotionales Feedback-System. Wir spüren ganz genau, welcher Gedanke stimmig ist. Und welcher nicht! Wir können das klar fühlen.
- Es gibt keine höhere Verpflichtung, als glücklich zu sein. Im Wohl-Sein.
- Dort, wo unsere Aufmerksamkeit ist – entsteht unsere Wirklichkeit.
- Sobald wir unseren inneren Widerstand aufgeben, beginnen sich unsere Wünsche zu erfüllen. Denn wer Wertschätzung empfindet, kann nicht gleichzeitig in einer Abwehrhaltung sein. Und wer wertschätzt seine Wünsche, seine Träume nicht?
- Sind unsere Gedanken und Gefühle – unsere Wünsche – wirklich frei von Angst und Verurteilung?
- Sind wir in unserer eigenen Wahrheit und Wirklichkeit selbstsicher genug, um die unvermeidliche Kritik zu handhaben, die mit jedem großen Erfolg einhergeht? ???
- Und: Es geht nicht darum, unsere Gedanken zu kontrollieren, sondern darum, unseren emotionalen Set-Point in der Frequenz der Freude zu verankern! Denn wo Freude ist – sind freudige Gedanken. Werden freudige Gedanken transportiert!

Transport. Damit sind wir in gewissem Sinne wieder bei Pro-Logistik angelangt.
Ob das Reinhold auch so sieht?

Das ist jedenfalls meine nächste Frage an Reinhold Hausbeck. [1)]

PRO-LOGISTIK

www.pro-logistik.com
Tel.: +49-8033-92 68-0

SHORT CUT

„Wie ist es, in einer Firma zu arbeiten, bei der das Team einen Bezugspunkt hat? Ein tieferes Verständnis für Ziele und Wünsche. Welche Ergebnisse erzielt dieses Team? Wie wirkt das auf Kunden – und wie auf den Markt? Und was löst es im eigenen Leben aus?"

---

* Stringenz ist ein Begriff der juristischen Methodik. D. h. die Schlussziehung muss erstens bündig, zweitens zwingend sein.

** Herbert von Karajan. Stardirigent. (* 5. April 1908 in Salzburg; † 16. Juli 1989 in Anif, Land Salzburg. Österreich.)

*** Identifikation. Prozess der Gleichsetzung bzw. Verschmelzung von verschiedenen Einzelwahrnehmungen. D.h. Dinge, die an sich getrennt sind wie „der Same" und „die Ernte" vollkommen gleich zu setzen. (v. lat.: idem = derselbe + facere = machen) Durch solche Identifizierungen entstehen herbe Enttäuschungen. Leid.

[1)] Wenn das mit den Fragen so weitergeht, müssen wir darauf mit einem eigenen Buch antworten.

das
wesentliche
wählen.

CIRCLE TRAINING

DANIELA SCHULZ

Kreise sind geheimnisvoll und genau damit führen sie uns in die Irre. Denn - was soll an Kreisen geheimnisvoll sein? Sie sind rund. Geometrische Figuren.
In sich geschlossen.
Und das stimmt auch, wenn wir Kreise als Formen der euklidischen Geometrie betrachten. Doch das Leben ... es kümmert sich nicht darum.
Im Lebenskreis sind Kreise das Beständige im Wandel.

>Daniela Schulz, International Trainer< - steht schlicht auf ihrer Visitenkarte.
Sehr reduziert. Klar. Und weiter: >Circle Training.<
Daniela ist in Bonn geboren, studierte in den USA, lebte lange in Frankreich und später in den Niederlanden. Sie spricht fließend vier Sprachen. Das ist einer der Gründe, weshalb sie von international operierenden Unternehmen engagiert wird.
Der andere ist ihre präzise Art. Sie setzt Anforderungen mit ihrem Team professionell um und achtet auf ein genaues Feedback. Durch diese Schriftlichkeit wird auf solide Art sichtbar, wo ein Projekt steht – europaweit und über Kontinentalgrenzen hinaus.

Doch was macht ihre Arbeit so begehrt? So einzigartig?

„WENN JEMAND SICH SELBST EINBRINGT, KOMMT ER DEM AUSDRUCK SEINES POTENZIALS SEHR NAH.
ICH BIN HIER, UM ANDEREN ZU HELFEN, IHRE SACHE RUND UND GUT ZU TUN."

Daniela ist eine faszinierende Frau. Ich habe viele Stunden mit ihr verbracht, um den Kern ihrer Arbeit zu ergründen; schreibend erfassen zu können. Denn sie hat als Mensch – bei aller Präsenz – auch etwas Virtuelles. Ich meine das in einem sehr wörtlichen Sinn. >Virtuell< - lat. – bedeutet: >Auf nicht althergebrachte Weise wirklich.<
Damit zeigt sich eine Realität, die zwar wirklich ist, jedoch neu - nicht althergebracht.
Und: Sie ist keine Theoretikerin. Im Gespräch wurde klar, dass sie selbst durch eine existentielle Krise ging und das, was sie lehrt, vom Leben gelernt hat. Eine Lektion lautet, die Kontrolle dort – wo es sinnhaft ist – loszulassen. So wird aus dem Kreis eine runde Sache, „denn Menschen lernen in Zyklen. Und irgendwann," so Daniela „schließt sich ein Kreis und ein neuer öffnet sich."

Diesem Neuen bin ich auf der Spur. Denn darin, so vermute ich, verbirgt sich das Wesen ihres Erfolgs. Also folge ich dieser inspirierenden Fährte und höre sie sagen: „Wenn ich arbeite, bin ich in einem gewissen Sinn nicht da. Etwas in mir verschmilzt mit den Menschen, mit denen ich arbeite – und dadurch merke ich, wo der Knackpunkt liegt."
Langsam beginne ich zu verstehen. Daniela Schulz arbeitet jenseits eines Konzeptes innerhalb eines Kreises. DIESER KREIS UMSPANNT DAS JETZT des gegen-

wärtigen Augenblicks und damit den Moment der gegebenen Situation. Durch ihre Fähigkeit, sich radikal zurück zu nehmen – reflektiert sie das, was ist. Jedoch nicht wie ein Echo. SONDERN MIT DER INTELLIGENZ ZUR TRANSFORMATION. Damit wird das Tiefere, das, was unter der Oberfläche liegt, bewusst.

>Und wie< – frage ich sie – >machst du das?<
„Ganz einfach. Durch Fragen. Ich bin absolut gegenwärtig und frage nach dem, was die Lösung verbirgt. Natürlich kenne ich die Lösung im Vorhinein nicht, sondern kann sie nur mit den Menschen erarbeiten, die das Problem haben. Gleichzeitig ist ja in jedem Problem die Lösung impliziert. Nur eben nicht offensichtlich. Meine Fragen" – sie lacht – „oft mein Feuerwerk an Fragen - haben keinen anderen Sinn, als die Barriere, die die Lösung verdeckt, bewusst zu machen. Und damit sichtbar!"

Und was geschieht dann?
Daniela: „Dann wird allen im Raum klar, dass das Problem >die Barriere< war. Und so gesehen stimmt es, wenn du vom >Kern des Erfolgs< sprichst, der etwas erhellt. Bewusstsein durchdringt das Problem und beleuchtet die Lösung. Der Rest ist dann relativ einfach. Denn die Menschen in den Unternehmen sind gut darin, Projekte zu managen. Ich bin mehr dafür zuständig, die Knackpunkte zu lösen.
Was bedeutet: Das Wesentliche zu wählen!"

Es gibt einen wunderbaren Impuls von Rainer Maria Rilke, den dieser Meister und Pionier einer transzendenten Dichtkunst berührend schön formulierte: EINEN HAUCH WAGENDER SEIN.

„Ja, dieser Satz begleitet mich oft," sagt Daniela Schulz.* „Ist es denn nicht für uns alle eine Herausforderung: Nur einen Hauch mehr zu wagen? Mehr zu riskieren. Sich selbst mehr zu getrauen. Doch wer immer seiner Sache näher kommt, kommt damit gleichzeitig der Umsetzung seines Potenzials, seiner innewohnenden Möglichkeiten näher."
Und weiter: „Ich sehe und erlebe das derzeit mit meinem Team. >Mein< ist als hinweisendes Fürwort gemeint, nicht als besitzergreifendes. Denn >mein< Team sind internationale Trainer wie ich, die eine hohe Fachkompetenz in ihren Bereichen und natürlich den Spezifika ihres jeweiligen Landes haben.

Meine Leidenschaft liegt darin, dieses Team zu fördern, indem ich es sozusagen aus dem Hintergrund coache und begleite. Da wir untereinander ein hohes Ausmaß an VERTRAUEN UND ÄHNLICHEN WERTEN haben, hilft meine Fähigkeit zur Reflektion, dem Einzelnen etwas über sie selbst zu zeigen. Dieser Bewusstwerdungs-Prozess wiederum nimmt Barrieren weg und erhöht die Kompetenz. Dadurch

---

* „Die gesamte Tiefe dieser Aussage habe ich im Gespräch mit der Autorin und Philosophin Ute Lauterbach erfasst." www.ute-lauterbach.de (Daniela Schulz)

werden wir im Gesamten besser. Ich könnte es auch so sagen:
EINE KLEINE EINHEIT BESTIMMT EINE GROSSE EINHEIT MIT.
Das bedeutet: Je besser wir als Team sind – als Circle Trainer – desto besser sind auch die Einheiten in den diversen Unternehmen, die wir unterstützen und desto besser sind auch die Ergebnisse, die in diesen Unternehmen erzielt werden."

An diesem Punkt wird Daniela auf eine gute Art ernst. Das hat bei ihr etwas sehr Kompaktes. Es ist, als ob sich Energie verdichten würde zu einer auf Klarheit reduzierte Form. Sie fährt fort: „Genau das meine ich mit Professionalität. Professionalität ist für mich nicht, >professionell< auf Konzepte zuzugreifen. Professionell ist für mich, in der Bereitschaft zu sein - präsent, aktuell, aus dem jeweiligen Moment - auf die gegebene Situation zu antworten. Denn die Situation ist wie ein Kreis, der in sich die Dynamik birgt, Grenzen zu dehnen, zu weiten, ja zu sprengen, Potenziale aus dem Verborgenen zu befreien und sichtbar werden zu lassen. Daher sind Kreise geheimnisvoll, wie das Leben. Ist nicht auch das Leben ein Kreis? Ein wundervoller Kreis, der gelebt werden will. Und gleichzeitig: Kreise sind in sich geschlossen."

Wie geht's weiter, Daniela, mit Circle Training?
„Wir wachsen Schritt für Schritt und weiten damit den Kreis, in dem wir Circle Trainer wirken. Sanft. Und so, wie es sein soll. Wir arbeiten in verschiedenen Ländern mit großen und kleineren Unternehmen zusammen. Und es ist eine Freude zu sehen, wie kleinere Einheiten größere befruchten und sich ein Netz webt, das wirkt. Das wirkt durch Lebendigkeit, durch Kompetenz, durch Lebensfreude und gesamthafte Erfolge. Ein Kreis von Unternehmen entsteht mit Menschen, die sich einbringen bei dem, was sie tun. Weil das, was sie tun, ihre Sache ist."

CIRCLE TRAINING

Training und Coaching.
Mitarbeiterführung,
Kommunikation, Vertrieb.
www.circletraining.de
Tel.: +49-8033-4969990

SHORT CUT

**>Einen Hauch wagender sein< ist wie ein Kreis, der sich auf wundervolle Weise dreht und dreht und dabei größer wird. Und es wird gesagt, dass sich diesem Kreis nach und nach Zuhörer zuwandten, was auf sehr geheimnisvolle Weise den Kreis vergrößerte.
Wie erstaunlich.**

Coming out.
Going in.

INNER GAME
CHRISTIAN MAIER

Sie finden mich im Breisgau. Nahe Freiburg. In einem Saal. Ich jongliere mit Tüchern. Farbigen Tüchern. Diese feinen Dinger schweben mit graziöser Leichtigkeit vom Himmel des Plafonds direkt in meine Hände. Und mit der Geste einer weiten Einladung schicke ich sie – die Tücher – zurück. Hoch in den Raum jenseits der Schwerkraft. Ich bin nicht allein. Frauen und Männer um mich. Musik. Und eine feine Heiterkeit, ein Fluidum aus Leichtigkeit durchzieht den Raum. Konzentrierte Gesichter und doch entspannt im FLOW.

Das Szenario verändert sich. Aus den Tüchern werden Bälle. Lederne Jonglierbälle, die anstatt sanft zu schweben blitzschnell durch die Lüfte flitzend direkt auf den Boden klatschen. Patsch. Patsch, patsch, patsch! „Hört ihr dieses Geräusch? Das ist die EROTIK DES VERSAGENS. Hört genau hin. Achtet auf den Sound. Hat es nicht einen unverkennbaren Ton, dieses >Patsch<? Welche Eigenwilligkeit aus Lauten durch die Verbindung von Leder und Fußbodenholz. Habt ihr schon jemals einen Ball so landen gehört? Mit diesem Ton?"
Ich hatte nicht. Und ein rascher Blick in die Gesichter ringsum schien zu bestätigen: Die anderen auch nicht. Und gleichzeitig konnte ich spüren, wie ich mich geradezu verliebte in dieses >Patsch<. Kein bisschen Unwillen darüber, dass die Bälle meiner Jonglierkunst trotzen. Sich meinen Griffen entziehen. Ganz anders als die Tücher eben. Diese Bälle. Ich erlag der Erotik des Versagens. Ich konnte fühlen wie es ist, wenn das, was geschieht, akzeptiert wird. Einfach akzeptiert wird. Voll und ganz und jenseits des kritischen Verstandes. EIN GUTES GEFÜHL. IM KÖRPER. Und irgendwie ging das Fließen nicht weg und die Rhythmik aus den Tüchern verband sich nach einiger Zeit mit dem viel schnelleren Flug der Bälle. Und auch das >patsch< blieb versöhnlich das, was es ist: Der Ausdruck des Anfängers in einer neuen Kunst.

All das und viel mehr geschah bei einem Seminar mit Christian Maier. Titel: >Spielraum für Wesentliches.< Es war eines der wenigen offenen Seminare, die Christian anbietet. Er arbeitet meist mit Teams und Führungskräften in Firmen und unterstützt diese als Coach und Berater in Veränderungsprozessen. Und natürlich geht es da nicht um Jonglieren – vordergründig – und doch steckt in dieser Kunst eine tiefe Weisheit. Jonglieren wir nicht alle? Und haben wir nicht alle meist viel mehr als nur DREI BÄLLE IN DER LUFT? Ein Projekt da, eines dort, einen Köcher voll mit Terminen und dazu Aufgaben, die sich gefährlich dem krachenden Aufschlag nähern – patsch!

Jonglieren mit drei Bällen ist gar nicht so einfach. Und doch entstand in unserer Gruppe nach kurzer Zeit eine erstaunliche Gewandtheit. Wir lernten, die Bälle überkreuz

zu werfen, folgten einem Muster, hörten das sanfte Plop, wenn ein Ball in der Hand landet und fanden einen individuellen Rhythmus, der erfreulich mit dem der Gruppe korrespondierte.
Gleichzeitig: wir blieben bei uns. JEDE IN IHRER BEWEGUNG – JEDER IN SEINEM AUSDRUCK. Und ohne im Vorfeld auch nur einen Ton darüber zu verlieren, ließen wir alle das permanente Urteilen weg. Einfach weg. Wie eine stillschweigende Übereinkunft, so selbstverständlich, dass jedes Wort darüber vergeudet wäre.
Wir kannten einander nicht. Sahen einander vorher nie und auch nachher nicht wieder. Wir waren eine Gruppe in dem Moment, als wir einander trafen und verzweigten uns danach in den Läufen des Lebens.

Ich denke gerne an die Stunden im Breisgau. An die Menschen und an jene eigentümliche Architektur, die wir an jenem Wochenende gemeinsam erschufen. Ohne Anspruch auf Dauer ganz dem Jetzt verpflichtet. Entstanden aus einer Achtsamkeit, die bei dem blieb, was der Augenblick forderte und nie auf das schielte, was irgendwann als Ergebnis sichtbar werden könnte. Denn Dauer war nicht vorgesehen. Jede/r wusste – ist das Seminar vorbei, folgt jede/r wieder den eigenen Spuren. Und doch nahmen wir alle etwas für uns mit: Das Wissen um das eigene „inner Game." Ein helleres Verstehen darüber,

WIE WIR DIE SPIELE SPIELEN, DIE WIR SPIELEN
UND DIE WIR LEBEN NENNEN.

Christian Maier ist ein Universum für sich. Das sind wir zwar alle – und doch hat er jene ganz eigene Abgeschlossenheit, die wir bei Menschen treffen, die in ihrer Welt leben und diese mit anderen teilen. Seine größte Kunst besteht darin, Räume zu öffnen. Exakter formuliert – allerdings schwerer verständlich – Räume sich öffnen zu lassen. Was so viel bedeutet wie: Christian schafft bei seinen Trainings eine Atmosphäre, die Menschen einlädt, Räume in sich selbst zu betreten, zu erforschen und zu öffnen.
Und das in einem KLIMA AUS LIEBE. Diese Liebe ist selbstverständlich keine emotionale Liebe, sondern eine non-duale, geistige Liebe. Und diese Form der Liebe öffnet immer Räume. Tiefer betrachtet IST diese Liebe ein unendlicher Raum.

Gleichzeitig gibt es eine inspirierende Fährte. Diese umspielt zwei Begrifflichkeiten, ohne sie zu einem Credo zu machen. Ohne diese zu verfestigen zu einem Muss. Es muss nicht so sein – doch es kann so sein – und es ist auch oft so – bei „inner GAME."
Gemeint sind:

- Leichtigkeit und
- Wesentlich

Leichtigkeit ist wesentlich. Was nicht heißt, dass alles immer leicht gehen muss. Manchmal braucht es eine enorme Anstrengung, bis etwas sichtbar wird. Denken wir an die Raupe, die den Kokon sprengt. Mit Druck. Und gleichzeitig sorgt dieser Druck dafür, dass Überflüssiges auch aus der Raupe gedrückt wird, Schichten fallen und der Schmetterling fliegt.

Christian Maier: „DAS WESENTLICHE IST OFT UNTER EINER SCHALE VERBORGEN. Und unsere Gesellschaft ist dermaßen fixiert auf das Äußere, dass wir alles außerhalb von uns suchen anstatt auch innerhalb von uns zu forschen. Diese Fixierung auf das Außen, auf die Materie, lässt uns in unserem Alltag – im ganz gewöhnlichen Tun am Arbeitsplatz – einfach vergessen, dass während unserer äußeren Aktionen gleichzeitig ein inneres Spiel läuft. Ein Spiel, bei dem wir unser Tun kommentieren, kritisieren, abwerten, aufwerten; verurteilen, beurteilen… Wir sind uns dieser inneren Prozesse meist nicht bewusst. Und es ist so, dass wir dabei selbst zum schärfsten Kritiker unseres eigenen Handelns werden.“

Nehmen wir noch einmal das Beispiel mit dem Jonglieren; beim Seminar. Was ist tatsächlich passiert? Es wurden so gut wie keine Anweisungen gegeben. Vielleicht da und dort ein Tipp, wie es einfacher ist, die Bälle zu werfen. Doch der Focus der Aufmerksamkeit lag darauf, Angst vor Versagen zu nehmen. Durch die Musik, durch das LENKEN DER AUFMERKSAMKEIT auf das Schweben der Tücher und dadurch, dass die Handlungsanforderungen mit den Fähigkeiten übereinstimmten, entstand im Nu in der Gruppe eine Art Flow. Eine für alle spürbare Leichtigkeit.

Dadurch, dass die Aufmerksamkeit ganz bewusst auf Fließen, Loslassen und absichtsloses Spiel gelenkt wurde, war kein Raum für kritische Gedanken. Der innere Kritiker wurde so überlistet. Durch die Abwesenheit dieses inneren Kommentators, den wir alle so gut kennen, konnte der Körper seinen eigenen Rhythmus finden. WIR BEWEGTEN UNS IM JETZT. Jeder für sich. Und gleichzeitig entstand eine unsichtbare gemeinsame Bewegung. Ganz aus sich heraus. Mit sparsamen Anregungen. Und ohne Kommentar. Doch so offensichtlich, dass es jede/r sehen konnte.

Damit sind wir dem Geheimnis von >inner Game< auf der Spur. Einem Geheimnis, das in Wirklichkeit überhaupt kein Geheimnis ist. Im Grunde liegt es vollkommen offen vor uns.
Blicken wir noch einmal auf das Seminar im Breisgau. Auch wenn wir einander fremd waren zu dem Zeitpunkt, so lag doch nichts Anstrengendes in der Luft. Weit und breit keine Peinlichkeit. Die Vorstellung, ein Seidentuch in die Luft zu werfen und zu fangen hat niemanden erschreckt. Und es wurde aller Erwartungsdruck aufgelöst, irgendjemand müsse jonglieren können.

Ein Tuch in die Luft zu werfen ist leicht. Und als dann das zweite und dritte hinzukam, folgten wir der Spur der Freude. Dadurch entstand nicht nur ein Klima der Entspannung, sondern vor allem des Vertrauens. Des Vertrauens in die eigenen Fähigkeiten.

Als dann der KÖRPER DEN RHYTHMUS ÜBERNOMMEN UND GESPEICHERT hat, wechselten wir zu den Bällen. Dann trat ein, was eintreten muss, wenn Menschen zum ersten Mal drei Bälle werfen. Da fallen natürlich Bälle zu Boden. Wie sollte das anders sein? Alles andere wäre ein Wunder.
Erinnern wir uns.

Das war die Sequenz mit der EROTIK DES VERSAGENS.

Die Aufmerksamkeit der Gruppe wurde auf den Ton des fallenden Balles gelenkt und eingeladen, diesen Ton zu genießen. Zu integrieren. In das gesamte Spektrum einzubeziehen. Bälle fallen nun einmal beim Beginn des Jonglierens auf den Boden. Und auch später noch! Das ist vollkommen normal. Im Sinne eines „inner Game" blieb jedoch der Kritiker in uns auf Urlaub. Diese besserwissende innere Stimme kam erst gar nicht dazu, diese Situation als peinlich oder als ungeschickt oder als … zu bezeichnen. Dadurch bekam der Körper nach kurzer Zeit Oberhand und fand seinen eigenen Rhythmus. Alle im Seminar konnten jonglieren. Natürlich nicht zirkusreif. Doch für diese kurze Zeit erstaunlich gut. Wenn nun das Jonglieren das Hauptthema gewesen wäre, so müssten wir jetzt üben. Die Übung würde zu einer gewissen Meisterschaft führen.

FAZIT?
„Das lässt sich auf jede Situation des Lebens übertragen. Wenn wir das große Muster erkennen und dieses verstehen, so können wir uns auf jede Situation neu einschwingen. Jede Situation wird zwar anders sein – denn wir steigen niemals zweimal in den gleichen Fluss, wie Heraklit sagte – und doch! Und doch können wir uns immer ausrichten an der eigentlichen, wesentlichen Idee."

Was ist die wesentliche Idee beim Jonglieren mit drei Bällen?
Nun, etwas Altes loszulassen, wenn das Neue kommt und gleichzeitig die wichtigen Dinge in einer rhythmischen Bewegung zu halten.

Was ist die wesentliche Idee beim Führen von Menschen?
Sie zu bewegen, sich selbst zu bewegen und mit Freude einer gemeinsamen Vision zu folgen.

Was ist die wesentliche Idee beim Lehren?
Die Lust am Entdecken des Neu-Landes zu wecken und gleichzeitig das Vertrauen in die Erreichbarkeit zu stärken.
„Welche Haltung unterstützt das am meisten."
Natürlich die Suche nach dem Leichten und die Orientierung daran.
„Und wenn etwas leicht geht, welches Gefühl kommt dann auf?"
FREUDE.

Damit haben wir die drei Klänge, aus denen >inner GAME< ein Konzert komponiert:

- Was ist wesentlich? Was ist die wesentliche Idee?
- Was macht es leicht?
- Und wie lässt sich dieser Spur der Freude folgen?

„Nehmen wir noch ein anderes Beispiel: Skifahren. „Das Gleiten auf Schnee mit Skiern ist Menschen grundsätzlich fremd. Kein Mensch kommt mit Skiern auf die Welt. Was ist also geschehen? Nun, irgendwann kam ein schlauer Mensch - in diesem Fall wohl ein Mensch aus den Bergen - auf die Idee, im Winter mit Holzbrettern den Berg hinunter zu gleiten. Er kam viel schneller und viel bequemer im Tal an als früher, als er durch den tiefen Schnee stapfte. Also fuhr er öfter und öfter und wurde natürlich immer besser. Sagen wir jetzt einfachheitshalber, er nannte seine Holzbretter >Skier< und seine neue Fähigkeit >Skifahren<. Er konnte Skifahren.
In unserer Geschichte tun wir jetzt so, als hätte ihn Franz - der Nachbar vom Berg - gefragt, wie denn das Skifahren funktioniere. >Was tust du denn da?< >Wie geht das denn?< >Was muss denn ich tun, damit ich auch mit solchen Holzbrettern ins Tal kann?< Unser Freund, der erste Skifahrer, hat nun begonnen nachzudenken und entwickelte eine Lehre über das Skifahren. Und diese Lehre trichterte er nun Franz in vielen Stunden ein.
Als Franz nun selbst begann Ski zu fahren, orientierte er sich nicht an seinem Körper, nicht am Hügel, nicht am Schnee, nicht an den Brettern, sondern an der Lehre seines Lehrers. Anstatt an erster Stelle auf das zu achten, was unmittelbar vor ihm und in ihm ist, „hörte" Franz sozusagen die Lehre seines Lehrers. Und seine eigene innere Stimme, sein INNERER KRITIKER wies ihn an, wie dieser zu fahren. Damit verlor unser Franz viel von seinem Vertrauen in die eigenen Fähigkeiten. An deren Stelle trat ein: >So sollst du.< >So musst du.< >So geht das!<"

Christian Maier trocken: „Diese reine Orientierung an äußeren Konstrukten, an Methoden, an Regeln, an Konzepten… führt zu einer inneren Leere. Und dann? Funktioniert der Mensch auch im Außen nicht mehr! Denn er hat sich abgeschnitten von seiner inneren Weisheit, von seinem eigenen Empfinden, von seinem Körper, von seiner Seele. Die Menschen durchdringen die Dinge nicht. Sie forschen zu wenig nach dem Wesentlichen und übernehmen zu oft und zu ungeprüft Konzepte von anderen. Damit erlauben sie einer fremden Autorität über das eigene Leben zu bestimmen. Und das kann nicht gut gehen. Was erfolgt? Misserfolg. Auf diese Weise wurden viele zu Opfern fremder Konzepte – anstatt Eigenverantwortung zu übernehmen für das Leben, das wir leben."

Die Frage nach dem Wesentlichen durchdringt die Arbeit von >inner GAME< und von Christian Maier. Was heißt es, zum Wesen durchzudringen? Welches griffige Modell könnte dafür Pate stehen? Wie lässt sich das so anschaulich darstellen, dass praktisch jede und jeder mit >inner GAME< arbeiten kann?

„WENN WIR ZUM WESENTLICHEN DURCHDRINGEN, DANN DRINGEN WIR IMMER ZUR IDEE DURCH. Im Grunde genommen zur ursprünglichen Idee. Spüren wir diese ursprüngliche Idee auf, freuen wir uns. Es ist wie dieses simple Modell von Geist/Seele/Körper; wobei „Geist" die Idee, „Seele" das Fühlen und „Körper" die Materie meint.
Bei den Firmen, mit denen ich arbeite, schaffen wir einen >Spielraum für Wesentliches." Wir nehmen uns die Zeit, hinter die Formen der Materie zu schauen. Hinter die Situation, wie sie sich auf der Oberfläche zeigt. Wir machen das immer spielerisch. Meist spontan aus der Situation heraus.

„WIR HABEN DEN MUT, DIE GRENZE ZWISCHEN SPIEL UND ARBEIT AUFZUWEICHEN" wurde zum Motto eines Unternehmens, das Christian Maier seit Jahren begleitet. Anders als beim Versuch, alles in Strukturen zu pressen und bis ins kleinste Detail zu kontrollieren, übten sich die Mitarbeiter in der Kunst des Loslassens und des Vertrauens in sich selbst und in andere. Mehr als einmal erlebten sie bei spielerischen Aktivitäten, wie sich scheinbares Chaos ganz von alleine in Ordnung auflöst, wenn man natürliche Prozesse geschehen lässt. Heute erlauben sich die Mitarbeiter dieses Unternehmens deutlich mehr Leichtigkeit, reagieren beweglicher auf Herausforderungen und sind insgesamt fröhlicher geworden.
Die Beschäftigung mit >inner GAME< führt dazu, unser Potenzial von Störungen und Irritationen zu befreien. Fallen diese Störungen - weichen sich diese auf -, so ist das wie der dritte Ball beim Jonglieren. Etwas Neues kommt hinzu. Aus einem Entweder : Oder wird ein Sowohl-Als-Auch. Und in einem gewissem Sinn wird aus 1 und 1 nicht zwei, sondern elf.

Ich nehme drei Bälle und werfe sie Christian zu. >AUS PURER LUST AM LEBEN,< sage ich. Christian jongliert meisterhaft. Ein Tanz aus Loslassen und Fangen, eine Bewegung, die sich mit Leichtigkeit zu Kapriolen ausweitet und zu kleinen Kunststücken auf engem Raum. „Jonglieren," sagt er, „ist ein lachender Rhythmus, wir lernen wieder diese intuitive Fähigkeit der Kinder, loszulassen und – patsch – die Erotik des Versagens."

„Neues Lernen mit inner GAME" – Buch von Christian Maier. imfluss-Verlag.

INNER GAME

www.innergame.de
Tel.: +49-07634-69264

SHORT CUT

Viele von uns haben das Gefühl, dass das Leben sich beschleunigt. Rasend! Umso mehr Grund haben wir, langsamer zu werden. Einzukehren in einem „Spielraum für Wesentliches." Coming out. Going in.

das Mögliche entdecken.

HACKER FEINMECHANIK

KARL HACKER

Warum machen Sie mit bei diesem Buch-Projekt?
Karl Hacker: „Es sind drei Schritte, mit denen ich auf dieses Projekt zugehe. Da ist zunächst das Bild des Unternehmers in der Öffentlichkeit. Dieses zeigt so gut wie nichts von den Fragen, die alle Menschen bewegen. Ob Unternehmer/in, Arbeiter, Angestellte, Hausfrauen, Studenten, Pensionisten. ALLE FRAGEN LETZTLICH NACH EINEM GELUNGENEN LEBEN. Jeder sucht irgendwann einmal Antworten nach dem Sinn, nach seinem ganz persönlichen Lebenszweck, nach dem Wozu, nach dem Größeren... Gleichzeitig werden wir ungeheuerlich verzweckt. Alle. Doch der Unternehmer ganz besonders. Unternehmer werden auf Zahlen und auf Prozesse reduziert in unserer Gesellschaft. So als ob uns überhaupt nichts anderes interessieren würde, außer der Rendite!
Sie als Autor haben die Fähigkeit, den Menschen in die Mitte zu rücken. Den Menschen mit seinen Fragen, seinem Suchen, mit all den Umwegen und Wirrungen, mit menschlichen Anliegen und auch mit der Lust, etwas zu gestalten. Denn wollen wir am Ende unserer Reise nicht alle die Welt etwas besser verlassen, als wir sie vorfanden? Sind wir nicht alle KÜNSTLER DES LEBENS, DER REALITÄT?“

„Der zweite Grund betrifft mich ganz privat“, fährt Karl Hacker fort. „Es ist nicht meine Sache, an die Öffentlichkeit zu gehen. Wenn ich nun im Verbund mit 21 anderen etwas beitrage, so deshalb – weil ich damit Menschen Mut machen will. Ich komme aus ganz bescheidenen Verhältnissen. Ich habe auch kein abgeschlossenes Studium. Und ich habe keinen Konzern aufgebaut. Keinen Nobelpreis gewonnen. Mein Bild ist, ein einfacher Mann zu sein. Wenn es mir möglich war, ein solides Unternehmen auf den Boden zu bringen, so können das andere auch. Und ich meine nicht: Ein Unternehmen aufzubauen – sondern genau das zu tun, was den einzelnen ruft. Wo dessen Talente, Fähigkeiten und Begabungen liegen. Mehr noch und vor allem: das Tun, wo die Freude steckt. Wenn nur eine Frau oder ein Mann sagt: >JA, ICH PACK MEIN LEBEN AN. ICH HAB DEN MUT, FÜR DAS ZU GEHEN, WAS AUS MIR IN DIE WELT KOMMEN WILL< - dann hat sich mein Beitrag hier in diesem Buch gelohnt. Deshalb mache ich mit.
Noch etwas: >Ein Narr wird ein Weiser< - so eine alte Volksweisheit - >wenn es gilt, einem anderen einen Rat zu geben. In seinem ganzen Leben mag er ein Narr gewesen sein, aber wenn ein anderer in Schwierigkeiten ist, wird er ein Weiser mit vielen guten Ratschlägen<. Ich will vermeiden, Ratschläge zu geben. Doch gerne erzähle ich aus meinem Leben mit der Einladung, selbstständig Rückschlüsse zu ziehen.“
Karl Hacker wurde am 10. Juli 1956 geboren. In Niederbayern. Die Mutter Hausfrau, der Vater Maurer. Drei Kinder. Zwei Buben, ein Mädchen. Waltraud.
Hans, der Bruder, schwerkrank. Jahrelang. Hans starb, als Karl im zweiten Bildungsweg die mittlere Reife und das Abitur machte.

Was hat die Situation in der Familie in Karl Hacker ausgelöst?
„Die Schulzeit habe ich mehr schlecht als recht durchgemacht. Ging mit 17 außer Haus. Und fand so auf natürliche Art in meine Selbstständigkeit. Wie von alleine. Wie geführt. Meine Leidenschaft galt damals der Musik. Ich lernte ein Musikinstrument. Trompete. Und ich hatte einen wunderbaren Lehrer, der mir neue Horizonte öffnete. Er war Berufsmusiker, ein weitgereister Mann, der von fernen Ländern, anderen Kulturen und von Völkern, deren Namen ich noch nie hörte, erzählte. Mein Gott, war das eine faszinierende und spannende Zeit. Manchmal spielten wir – als Beiwerk zu einer Erzählung – Musik aus diesen Ländern. DADURCH BEGANN ICH AUCH AUF EINER ANDEREN EBENE ZU VERSTEHEN. ICH KONNTE DAS GESAGTE FÜHLEN, UND SO WURDE ETWAS IN MIR LEBENDIG, WAS SICH JENSEITS DER WORTE ZU BEWEGEN SCHIEN.
Karl Hacker verließ also mit 17 das Elternhaus. Er zog zu einem Mädchen. Hilde. Der Sohn der beiden arbeitet heute in der Firma und heißt auch Karl. Die Beziehung des damals blutjungen Paares hat sich gelöst. Gegenseitige Achtung vor dem Leben des anderen ist geblieben.
Unser Karl hat als Automatendreher gearbeitet. „Ja, ich wollte ein guter Facharbeiter sein und habe mir vieles autodidaktisch beigebracht. Ich fand eine Anstellung in einem relativ modernen Betrieb. Dort lernte ich die Fertigung in automatischer Produktion kennen. Diese Mechanik hat es mir angetan. Ich wollte unbedingt wissen, was dahinter steckt, wie das funktioniert. Und so habe ich mich hineingekniet, zu Hause die Anleitungen zu diesen Maschinen studiert und dann im Betrieb getüftelt. Ich lernte sozusagen an der Maschine und durchschaute nach und nach den gesamten Prozess." Die Augen von Karl leuchten: „Es war eine Art Zauberding. Wir gaben an einem Ende den Rohstoff hinein und am anderen kamen nützliche Teile heraus. Dadurch, dass mich das so interessiert hat, konnte ich in kurzer Zeit Probleme lösen und Pannen beheben."

„Ich wusste damals nicht recht, wohin ich mein Leben steuern will. >Wo stehe ich wirklich? Was kann ich eigentlich?< – waren meine Fragen. Ich hatte einen gewaltigen Wissensdurst, wollte aus meinem Leben was machen; wollte vorwärts, wollte weiter! Den Ausweg sah ich in einer möglichst guten Weiterbildung. Da ich jedoch alles selbst finanzieren musste – war der Spielraum eng. Jedenfalls war ich drei Jahre und genau einen Tag Geselle. Es trieb mich, sofort die Meisterprüfung zu machen. Doch der Abschluss der Meisterprüfung hielt eine neue Überraschung für mich parat. Ich begriff, dass mir das Fundament fehlt: Allgemeinbildung! Vor allem Mathematik, Englisch und Physik hatten es mir angetan, und so ging ich dann mit immerhin schon 23 nochmals auf eine Schule und machte das Abitur im zweiten Bildungsweg. Im Rückblick war das damals eine wirklich harte Zeit. Ich war in Landshut. War von Hilde und meinem Sohn 150 km entfernt. Und ich wollte nach dem Abitur studieren. Unbedingt. Also ging ich nach München ... doch dort holte mich die wirtschaftliche Realität ein; diese wurde einfach zu übermächtig. Der gesamte Spannungskomplex war zu groß. Wir lösten unsere Beziehung und ich ging von der Uni."

„Ich war auf der Suche nach meinem Weg und tastete nach neuen Möglichkeiten. In dieser Zeit lernte ich einen Unternehmer kennen, der ein totaler Freigeist war und ein virtuoser Verkäufer. Geradezu magisch. Dieser brachte mich mit Themen und Auffassungen in Berührung, die weit jenseits des Schulwissens lagen. Vor allem mit Nicolai Tesla und dessen drahtloser Elektrizität; Tachyonen-Energie. Ich hörte von Dingen zwischen Himmel und Erde, von denen ich nie so recht wusste ... Jedenfalls bot sich mir die Chance, einen kleinen Betrieb mit etwa 25 Personen zu führen und vor allem neue Maschinen am Markt zu suchen, um die Produktion auszubauen und effizienter zu gestalten. Das kam natürlich wie gerufen.
Das war die Chance für mich! Es war wie eine ungewöhnliche Unternehmerschule. Ich konnte lernen, was immer es in einem kleinen Betrieb zu lernen gibt. On the job – learning by doing – wie wir heute sagen; mit einem Chef, der faszinierend und irgendwie genial war."

„UND WIEDER ÖFFNETE MIR DAS LEBEN VOLLKOMMEN ÜBERRASCHEND EINE MÖGLICHKEIT", sagt Karl Hacker.

„Ich fand am Markt die Maschinen, ideal für unsere Zwecke. Doch mein Chef wollte diese aus einem unerfindlichen Grund nicht kaufen. Also redeten und diskutieren wir hin und her und plötzlich sagte er: >Kauf du doch die Maschinen. Ich leih dir das Geld – und du arbeitest auf eigene Rechnung.< So haben wir es dann getan. Ich miete-te eine Garage mit 20 m^2 – nicht weit von der Firma entfernt. Und engagierte meinen ersten Mitarbeiter.

Ich blieb Angestellter, führte den Betrieb wie bisher und konnte daher immer nur in der Mittagszeit und abends in meiner eigenen Firma sein. So ging das zwei Jahre lang. 1986 bis 1988. Doch schon nach dem ersten halben Jahr war die Garage, die in einem Raiffeisen-Lagerhaus war, zu klein. Es ergab sich, dass die Werkstätte daneben frei wurde. So mietete ich also 80 m^2 dazu. Denn ich habe die Kapazität meiner kleinen Firma selbstverständlich auch anderen Kunden angeboten, und so wuchs ganz langsam und organisch Hacker Feinmechanik heran. 1988 sprengten schließlich zwei Jobs meine Kapazität. Daher kündigte ich und kümmerte mich ganz um mein kleines Unternehmen. Silvia, meine Frau und Lebenspartnerin – wir haben zwei Kinder miteinander, Mona und Sophie – baute mit mir die Firma auf. Wir haben am Feierabend und an den Wochenenden gearbeitet. Gleichzeitig war das keine Schufterei. Wir haben es total gerne getan. Fanden darin auch unseren Rhythmus. Gingen oft gut essen. Gönnten uns Reisen und erholsame Urlaube."

Karl Hacker lächelt und erzählt entspannt weiter. „Ich hatte etwas gelernt, was einen fast unschätzbaren Wert darstellt. Nämlich **EINE FIRMA ZU FÜHREN, OHNE ANWESEND ZU SEIN**. Das habe ich beibehalten, und das gilt bis zum heutigen Tag. Meine Leute machen die Produktion. Die Produktion läuft praktisch ohne mich. Das gilt auch für die administrativen Prozesse. Ich hatte von allen Anfang an - und habe das bis heute! - den Kopf frei für Kreativität und für Strategie. Für Abläufe. Für die Beobachtung des Marktes, für meine Mitarbeiter/innen, für Kundengespräche, für Neukontakte und: für Freiräume.“

„**ICH BIN** – im Sinne des Modells von Prof. Faltin - **EIN ENTREPRENEUR GEBLIEBEN**. Als solcher habe ich Business Administration im Haus verankert und auch stets kreativ begleitet – jedoch nicht selbst gemacht.“

Karl Hacker arbeitet seit Jahren

- AM Unternehmen und kaum
- IM Unternehmen

Und er lernte den wichtigen Unterschied zwischen >verantwortlich< und >zuständig< in seiner Firma umzusetzen.

Hacker: „Was Verantwortung betrifft, hat sich in unsere Wirtschaft etwas Komisches eingeschlichen: Der Chef ist für alles verantwortlich. Immer. Doch das stimmt so einfach nicht. Meine Leute sind selbständige Menschen. Mündige Bürger. Gut ausgebildet. Mit einem gesunden Menschenverstand! Und wir arbeiten in einem Klima des Vertrauens. Natürlich bin ich juristisch für alles verantwortlich, doch nicht faktisch. Wir haben im Betrieb eine Unterscheidung eingeführt zwischen verantwortlich und zuständig. Dabei haben wir die Zuständigkeiten und den damit verbundenen Verantwortungsbereich in unserer Firma sauber herausgearbeitet. Jede/r weiß, wofür er/sie zuständig ist und wofür verantwortlich.

Nehmen wir einen bestimmten Prozess. Sagen wir: 30 Menschen sind daran beteiligt. Eine/r ist dafür gesamthaft verantwortlich. Die Zuständigkeiten werden sauber heruntergebrochen in einzelne Bereiche und zu einem Prozess verzahnt. Der neuralgische Punkt sind dabei die >Abteilungs-Schnittstellen<. In diesem Wort steckt schon: Teilung. Daher ist es so wichtig, >Nahtstellen< zwischen den Abteilungen zu schaffen und ein Denken in Prozessen im Betrieb zu verankern. Wie bei einem Staffellauf trägt jeder sozusagen die Verantwortung für seinen Part und für die reibungslose Übergabe des Stabes. Das ist die Voraussetzung für einen >work-flow<.“
Karl Hacker weiter. „Diese Klarheit und die Verantwortung für das Ganze sind wesentlich für die reibungslose Abwicklung. Und ich spreche von Klarheit – nicht von Schuld. Es geht nicht darum, für irgendetwas einen Schuldigen zu suchen, sondern darum, die Eigenverantwortung zu stärken. Für mich heißt das, zu dem zu stehen und hinter dem zu stehen, was meine Leute aus ihrer Selbstständigkeit heraus in ihrem

Bereich entschieden haben. Ich schreite nur ein, wenn ich sehe, dass eine Entscheidung nicht dem Ganzen dienlich ist."

Auffällig ist, dass in den Hallen und an offensichtlichen Nahtstellen im Betrieb kreativ gestaltete Poster hängen - mit meist humorvollen Erinnerungen, wie: >Humor ist die Disziplin der Freiheit;< gemeint ist, die Fähigkeit nicht zu verlieren, trotzdem zu lachen. Oder: >Bin ich bereit, Irrtümer unumwunden einzugestehen und Fehler ohne Murren zu korrigieren?< – mit witziger Karikatur. Noch einer? >Ich werde meine Kräfte bündeln, auf dass mein Tun in den Tag rückt.< Zum Abschluss: >Wenn wir Weisheit in Handeln verwandeln – dann können wir tun, was immer getan werden soll.<
Alle Beteiligten wissen um das Relative solch schlauer Sprüche. Und gleichzeitig zeigen sie etwas vom Klima, in dem eine Arbeit getan wird.

Hier der Weg der Firma Hacker – als Zeittafel:

- 1986 – Gründung. 1 Mann – 25 m^2 – die legendäre Garage
- 1987 – der erste gebrauchte Halbautomat
- 1988 – die ersten Drehautomaten; CNC-Technik. Gründung GmbH
- 1989 – 10.000 m^2. Eigenes Grundstück. 1. eigenes Hacker-Firmengebäude
- 1990 – mehr als ein Dutzend Mitarbeiter. Das neue Gebäude – zu klein
- 1991 – neuer Hallenbau. Halle mit 1.000 m^2 wird zusätzlich gemietet
- 1992 – ein hochmodernes Fräsbearbeitungszentrum kommt hinzu
- 1994 – Zweigbetrieb in der Slowakei läuft an
- 1996 – ein Jahr der Krise. Rückwärtsgang
- 1998 – starke Ausweitung; weiterer Hallenbau
- 1999 – das Hacker-Areal wird deutlich erweitert; fast 100 Mitarbeiter/innen
- 2001 – der vierte Bauabschnitt beginnt; 2.400 m^2 Halle kommen hinzu
- 2002 – neue Fräse- und Drehzentren werden zusätzlich implementiert
- 2004 – die „Nähfabrik" wird gekauft; umgebaut zum „Weißen Haus"
- 2005 – aus dem „Weißen Haus" wird das Hacker-LernCenter für Mitarbeiter/innen. Gleichzeitig auch eine Kulturstätte ist für Musik, Jazz, Theater, Lesungen, Buchpräsentationen und Vorträge; auch zu unkonventionellen Themen wie Schamanismus, Kultur aus der Mongolei. Treffpunkt auch, um neue Dimensionen in Business und Management zu diskutieren
- 2006 – fünfter und sechster Bauabschnitt. Weitere neue Hallen. Über 200 Mitarbeiter/innen. 6.000 m^2 Produktionsfläche in Offenberg; 5.000 m^2 Produktionsfläche in der Slowakei
- 2007 – „Es ist alles gesagt" – Buch-Projekt :-)

Was zeigt uns das? ES GIBT KEIN REZEPT FÜR ERFOLG.

Es ist unsinnig, den Weg eines anderen nachzugehen. Wir können Anleihen nehmen, Anregungen bekommen – ja. Doch kopieren? – nein!
Der Weg von Karl Hacker zeigt das Grundlegende: Es geht um Authentizität. Das ist es. Der eine macht es so – der andere so. Jemand steuert sein Leben nach Zielen, ein anderer sagt: „Ich suche keine Ziele. Die Ziele kommen zu mir."

Karl Hacker: „Dieser Satz >DIE ZIELE KOMMEN ZU MIR< stammt von Picasso und hat mich sehr geprägt. Ich habe nie Ziele verfolgt. >Wer will schon verfolgt werden?< - schreiben Sie in Ihrem Buch >So schön kann Wirtschaft sein< - von dem wir über 100 Exemplare für unsere Mitarbeiter/innen und Kunden gekauft haben. Denken in Möglichkeiten – das ist mein Weg. Und bei jedem Schritt war und bin ich darauf bedacht, nur einen Fuß ins Unbekannte zu setzen und den zweiten im Bekannten zu lassen."

Praktisch sieht das so aus: Bei all den vielen Erweiterungen war Karl Hacker bedacht, im Falle eines Fehlschlags nicht weiter zurückzufallen als bis zu jenem Punkt, von dem aus das Unternehmen zur nächsten Erweiterung aufbrach.
Daraus haben sich eine Unternehmenskultur und ein Führungsstil entwickelt, der für ein deutsches Unternehmen … sehr bemerkenswert ist!

Hier einige zentrale Punkte:

- WAS WÄRE EIN GUTES RESULTAT? Karl Hacker: „Ich übe mich darin, günstige Gelegenheiten zu erwarten und einzuladen. Aktiv. Ohne zu wissen, woher diese kommen werden; nur als offenen Raum in mir. Und wenn sich eine Gelegenheit auftut, dann frage ich mich: Welche Strukturen gilt es zu schaffen? Da ich strategisch denke, gehe ich mit der Antwort ins Detail."
- WAS ZEIGT DAS POTENZIAL DER SITUATION? „Diese Frage ist nur zu beantworten, wenn ich konsequent und aufmerksam die Situation beobachte, den Blick für Potenziale schärfe und Möglichkeiten erkenne. Dabei ist immer die Situation maßgeblich und nicht mein Konzept im Kopf."
- FLIESSENDE PLANUNG. Karl Hacker dazu: „Ich bleibe dem inneren Bild verbunden und trainiere meinen Geist auf Lösungen. Meine Aufmerksamkeit ist auf Lösungen fokussiert. Das ist sehr spannend, weil dadurch das „WIE" – also WIE wir es machen - manchmal vollkommen verblüffend auftaucht. Nicht nur als Lösung in meinem Kopf, sondern konkret durch Chancen, die sich überraschend bieten. Seien es unverhoffte Kontakte, plötzlich auftauchende Möglichkeiten, Menschen, Gelegenheiten … Wir gestalten durch Mitfließen – das ist ein zentrales Prinzip."

Für Karl Hacker gibt es keine >Kunst des Erfolges< im Sinne des Mechanisch-Rezepthaften. DIE KUNST DES ERFOLGES BESTEHT FÜR IHN DARIN, DAS UNSICHTBARE IN ERSCHEINUNG TRETEN ZU LASSEN. Wie?

Einerseits durch das Setzen KONTINUIERLICHER AKZENTE. Darunter versteht er, konsequent sichtbare Zeichen in Richtung der gewünschten Resultate zu setzen. Hacker spricht hier von einer >Ordnung der Konsequenz.<
Anderseits ist ihm wichtig, Konsequenz auch persönlich zu trainieren.

Dazu drei Beispiele:

A) Marathon. Als Karl Hacker 45 Jahre alt wurde, nahm er sich vor, einen Marathon zu laufen. Um Konsequenz zu trainieren. Um am eigenen Leib zu erfahren, wie es ist, den Körper langsam aufzubauen, auch körperlichen Schmerz anzunehmen und zu integrieren und eine Strategie zu entwickeln, die es ihm erlaubt, einen Marathon durchzustehen. Karl lief seither bei fünf Marathon-Läufen über die Ziellinie.

B) Trompete. Als junger Mann spielte Karl Hacker Trompete. Dann über Jahrzehnte nicht mehr. Um Konsequenz zu trainieren, nahm er sich vor, zu seinem 50er eine eigene CD herauszubringen. Nicht um Miles Davis Konkurrenz zu machen, sondern zur Freude seiner Freunde, seiner Silvia und: sich selbst. 2006 wurde gefeiert. Mit CD. Und Life!
Auch hier wieder ein ähnliches Bild: Trompete ist eine Herausforderung für Körper und Geist, der Übende macht nur langsam Fortschritte, und es bedarf großer Geduld und einen >längeren Atem<, um dieses Instrument zu beherrschen. Eine gute Übung – auch für das Leben. >**THIS ONE**. der groove zum buch.< finden Sie am Ende dieses Buches als Geschenk für Sie.

C) Bewusstseins-Erweiterung. Durch Stille nach innen – durch Reisen nach außen. Und vor allem: Durch Offenheit. „Alle Probleme sind nur Schein – auch wenn sich dieser manchmal sehr real anfühlt."

Und 1996?
Karl Hacker: „Das war unser Krisen-Jahr. Das Jahr meiner Katharsis. Und jetzt im nachhinein sage ich:

SO HART ES WAR, ICH MÖCHTE ES NICHT MISSEN.

Unser Hauptkunde ist ausgefallen. Natürlich hatte ich darauf geachtet, in keine zu große Abhängigkeit von nur einem Kunden zu kommen – trotzdem: ca. 40 % unseres Gesamtumsatzes waren weg. Praktisch von einem Tag auf den anderen.

Diese Zeit bereitete mir schlaflose Nächte, ich erlebte existentielle Ängste und musste Menschen entlassen. Gleichzeitig habe ich enorm viel gelernt. Einiges von dem möchte ich hier sagen, vielleicht als Beispiel und Anregung für andere.

1. ES GIBT EINEN RÜCKWÄRTSGANG. Wir können den Fuß vom Gaspedal nehmen und ohne Panik schauen, wie wir langsamer werden könnten. Das ist enorm ungewohnt. Weil wir fast reflexartig in eine Art Flucht rutschen, wenn etwas zusammenbricht. In eine Katastrophenstimmung. Und das muss nicht sein. Wir können – in der Not – auch ein Auto rückwärts steuern und kommen trotzdem voran.

2. NICHT ZÖGERN. NICHT HADERN. Die Situation war brisant. Ein großer Teil unseres Umsatzes war weggebrochen. In gewissem Sinne brannte es und ich musste verinnerlichen: >Das Gestern ist tot<. Lamentieren hilft nicht – ist schad' um die Zeit und kontraproduktiv. Ich lernte, das Vergangene zu würdigen und in der neuen Situation einen Sinn – zumindest eine Lernaufgabe – für mich zu finden.

3. SCHNELLE ENTSCHEIDUNGEN, die der Situation entsprechen. Das Schlüsselwort heißt: Situation. >Was ist wirklich?< >Was zeigt sich tatsächlich?< - anstatt: >Was ist meine Vorstellung?< Dieser rigorose Blick auf das Reale – dieses genaue Schauen auf das Tatsächliche - hat mich aus der Trance eines drohenden Kollapses herausgeführt. Ich habe knallhart gelernt, nicht auf meine überzogenen Ängste zu hören, sondern wach in der Gegenwart zu sein und möglichst situations-gerecht zu entscheiden. Schnell! Oft intuitiv.

4. RAUS AUS DER NEGATIV-FANTASIE. Ich hatte das Gefühl, wie von einer gedanklichen Schwerkraft immer und immer wieder nach unten gezogen zu werden. Wenn ich nicht aufpasste, spulte in mir ein Film ab mit einem einzigen Schreckens-Szenario. Ich habe mich trainiert, dem keinen Raum zu geben. Und ich habe verstanden, dass ich der Schöpfer meiner Gedanken bin. Und dass diese Gedanken das Muster meines Lebens sehr stark mitbestimmen. Und ich habe noch etwas ganz außerordentlich Wesentliches für mich erkannt: Wie wichtig - wie zentral - Fühlen ist verbunden mit klarem Denken. Sowohl als auch.

5. GELASSENHEIT. Wenn ich entspannt war, gelassen, dann kamen diese Negativ-Fantasien nicht. Und als mir das klar wurde, habe ich bewusst und gezielt begonnen, mich zu entspannen. Irgendwann hatte ich eine Meditationstechnik gelernt. Diese setzte ich nun ein – um mich vor allem mental zu entspannen. Wenn ich diese Gelassenheit fühlte – dann kamen andere Gedanken. Und ich kultivierte das Gefühl: Alle miteinander werden wir das schon irgendwie schaffen. Wie fühlt sich das an? Und so war es dann auch. Wir hatten in all den Jahren, seit es uns gibt, noch niemals rote Zahlen geschrieben. Und das Wunder am Ende von 1996 war: Auch in diesem Jahr nicht! Wir konnten den Einbruch auffangen und schon 1997 mit einer realistischen Planung für eine deutliche Erweiterung beginnen."

„Anschließend habe ich viel getan, um diese Zeit zu verarbeiten, zu integrieren und auch zu verstehen. Den Sinn für mich zu erfassen. Daraus etwas für das Leben zu lernen. Ich besuchte eine Reihe von Seminaren und kann im Rückblick sagen: Auch damals, während der für mich schwierigsten Zeit meiner Unternehmerlaufbahn, bekam ich sehr überraschend Hilfe von einem ganz besonderen Management-Trainer. Einem Mann, dem ich enorm viel verdanke, der bis heute mein Freund ist und durch den mir auch die Natur auf eine magische Art zur Lehrerin wurde.
Später, als alles längst vorbei war, fuhren wir in die Mongolei. 3 Wochen. Um mit Nomaden zu leben. In diesen unendlich weiten Steppen der Mongolei, die viereinhalb Mal so groß ist wie Deutschland; einem Land mit nur 2 Mio. Einwohnern; dort, in den abgeschiedenen Ebenen leben die Menschen noch wie vor 3.000 Jahren. In Jurten. Auf dem Boden. Mit ihren Tieren. Und das bei härtesten klimatischen Bedingungen. Im Winter mit minus 50 Grad! Ich durfte eintauchen in ursprünglichste Formen einfachsten Lebens. Und in die Weisheit der Schamanen… Ich war in einigen, vielleicht sogar in vielen Ländern dieser Welt, doch keine Reise hat mich so berührt wie jene in die Mongolei."

Ja, und zum Schluss noch ein Gedanke:
„Es gibt noch einen dritten Schritt, weshalb ich bei Ihrem Buch-Projekt mitmache.
Jemand sagte: WENN DU DICH ERFOLGREICH FÜHLST, IST DAS DER RICHTIGE MOMENT, DICH ZU BESINNEN UND IN DEMUT DAS ERREICHTE ZU WÜRDIGEN. VERPASSE DIE GELEGENHEIT NICHT. WENN ALLES GUT LÄUFT – DAS IST DER MOMENT!"

HACKER FEINMECHANIK

www.hacker-feinmechanik.de
Tel.: +49-991-99800-0
THIS ONE. der groove zum buch. Hier erhältlich.

SHORT CUT

Karl Hacker: „Wo beginnt Vertrauen? Bei sich selbst.
Es braucht Selbstakzeptanz und eine innere Ausrichtung, um ein Unternehmen aus der Garage herauszuführen und Zug um Zug zur nächsten machbaren Größe zu erweitern. Und die Bereitschaft, das zu akzeptieren, was ist und - was kommt!
Die eigene Überzeugung und das Vertrauen in das Mögliche übertragen sich auf Mitarbeiter/innen, Kunden, Lieferanten, Banken, Gemeinden, Behörden.
Ein Feld entsteht.
Eine win-win-Strategie wird sichtbar, die spürbar für alle Beteiligten ist und: Früchte trägt, für alle."

Gesundes Wachstum

LIFE PLUS
UWE KESCHKE

Jeder hat eine Ahnung davon, wie das Leben seiner Sehnsucht ist. Diese Ahnung mag ein Bild sein oder ein nebuloses Drängen des Herzens… entscheidend ist: Diese Sehnsucht lebt in uns. In uns allen.
Wenn wir mit dem tiefer gehen und uns fragen nach dem Hindernis – warum leben wir nicht das Leben, das unser Herz jubeln lässt? So mögen die verschiedensten Antworten kommen. Doch eine davon wird Geld sein. Und eine andere könnte sich um die Themen Beruf, Berufung, Beitrag, Freude am eigenen Ausdruck, Teamwork … drehen. Vielleicht auch Chance? Eine Chance bekommen. **EINE PERSPEKTIVE!** Antworten auf solche Fragen bietet Life Plus. Es müssen nicht Ihre Antworten sein – doch vielleicht öffnen sich Zonen der Inspiration für Sie.
Beginnen wir zuerst mit einem Überblick.

Unlängst titelte ein Wirtschaftsmagazin: „Das größte Geheimnis im Business" – und schrieb über einen Markt im Markt. Über ein Geschäft, das allein in den letzten sechs Jahren einen Zuwachs von 91 % weltweit verzeichnete und seit 20 Jahren ohne Unterbrechung boomt. Doch irgendwie abseits. Jenseits der großen Massenmedien. Weit mehr als 100 Millionen Menschen in der Ersten Welt arbeiten in diesem Markt derzeit aktiv und täglich steigen mehr ein. Und andere wieder aus. Zudem entdecken mehr und mehr **GLOBALE SPIELER** diese Welt in der Welt: Bertelsmann, Nestle, Unilever, The Body Shop, Citibank. Der legendäre Warren Buffett kaufte gleich drei Unternehmen dieser Branche und sprach von der besten Entscheidung seines Lebens. Tom Peters, Primus inter Pares* der Management-Vordenker begeistert: „Die erste revolutionäre Entwicklung im Marketing seit mehr als 50 Jahren" und Paul Zane Pilzer, Professor und Weltautor, prophezeit in seinem Megaseller "The next millionaires:" „10 Millionen neue Millionäre zwischen 2006 und 2016."
Pilzer hat ein Händchen für Zukunft. Er hat schon Ende der 1980er die „Wellness-Revolution" vorhergesagt. Damals war der Wellness-Markt vollkommen zu vernachlässigen. An der Null-Grenze; international gesehen.
Auch zu Beginn der 1990er Jahre löste er ein mittleres Beben aus mit: „Die größten Chancen für Wachstum liegen nicht mehr in der Herstellung – sondern im Vertrieb!" Das war eine radikale Drehung der Aufmerksamkeit. Hin zu Vertrieb. Und damit zu Vertriebssystemen.
Paul Zane Pilzer, Vize-Präsident der einflussreichen Citibank, ist einer jener Pioniere, die in Networkmarketing **EINEN DER ZENTRALEN HEBEL FÜR EIN VERÄNDERTES PARADIGMA EINER ZUKÜNFTIGEN WIRTSCHAFT** sehen. Und er steht damit nicht alleine. Networkmarketing wird der größte Wachstumsmarkt der nächsten zehn Jahre – sind sich viele einig. Warum? Weil dieses Geschäft den Bedürfnissen der Menschen des 21. Jahrhunderts entgegenkommt wie kaum ein anderes.

Welche Bedürfnisse sind das?

- Das Bedürfnis nach Selbstständigkeit – doch nicht alles allein. Sondern …
- gemeinsam mit anderen Selbstständigen. Mit Mitunternehmer/innen. In einer Art Patchwork-Ökonomie; als „friendship-entrepreneurs“, als „networker.“
- Freie Zeiteinteilung.
- Gestaltung der persönlichen Einkommenshöhe.
- Als Entrepreneur zu wirken – so kreativ wie möglich. Initiativ.
- Sich darin mit Freude auf Kernkompetenzen zu konzentrieren und
- Business Administration wie Versand, Lagerhaltung, Rechnungswesen… abzugeben.
- Auch Herstellung, Produkt und Produktentwicklung zu delegieren und
- Von zu Hause aus zu arbeiten. Was auch
- Steuervorteile bringt. Wie Abschreibungen für Computer, Auto, Reisekosten, Miete, Geschäftsanbahnungen, Telefon …
- Die freie Wahl: Hauptberuflich. Nebenberuflich.
- Äußerst geringe Investitionen beim Start.
- Tatkräftige Unterstützung von Menschen, die das Geschäft schon kennen.
- Zugang zu nationalen und internationalen Märkten. Stichworte: Web 2.0, Blogs, Communities, Plattformen; e-buero einerseits - und die Möglichkeit, Menschen zu treffen, neue Menschen kennen zu lernen, Freundschaften zu schließen, von einander zu lernen, gemeinsame Ziele entwickeln – oder auch nicht. Den Raum selbst zu wählen, wie weit und wie nah sich jemand einlassen will.

Doch die zwei vielleicht wichtigsten Punkte sind:

- Selbsttätiges Einkommen und
- das Pflegen zwischenmenschlicher Beziehungen auf der Basis eigener ethischer Werte. Somit einen Lebensstil zu leben, der zu Lebenskompetenz für das eigene Leben führt und auch zum Vorteil anderer ist.

Ein SELBSTTÄTIGES EINKOMMEN ist vergleichbar mit einer Miete aus einem Haus. Die Miete hängt nicht unmittelbar mit der eigenen Arbeitszeit zusammen. Zeit und Geld sind getrennt. Wir gehen darauf noch ein. Uwe Keschke wird das eine PIPELINE DES EINKOMMENS nennen.

Gibt es auch Nachteile? Ja – dieses Geschäft ist nicht jedermanns Sache! Und da dieser Markt so explodiert, gibt es wie überall solche und solche. Ein Grund mehr, auf sich selbst zu hören. Hinzuspüren. Aus Vorurteilen herauszugehen und die Echos wahrzunehmen, die Resonanzen, die in Ihnen ausgelöst werden. Und nicht nur zu fühlen – auch zu denken. Gleichzeitig kann sich in Networkmarketing die Chance verbergen, zum eigenen Meister, zur Meisterin aufzusteigen. Am Anfang vielleicht zu einem Meister – einer Meisterin – die übt.

Wir stellen Ihnen hier eine Spielform des Networkmarketings vor.
Eine Weiterentwicklung, die noch spezifischer die Bedürfnisse der Menschen des 21. Jahrhunderts trifft: DAS EMPFEHLUNGS-MARKETING.

Denn viele Menschen haben eine innere Sperre und auch eine Scheu, anderen etwas zu verkaufen. Doch etwas zu empfehlen – wer tut das nicht gerne? Darin liegt einerseits eine große Unverbindlichkeit und anderseits auch eine hohe ethische Rückkoppelung. Denn Sie können doch nur etwas empfehlen, was Sie kennen und was aus Ihrer persönlichen Sicht und Erfahrung auch empfehlenswert ist.
VOILÀ: DAS IST EMPFEHLUNGSMARKETING. Und jenes Unternehmen, das diese Form des Vertriebs zu höchster Perfektion getrieben hat – ist Life Plus.

Kommen wir nun zur Hauptperson: Uwe Keschke.

Wir gaben einander die Hand für dieses Buch-Projekt und starteten am frühen Nachmittag. Uwe begann zu erzählen. Aus seinem Leben. Ungeschminkt. Von der ersten Sekunde an jenseits dieser blutleeren Erfolgsgeschichten, die Höhen und Tiefen verflachen und Klüfte und Gipfel einebnen zu seichten Start-Sieg-Fantasien, die das Leben niemals so schreibt. Als seine Worte mehr und mehr um die Gegenwart pendelten, war es nach Mitternacht. Vor mir ein Mensch. In mir Dankbarkeit und Staunen. Sind wir nicht alle Diamanten, die das Leben zu Brillanten schleift? Und liegt es nicht an uns, ob wir diesen „Schleifvorgang" bewusst mitgestalten oder passiv als Opfer erdulden?

Uwes Kindheit war turbulent. An manchen Stellen dramatisch. Traumatisch. Und an anderen Stellen unspektakulär. Wie Zeiten zwischen Gewittern. Am 19. Juli 1960 geboren. Als Kind wollte er es später besser machen.
Was? Alles!
Als Jugendlicher faszinierte ihn Psychologie. Vor allem die Psychologie seines Heimleiters! Nach dem Abitur zog es ihn in die Zukunftswerkstatt. Nach Hannover. Studium Wirtschaftswissenschaften. Er organisierte und veranstaltete riesige Events in einem selbstverwalteten Kommunikationszentrum.
Seine Parole?

„WO UNRECHT ZU RECHT WIRD -
WIRD WIDERSTAND ZUR PFLICHT."

Sein Credo:
„Ich muss die Welt retten."

Er war „Chef" der Studentensprecher. Nicht ganz links außen – aber ziemlich.
Bald verdiente er >dickes Geld< und mit 33 hörte er seinen Wende-Vortrag. Von einem Philosophen. „Du kannst nicht die Welt verändern. Du kannst nur dich verändern. Wenn du dich veränderst, verändert sich die Welt."
Das mag trivial klingen. Und viele haben das wohl auch längst gehört. Gelesen. Wissen es. Wird es auch angewandt? Das ist die Frage. Denn nur durch die Anwendung verändert sich das Muster unserer Handlungen. Im Tun zeigt sich unser Wissen. Und hier offenbart sich der rote Faden im Leben von Uwe Keschke. Er ist ein Veränderer. Doch jetzt begann er bei sich.

Anna Mierzwinska mit Lebenspartner Uwe Keschke

Wenn wir mit Abstand auf das Leben von Uwe blicken, sehen wir ein Muster, erkennen wir ein Talent. DAS TALENT ZUR VERNETZUNG. Plus einem Verständnis für komplexe Organisationen. Und die Fähigkeit, diese zu gestalten. Doch der größte Reichtum liegt in seiner Bereitschaft – anzuwenden! Im Gehen das Muster seines Lebens zu prägen.

Er beteiligte sich nacheinander am Aufbau zweier großer Netzwerk-Organisationen. Zuerst einer im Finanzbereich. Dann einer mit Gesundheitsprodukten.
Und er verdiente: Viel!
1996 gönnte er sich ein Sabbat-Jahr. Dieses wurde länger… Denn er hatte sich so etwas wie eine Pipeline für ein kontinuierlich fließendes Einkommen geschaffen. 1998 zog er nach Mallorca. Gönnte sich Reisen nach Indien – Goa, Bombay – nach Thailand, nach Kambodscha… Stieg aus nach Mallorca; kam selten nach Deutschland. Jahre inneren Fragens. Las psychologische Bücher, erforschte unterschiedlichste Weisheitslehren, studierte den Körper, >inhalierte< Systeme der Gesundheit, der Ernährung. Finanziell trug ihn seine „Pipeline“; das heißt, Geld kam aus den Umsätzen seines Netzwerkes, an dem er beteiligt war.
Das ist mit SELBSTTÄTIGEM EINKOMMEN gemeint.
Uwe Keschke: „Erst als ich wusste, was ich will, konnte ich wieder Schöpfer sein.“
Das war am 11. Februar 2002. Unter der Dusche. Auf Mallorca. „Es war wie eine Explosion in meinem Kopf. In meinem Herzen. In meiner Welt. Ich wusste es einfach – jenseits aller Begründungen. Aus mir heraus. Ich wusste: Das ist es! Life Plus.“

„Auf der einen Seite habe ich mir einen Anfängergeist bewahrt – wie die Zen-Leute sagen – auf der anderen Seite bin ich ein alter Hase. Ich habe in diesen Jahren nie den Anschluss wirklich verloren. Ich kannte den Netzwerk-Markt. Weltweit. Und ich bekam ja dauernd Angebote. Während all der Jahre. Der Haken lag entweder bei den Produkten oder beim Marketing-Plan oder bei beidem. Und ich hatte keine Eile. Meine Pipeline... Ursprünglich war Life Plus eine Möglichkeit wie viele. Wenig engagiert habe ich die Produkte studiert, den Marketing-Plan, die Gründer, die Menschen in diesem Netz. Und etwas scheint im mir gereift zu sein. Bis zu diesem 11. Februar 2002, der sich sogar als Datum in mein Gedächtnis brannte.
LASS DICH VOM WEG FINDEN - sagen die Weisen des Tao."

Uwe Keschke weiter:

- „Life Plus ist ein genialer Produkthersteller
- Das Preis-Leistungsverhältnis ist extrem fair
- Die Produkte kommen aus den Staaten – in höchster Qualität – und sind um vieles günstiger als Vergleichbares aus Apotheken und Drogerien. Wie gesagt: In einer Qualität, die einzigartig ist
- Und der Marketing-Plan hat die Fitness des 21. Jahrhunderts."

„DOCH DIE SUMME MACHT ES. Die Formung der Einzelteile zu einem harmonischen Ganzen. Das ist es! Hier steckt das wahre Geheimnis, der Genius. Wenn nun das Gemeinsame von innen heraus ein Miteinander bewirkt, entzündet das eine nicht aufzuhaltende Dynamik!
Eine Entfesselung beginnt, die im kreativen Atom des Systems ihren Ursprung hat und ungebremst in die Welt hinein wirkt. Unübersehbar. Machtvoll. Organisch. Lebensnah. Das habe ich einfach erkannt."

Life Plus. Die Wurzeln der Firma reichen zurück auf das Jahr 1936. Doch erst 1992 entschied sich das Unternehmen für Netzwerk-Marketing als Vertriebssystem. Nach äußerst sorgfältiger Vorbereitung. Unterstützt von einem Expertenteam, das in das 21. Jahrhundert dachte. Dabei sind aus der Sicht von Uwe Keschke alle Fehler vermieden worden, die die Anfänge des Network-Marketings prägen. Und die auch zu dem teilweise dubiosen Ruf führten.

Keschke: „Zunächst: In den Staaten ist Vorsorge ein ganz anderes Thema als hier. Die Menschen sind dort offener für gesundheitliche Prävention durch die Einnahme von Nahrungsergänzungen. Life Plus hat sich hier schon frühzeitig auf BioBasics spezialisiert. BioBasics sind neuartige Nahrungsergänzungsmittel, die aus hochwertigen natürlichen Rohstoffen bestehen. Life Plus gibt hier gewissermaßen den Standard vor. Ich war selbst mehrfach dort. Die Mitarbeiter/innen des Unternehmens arbeiten mit größter Achtsamkeit, die Produktion ist high tech pur. Ein Expertenteam forscht permanent und treibt den Standard organisch weiter. Doch MEHR ALS ALL DAS hat mich der Geist überzeugt, die innere Haltung, die Einstellung. Das Anliegen ist so spürbar. Für mich zählt das letztlich mehr als all die Forschungsergebnisse – die natürlich auch unterstützend sind."

„Dann der Marketing-Plan. Er ist vollkommen abgenabelt von „Verkauf". Die Menschen wollen nicht verkaufen. Die Menschen möchten ein Produkt konsumieren. Und möglichst das Beste für ihr Geld bekommen. Daher zielt der Marketing-Plan nicht auf Verkäufer ab. Im Gegenteil. Diese werden abgeschreckt. Der Marketing-Plan richtet sich an die Kunden. Also an jene Menschen, die Life Plus kaufen, die Präparate einnehmen und zufrieden sind. SO EINFACH."

„Dieser nahe liegende Gedanke ist der Kern. Hier steckt der >Genius< - den ich vorhin meinte. Das Unternehmen hat sich gesagt: Wenn ein Kunde zufrieden ist und unser Produkt weiterempfiehlt, dann soll diese Weiterempfehlung belohnt werden. Und zwar so, dass alle ein gutes Gefühl haben. Beispiel: Vater kauft Life Plus und empfiehlt es seiner verheirateten Tochter, die mit ihren Kindern in ihrer eigenen Familie lebt. Die Tochter nimmt daraufhin ebenfalls ein Life Plus Präparat. Vater bekommt dafür 5 %. Das ist so wenig, dass Gier und Neid einfach ausgeschlossen werden. Auch ein ungutes Gefühl zwischen Tochter und Vater kann nicht aufkommen.
Jeder normale Mensch vergönnt einem anderen 5 %. Und niemand glaubt, dass wegen 5 % eine Empfehlung ausgesprochen wird, die nicht wirklich von Herzen kommt und authentisch ist.

Wenn nun die Tochter aus sich heraus ebenfalls Life Plus empfiehlt, dann beginnt der Netzwerk-Marketing-Plan zu wirken. Die Tochter bekommt nun 5 %. (Erste Ebene.) Der Vater bekommt nun 25 %. (Zweite Ebene.) Durch diese Indirektheit ist ein Filter eingebaut. Die alten Außendienstmitarbeiter und Verkaufskanonen haben dadurch praktisch keine Chancen. Denn die Tochter muss schon wirklich überzeugt und vollkommen zufrieden sein – um Life Plus zu empfehlen. Und würde der Vater in unangenehmer Manier auf die Tochter einreden, so würde das nur deren Widerstand hervorrufen. Und wir brauchen das Spiel ja nicht auf Vater und Tochter zu begrenzen.
Fakt ist: Durch diesen Filter in der ersten Ebene entsteht (für Vater) eine zweite Ebene praktisch nur aus wirklich zufriedenen und überzeugten Kunden! Und erst wenn diese aus ihrem eigenen Erleben, wie die Produkte wirken, Life Plus weiterempfehlen, entsteht für „Vater" ein attraktives Geschäftsmodell.
Daher ist Life Plus kein Verkäufer-Netzwerk, sondern ein EMPFEHLUNGS-NETZWERK. Und das ist der springende Punkt! Hier steckt die atomare Kraft für ein Geschäft in der Fitness des 21. Jahrhunderts. Deshalb wachsen wir einerseits so stark, anderseits so fließend und organisch. Es ist ein Entfalten in den Markt hinein – hin zu den Menschen. Druck wäre absurd. Wächst ein Radieschen schneller, wenn wir es antreiben, ständig nachschauen, die Wurzeln ausreißen? Gleichzeitig können wir etwas tun. Wir können das Radieschen mit Nährstoffen versorgen, mit Wasser,

mit Sonne, mit Achtsamkeit, mit Freude, mit Liebe. Wenn wir diese Qualitäten in unser Empfehlungsnetz übertragen – und das tun wir - löst das ganz natürlich Sympathie aus. Das gesamte Orchester der Vorteile beginnt zu spielen. Eine Musik entsteht. EIN KONZERT, DAS AM MARKT GEHÖRT WIRD.
Von Menschen, die auf solche Töne reflektieren. Dafür offen sind.
Da Sie bei uns Empfehlungen aus der zweiten Reihe brauchen, kann niemand den schnellen Euro machen. Das ist gut so! Das wollen wir. So können sich jene, die das möchten, mit Life Plus vertraut machen. Mit den Produkten, mit dem Geist, mit dem gesamten FLUIDUM dieser Firma und dieses Geschäftes. Und das geht nur, wenn sich jemand gewissermaßen in dieses Geschäft verliebt. Dann öffnet sich auch der natürliche Strom des Lebens. Dadurch sind wir bei Life Plus auf so leichte und freie Art auch verantwortlich füreinander. Wir alle kennen die Geschichte vom kleinen Prinzen**. >DU HAST DICH MIR VERTRAUT GEMACHT< - sagt der Fuchs – >DAS MACHT DICH EINZIGARTIG UND WERTVOLL FÜR MEIN LEBEN<. Und wenn das so ist, dann schauen die Menschen auf gute Art aufeinander. Geben Tipps. Tauschen aus. Ich glaube, wenn etwas stimmt, dann stimmt es gesamthaft. Dann stimmt alles. Die Partner, die Produkte, die VertriebsART - und natürlich auch das Geld. Ein Konzert ist nur dann gut, wenn alles miteinander klingt; und schwingt. Und wenn jeder an seinem Platz auch das kann, was er können muss.
Vielleicht nur Zuhören – als Gast des Konzerts."

Danke, Uwe Keschke.
Wir werden hier aussteigen, denn: ES IST ALLES GESAGT. Natürlich könnte es noch lange weitergehen. Es wäre noch viel zu sagen über die Produkte, den Vergütungsplan, über Life Plus als Unternehmen und vor allem über die Menschen, die sich darauf einlassen. In welcher Form auch immer. Manche sind nur neugierig und probieren etwas aus - andere sehen darin ihren Traum.

Apropos Traum. Der Paradigmenwechsel***, in dem wir leben, hat viel mit einem geänderten Verständnis für Träume zu tun. Es gibt Menschen, für die sind Träume Schäume und Visionen Blähungen im Gehirn. Für diese Menschen zählt nur der Tunnelblick einer Zahlen-, Daten-, Faktenwelt. Diese Menschen sind noch die Mehrheit in der Ersten Welt. Und sie haben es verstanden, ihr Weltbild als „modern" zu bezeichnen. Daher bezeichnet die Werteforschung diese Menschen als „Modernisten."

Daneben ist eine vollkommen – und das meine ich wörtlich – andere Welt entstanden. Von anderen Menschen. DIESE MENSCHEN BEGINNEN, **MENSCHEN ALS MENSCHEN ZU ERKENNEN**.

Im anderen gewissermaßen auch sich selbst zu sehen. Beseelt. Mit Geist und einem Brennen, um eine liebenswerte Welt zu gestalten. Ja, liebenswert!

Diese Menschen sind keine Heiligen. Diese Menschen sind nicht ego-los. Doch diese Menschen sind bereit, sich selbst kritisch zu hinterfragen, sich auch etwas sagen zu lassen – achtsam - und sich zu öffnen für einen Traum. Dieser Traum beinhaltet auch das Ende der Einzelanstrengung. Das Ende von „nur ich" und „was ich nicht tue geschieht nicht." Auch dieser Alptraum hat ein Ende.

Wenn nicht jetzt – wann dann?

---

* Primus inter Pares - Erster unter Ranggleichen.

** „Der kleine Prinz" – von Antoine de Saint-Exupéry; frei zitiert:

*** Als Paradigmenwechsel wird eine (oft radikale) Änderung des Blickwinkels bezeichnet. Dies ist die Grundlage für eine Weiterentwicklung. Das Wort Paradigma kommt aus dem Griechischen und bedeutet Muster; auch Vorurteil.

Ein Paradigmenwechsel verändert also Muster und hebt Vorurteile auf.

LIFE PLUS
www.lifeplusevent.eu

SHORT CUT

Uwe Keschke ist einer der erfolgreichsten Partner von Life Plus in Europa. Er hat ein Netz von Tausenden und Abertausenden von Menschen geformt. Das wurde möglich durch eine Drehung seiner Aufmerksamkeit:

- Hin zur Förderung anderer – weg von Einzelanstrengung.
- Hin zu einer weichen Realität, die Möglichkeiten anzieht, den eigenen Träumen und den anderer Raum und Ausdruck gibt und das Leben multidimensional versteht - weg von der harten, starren, gefrorenen Realität des „nur so".
- Hin zu einer Liebe zu seinem Beruf, zu den Menschen, zu seinem persönlichen Ausdruck – weg aus der Frequenz der Angst.

Fazit:
Wissen zeigt sich in unseren Handlungen. Nirgendwo sonst.

Wissen im Nichtwissen

FIVE STEPS

AJA IMLINTZ-APPEL UND DIRK APPEL

Was ist, ist. Was nicht ist, ist nicht.
Aja und Dirk wirken auf mich wie ein Laser der Direktheit. Das, was ansteht ist das, worum es geht. Jetzt. Ich denke: Wenn ich ein Problem hätte, die beiden würde ich engagieren. Doch im Gespräch mit Aja und Dirk bleibt kein Raum für ein Abgleiten in die Trance von >wenn's<. Ihre Präsenz wirkt jenseits von Worten. Ihr verankert sein im Jetzt schafft das Klima der Gegenwärtigkeit. Wir brauchen erst gar nicht darüber zu reden, was wäre wenn. Das was ist, ist.

Wie ein Lot im Wasser tiefer sinkt, so dringt auch unser Gespräch in immer tiefere Schichten vor. Langsam enthüllt sich der Kern dieser Arbeit. Five Steps. Einer Arbeit, die außerordentlich erfolgreich ist, die sich an Ergebnissen messen lässt und Konventionen sprengt. Sprengt? Nicht gewaltsam. Jedenfalls bündelt Five Steps ein Potpourri von Angeboten und Ausbildungen. So unterschiedlich diese auch sein mögen –
IM GRUNDE GEHT ES IMMER UM VERÄNDERUNG.
UM CHANGE-MANAGEMENT.

Hier kristallisiert sich ein markanter Unterschied zwischen >Wandel< und >Transformation< heraus. Wandel ist Bewegung auf einer äußeren Erfahrungsebene. Transformation hingegen bewegt eine innere Ebene, auf die die äußere spontan antwortet.
Beispiel: Der Tag wandelt sich in die Nacht. In diesem Verständnis sind Tag und Nacht Gegenteile; wie heiß oder kalt.
Transformation hingegen ist eine Bewegung vom Nicht-Manifesten zum Manifesten und vom Manifesten zum Nicht-Manifesten. Von der Nicht-Form zur Form; von der Form zur Nicht-Form.
Somit wirken in einem transformativen Prozess HARMONIKEN AUF EINANDER ERGÄNZENDE WEISE. Das eine tritt sozusagen aus dem anderen hervor. Der Tag entsteht aus der Nacht. Und umgekehrt. Wie Wellen, die einander ergänzen und bedingen. Transformation ist somit eine fließende, natürliche Bewegung, geprägt vom Gesetz der Anziehung. Wandel hat im Gegensatz dazu etwas Kriegerisches. Eines kämpft gegen das andere.
Betrachten wir daher zunächst – wie Change-Management herkömmlich angepackt wird. Normalerweise werden Veränderungsprozesse mental konstruiert.
Die Ist-Situation wird mit einer Soll-Situation verglichen. Um „Soll“ zu erreichen, bedarf es einer Veränderung. Nehmen wir an, einer Veränderung im Team.
Ist das klar, wird ein Konzept geschmiedet. Eine Art Tunnel wird erdacht, der zum Ziel führen soll. Der Weg zum Ziel wird sorgfältig geplant. Es wird an Hindernisse gedacht. Probleme werden analysiert. Ressourcen überlegt, ein Katalog an Maßnahmen erstellt. Zwischenziele werden mit Zeiteinheiten verbunden.

Es wird versucht, den Tunnel möglichst mental auszuleuchten – um im Bild zu bleiben. Der Führungsmannschaft sind nach einiger Zeit die Schritte bekannt in der Vorstellung! Nun geht es darum, durch diesen erdachten Tunnel auch tatsächlich zu gehen. Mit dem eigenen Team. Um … das Ziel zu erreichen.

Das ist - wie gesagt – der übliche Weg. Ein oft eingeschlagener Weg. Denn die Menschen lieben es, sich an das Bekannte zu klammern. Auch wenn das Bekannte nur in der Vorstellung liegt und das Leben sich oftmals nicht an menschliche Regeln hält, sondern einem natürlichen Strom folgt.

Five Steps arbeitet anders. Grundlegend anders.

Aja: „Change heißt Veränderung. Es passiert etwas Neues. Veränderung bedeutet somit auch Loslassen. Was loslassen? Natürlich das Bekannte. Wer also eine tiefgreifende Veränderung will, muss BEREIT SEIN, INS UNBEKANNTE ZU GEHEN. Daher gleiten wir mit dem Team ins Unbekannte. Die Herausforderung dabei ist, absolut wach zu sein, niemanden im Team zu verlieren, Ängste zu würdigen, eine gemeinsame Ausrichtung entstehen zu lassen und den Fokus klar zu halten. DER FOKUS IST DER HAFEN, DEN DAS TEAM ERREICHEN WILL. Das Ziel. Und es gilt keinen Augenblick zu vergessen, dass wir uns in einem ökonomischen Kontext bewegen. Innerhalb der Rahmenbedingungen des Marktes. Und so gut wie immer mit einer finanziellen Anforderung."

Dirk: „Unternehmen investieren in Veränderungsprozesse meist deshalb, weil der finanzielle Druck nach einer Veränderung ruft – manchmal auch danach schreit. Das heißt, wir haben klare Vorgaben. Messbare Ziele. Die oft mit Umsatz-Größen verbunden sind. Nur als Beispiel: Das Team soll im nächsten Jahr eine Umsatzsteigerung von X Prozent erreichen. Da dies mit der herkömmlichen Struktur und mit dem Geist, der im Team herrscht, nicht erreicht werden kann, werden wir engagiert."

Aja: „Die Ausrichtung des Veränderungsprozesses, den wir initiieren und begleiten, sind die Merits der Mitarbeiter/innen.
Und auch die MERITS DES PROZESSES selbst."

Das gilt es zu erfassen. Denn das englische Wort „merit" lässt sich nicht ins Deutsche übertragen. Es will ergründet und in seiner umspannenden Bedeutung erkannt sein. Daher braucht es mehr Worte. Beginnen wir an der Oberfläche:
„Merits" wird herkömmlich übersetzt mit „Verdienste/Vorzüge/Werte; verdient".
Doch das greift für das Verständnis zu kurz.
Erforschen wir daher die Genesis des Wortes. Sie führt uns zu Augustinus (353 - 430), dem legendären christlichen Kirchenvater, der das lateinische Wort „meritum" verwendete um auszudrücken: Wir bringen das göttliche Geschenk mit dem Menschen zusammen.

Augustinus sprach von „Göttlicher Gnade in Verbund mit dem menschlichen Willen." Es ging ihm darum, etwas in unser Alltagsleben zu integrieren, was wir – aus der Sicht von Augustinus – von Gott mitgegeben erhielten.
Für unsere Reise.
Das Wort „meritum" wurde jedoch nicht nur in einem christlichen Kontext verwendet, sondern ist ebenfalls tief verankert im älteren buddhistischen Lebensverständnis.
Das Wort „meritum" führt uns nämlich in den Spuren der Zeit zurück zur Pali-Sprache, wo wir dem Wort „punna" begegnen. Mit „punna" ist gemeint: „Sich erfreuen an den Geschenken." An welchen Geschenken? An den Geschenken, die wir in dieses Leben mitgebracht haben.
Das Wort „punna" wiederum wurzelt in einer der Ursprachen der Menschheit, dem Sanskrit. „punya." Die alten Seher verbanden damit „Gaben, Geschenke, Begabung." Und wollten damit deutlich auf die Essenz der eigenen Wesenszüge hinweisen, die nach Ausdruck verlangen.

Dieses Verständnis öffnet einen anderen Horizont, wenn Aja sagt: „UNSERE AUSRICHTUNG SIND DIE MERITS. Denn wir agieren auf der Grundannahme, dass jeder Mensch in seiner Seinsqualität leben möchte und diese ausdrücken will. Und das wiederum bedeutet Glück, Freude, Erfolg! Nicht nur für den Einzelnen. Natürlich auch Erfolg für das Unternehmen, für das Gesamte. Es kann gar nicht anders sein."

Dirk: „Wir leben allerdings in einem System, das niemanden dafür belohnt, dass er so ist wie er ist. Die Menschen bauen Staudämme um Staudämme und lassen das Wasser nicht fließen wie einen Fluss, der sich den Weg zum Meer bahnt."

Und weiter: „WIR TRETEN NICHT FÜR EIN NEUES IDEAL EIN. Ideale sind kontraproduktiv für das Neue. Weil sie der Wirklichkeit wieder den Stempel einer Vorstellung aufdrücken. Uns geht es darum, zu dem STERN vorzudringen, der jeder ist. Und dabei die Verhüllungen, die diesen Stern verdecken – bewusst wahrzunehmen. Nicht mehr. Auch nicht weniger."

MERITS

Das mag der Grund sein, weshalb die beiden so „brachial*" auf mich wirken. Ich kann die Kraft dieser Arbeit spüren und verstehe, weshalb so viele Menschen davon angezogen werden. Nicht nur Firmen. Auch ihre offenen Trainings und Five-Steps-Ausbildungen sind voll.

Aja, die den Prozess entwickelt hat: „Unser Geschäft funktioniert aus Empfehlungen. Wir haben zwar viel Zeit investiert in Broschüren, in unseren web-Auftritt und es gibt eine lange Liste von Referenzen. Gleichzeitig ist es schwierig, das Verständnis dieser Arbeit schreibend zu vermitteln. Die Menschen brauchen Referenzpunkte in sich. Sie müssen diese Erfahrung in sich kennen. Und auch dann ist es schwer, darüber zu reden, weil jeder Prozess seine eigenen Merits hat …"

Dirk: „Ich komme noch einmal auf den Fluss zurück. Alles Wasser fließt ins Meer. Manchmal über Tausende von Kilometern. Und es ist nicht immer der kürzeste Weg – linear betrachtet. Doch enorm wirkungsvoll. Effizient. Und >effizient< heißt nicht nur >wirksam,< sondern auch >wirkungsvoll< und: >wirtschaftlich!< Wenn wir auf die Kraft und auf den Schub der Merits achten, sehen wir gleichzeitig – gemeinsam mit dem Team – auch das Ziel. Den Hafen, wie Aja sagt.

Aus diesen beiden Punkten - also den MERITS DER GEGENWART und dem ERGEBNIS - entsteht eine enorme Dynamik, die an die Kraft und auch an die Weisheit der Natur erinnert. Auch in der Natur findet auf geheimnisvolle Art der kleinste Bach seinen Weg zum Meer. Wenn sich die Merits im Team entfalten und alle gemeinsam auch die Botschaft des Prozesses integrieren und darauf antworten, so gehen wir auf der einen Seite immer vom Bekannten ins Unbekannte, gleichzeitig schiebt uns jedoch eine unsichtbare, evolutionäre Kraft hin zum Ziel."

Und Aja ergänzt: „Wir sind Menschen. WIR KÖNNEN DOCH WÄHLEN. Der Prozess bringt uns auf natürliche Art an Kreuzungspunkte. Und wir werden selbstverständlich den erfolgversprechendsten Weg wählen. Das Spannende dabei ist, dass wir mit dem Prozess verbunden bleiben und dadurch mit dem, was tatsächlich ist. Auch mit den Schwierigkeiten. Auch mit den Hindernissen – die manchmal von außen kommen – manchmal jedoch auch aus uns selbst. Aus dem Team.
Durch diese Direktheit, durch dieses UNMITTELBARE VERBUNDEN-SEIN, können wir auf das eingehen, was greifbar vor uns liegt. Gleichzeitig planen wir natürlich auch. Sehen ja ebenfalls im Vorhinein, was es wann braucht – welche Ressourcen für die nächste Strecke wichtig sind. Wir arbeiten in einem Sowohl-als-auch und nicht in einem >Nur so.<.

Und es gilt zu sehen, dass die beiden ja eine ganze Reihe äußert praktischer >Handwerkszeuge< entwickelt haben zu

- Organisation
- Führungstechnik
- Teamentwicklung.

Das, verbunden mit den Merits, plus den gegebenen (Markt-)Anforderungen und dem, was der Prozess lehrt, schafft ein Beziehungsgeflecht.

Ein mehrdimensionales, einander unterstützendes Beziehungsgeflecht, das wir zwar in einzelne >Steps< aufteilen können, die jedoch im Grunde miteinander verwoben sind.

Dazu ein Kern-Satz von Aja:

„DIE GRÖSSE DER BEZIEHUNGSEBENE
BESTIMMT DIE
GRÖSSE DER ERGEBNISSE,
DIE MENSCHEN
MITEINANDER ERREICHEN.“

Das rückt das Brennglas unserer Betrachtungen auf einen neuralgischen Punkt. Auf einen der zentralen Hebel generell. Nämlich auf die Frage der Bezogenheit. WORAUF KÖNNEN WIR UNS BEZIEHEN? Daraus leitet sich eine Art Formel ab: Je enger der Raum ist, auf den sich ein Mensch beziehen kann, desto schmäler ist dessen Handlungs-Set.
Denn wenn sich jemand selbst durch Vorurteile sehr begrenzt und viel zu schnell, unüberlegt und ungeprüft sagt: >Dies ist Blödsinn und das ist unmöglich und jenes Schwachsinn... < so bleibt letztlich nur der enge Raum vergangener Erfahrung. Das, was irgendwann funktionierte. Und meist auch nur für den Betreffenden selbst! Solche Menschen greifen dann reflexartig auf Vergangenes zurück und wundern sich, dass diese alten Antworten nicht dem gerecht werden, was der Augenblick fordert. Jetzt.

Daher ist es lohnenswert, den Satz von Aja nochmals zu hören:
„Die Größe der Beziehungsebene bestimmt die Größe der Ergebnisse, die Menschen miteinander erreichen."

Dirk: „Im Grunde ist das auch vollkommen klar. Wenn Menschen auf viele Beziehungsebenen zugreifen können – vielleicht sogar auf sehr viele - so ist ihr Wirken natürlich MACHTVOLLER, STÄRKER UND VOR ALLEM UNMITTELBAR BEZOGEN AUF DAS, WAS ANSTEHT. Meine Ansicht ist: Menschen können nur glücklich sein, wenn Kopf, Herz und Bauch im Einklang sind. Wobei ich selber eher ein Bauch-Mensch bin."

Die Merits weiten auf beeindruckende Art die Größe der Beziehungsebene aus und öffnen gleichzeitig jenen Innenraum, in dem das Potenzial neuer Energie lagert. Angedockt an diese ENERGIEQUELLE wird der Prozess >natürlich< deutlich beschleunigt.
Wenn nun Aja sagt: „Wir gleiten mit dem Team ins Unbekannte" – so wird auf einer anderen Ebene klar, dass das Beständige am Wandel der Wandel selbst ist.
Wenn bei >Five Steps< die Aufmerksamkeit sich aus diesem Verständnis auf Wandel richtet – so richtet sie sich damit gleichzeitig auf das Beständige.
Mehr noch: auf das dem Leben inhärente,; Innewohnende!

Im Konzert, im synergetischen Zusammenspiel all dieser Komponenten aus den verschiedensten Beziehungsebenen – gründet der Genius dieser Arbeit.

Wobei noch etwas sehr Wichtiges hinzukommt. Etwas, das zu verstehen sehr lohnenswert ist: DER ASPEKT DER GLEICHWERTIGKEIT.

In den meisten von uns schaltet und waltet ein blitzschnelles Beurteilungs-System. Und wir haben die Tendenz, Dinge zu idealisieren. Aufzuwerten. Oder abzuwerten. Nicht immer bewusst. Manchmal laufen solche Programme wie ein nicht wahrgenommenes Hintergrundgeräusch. Und so könnte es sein, dass wir beispielsweise den Merits mehr Bedeutung zuschreiben als einem ganz praktischen Handlungs-Tool, das vollkommen unspektakulär einfach zur rechten Zeit im rechten Moment eingesetzt wird.

Das wissen die beiden aus Erfahrung zu verhindern. Und aus dieser Haltung gehen sie auch gekonnt und professionell mit Krisen um. Eine Krise wird weder abgewertet noch überbewertet. Sondern einfach als das erkannt, was sie ist. Eine Krise. Und so liegt der erste und vornehmste - weil beste - Schritt darin, die Krise zu akzeptieren. Denn wenn wir etwas vollständig akzeptieren, binden wir keine Energie. Weder die Energie des Widerstands – „will ich nicht" – noch die Energie des Verlangens – „wenn ich das nur hätte".
Aja: „Durch Ideale und Erwartungen genährt, ziehen sich Menschen aus der Gegenwart zurück. Es ist ein inneres Spiel der Auf- und Abwertung. Nicht nur bei uns selbst – auch bei anderen. Daher geht es bei Five Steps darum, die Menschen eine Krise erkennen zu lassen in einer **HALTUNG DER AKZEPTANZ.**"

Dirk: „Wenn wir neutral und in einer Haltung der Gleichwertigkeit wahrnehmen, so können wir insgesamt drei Positionen leicht ausmachen, die Menschen bevorzugt einnehmen und die wir in unserer Arbeit sauber herausschälen."

A – Die Box
B – Raum der Möglichkeiten
C – Aha-Position. 3. Position

>Box< nennen Aja und Dirk unsere Persönlichkeit. >Persona<. Das Wort kommt aus dem Griechischen und bedeutet: **Maske**. Ursprünglich haben Schauspieler im antiken Griechenland durch Masken gesprochen. Ihre Stimme klang dadurch hohl. Aus dieser Persona wurde unsere Persönlichkeit. Die Persönlichkeit spielt somit eine Rolle in unserem Leben. Und wir alle spielen stets wechselnde Rollen. Normalerweise handeln wir nur aus unserer Persönlichkeit, also aus unserer Box heraus. Und so wird die Persönlichkeit - die >Persona< - zur Limitierung unserer Selbst. Doch:
„**WAHRE MÖGLICHKEIT BEGINNT AN DEM PUNKT, DEN WIR HEUTE FÜR UNMÖGLICH ERACHTEN**. Also alles das, was über unsere Persönlichkeit hinausgeht; diese transzendiert."

Aja: „Dabei ist es klug, die Funktionsweise des Verstandes zu verstehen. Der Verstand an sich ist dual. Gut : schlecht. Der Verstand feuert wie ein Computer. Je nachdem, aus welcher Emotion. Beispielsweise aus Angst – oder aus Freude. Diese neuralen Feuer sind auch zentral bei NLP. Neurolinguistisches Programmieren.
Für eine Wirtschaft im 3. Jahrtausend ist es geradezu existentiell, zu verstehen, wie unser Verstand arbeitet. Denn wir sind ja eine Wissensgesellschaft. Wir arbeiten ja hauptsächlich mit dem Verstand."

Dirk: „Normalerweise neigen wir dazu, das Vergangene in die Zukunft zu projizieren. Also beispielsweise das, was wir in der Vergangenheit nicht hatten – nun als attraktives Zukunftsbild - als Zielbild - in die Zukunft zu verlagern. An dem ist nichts verkehrt. So funktioniert die Box eben. Doch es geht hier darum, die Dinge neutral und klar zu sehen; als das, was sie sind. Denn aus der Box heraus werden natürlich nur scheinbar neue Möglichkeiten kreiert, die allerdings samt und sonders auf der Erfahrung unserer Persönlichkeit beruhen. Dem Haus wird sozusagen ein neuer Anstrich verpasst. Wirkliche Veränderung impliziert immer Neues – und kann somit nicht aus der Box heraus kreiert werden. Es bedarf der Fähigkeit, seine Persönlichkeit hinter sich zu lassen. “

>Aha-Position> - dritte Position. Hier beziehen wir eine META-POSITION. Es ist, als würden wir von einem Berg ins Tal sehen.

Aja: „Die 3. Position ist eine Erweiterung unserer Wahrnehmung. Wir schieben ein stilles AHA ein und schauen und fühlen und nehmen wahr aus einem Punkt innerer Gelassenheit. Aus einem Feld des Gewahrseins. Dadurch schiebt sich Abstand ein zwischen uns und dem Feld der Möglichkeiten. Und es kann gut sein, dass aus dieser Position neue Einsichten hinzukommen. Erweiterungen. Großartige Ideen. Gedankenblitze. Auf jeden Fall jedoch eine zusätzliche Perspektive.“

Dirk: „Zentral für >Five Steps< und damit für unsere Arbeit ist, weder die >Box<, noch das >Feld der Möglichkeiten<, noch die >3. Position< zu idealisieren – sondern als gleichwertig und lebensnützlich zu erkennen.“

Aja: „Wer auch immer in seiner Essenz ist – ist in der Gegenwart und in seinem Empowerment. In seiner ERMÄCHTIGUNG. Und das ist immer beitragend. Und es taucht auch Liebe auf. Ohne das süßlich zu meinen. Liebe ist, wenn du erkannt hast, dass du nicht von der Existenz getrennt bist. Es entsteht einfach eine Art von Verbindung und Mut, eine Herausforderung - gemeinsam zu heben!“
(Wie im Beispiel weiter oben: Ein Team hat die Herausforderung zu nehmen – zu heben – X Prozent mehr Umsatz zu machen.)

Bleibt noch die Frage nach den „Fünf Stufen“ …
Aja lacht: „Das muss kommen. Und das kommt immer. Als ich den Prozess entwickelte – und das ist jetzt schon gute 15 Jahre her – war alle Welt mit irgendwelchen Schritten oder Stufen oder Meilensteinen zugange. Und so sind damals „Five Steps“ entstanden. Heute sehe ich das viel fließender und – auch aus der 3. Position. So war es eben und: So ist es gut. Diese „Five Steps“ haben auch etwas. Machen den Prozess auf einer bestimmten Ebene fassbarer.“

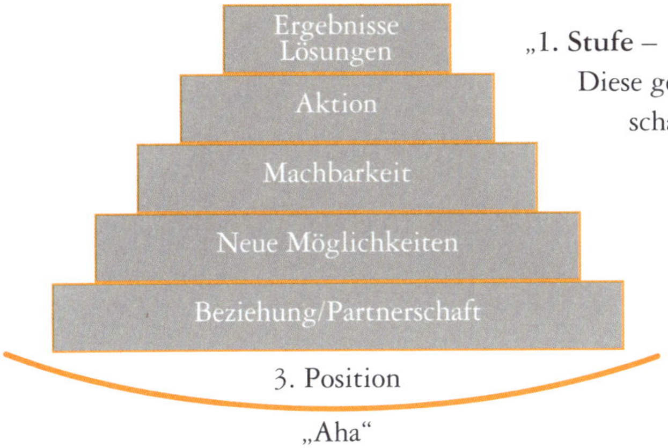

Und Aja fährt fort:
„**1. Stufe** – Beziehungsebene. Das ist die Basis. Diese geht in Richtung win-win. Denn wir schauen zum Ergebnis. Lassen uns vom Ziel her ziehen.
2. Stufe - Möglichkeit. Ein breites Potpourri von Möglichkeiten gibt uns Wahlmöglichkeiten und damit Freiräume. Wir können von der Box aus schauen und von der 3. Position. Und wählen.

3. Stufe - Machbarkeit. Das bündelt die Kräfte und bringt die Sachen auf den Punkt.
4. Aktion - Was soll ich dazu sagen? Das Zentrum der Handlung liegt immer dort, wo die Aktion ist. Hier zeigt sich der Prozess am deutlichsten. Auch manchmal in der Abwesenheit – oder Schwäche – einer Aktion.
5. Ergebnis – Erfolg ist das, was folgt."

„Doch es gibt kein fertiges Konzept. Denn so ist das Leben nicht. Das ist die Schönheit, das Wunderbare am Leben. Es überrascht uns immer. Jeder Augenblick ist eine Überraschung und keine vorgefertigte Antwort trifft jemals zu. Wir können nicht zwei Mal in den gleichen Fluss steigen. Und doch …"

Was ist, ist. Was nicht ist, ist nicht.

FIVE STEPS

www-five-steps.de
Tel.: +49-89-54456801

SHORT CUT

Wenn wir ganz wir selbst sind, dann sind wir auch verantwortlich.
Und authentisch. Die Energien aus Kopf, Herz und Bauch verbinden sich mit unseren Merits und Ergebnisse entstehen, die pure Freude sind.
In gewisser Weise wird das Unmögliche möglich.
Five Steps.

---

* brachial – Das Wörterbuch der deutschen Gegenwartssprache verbindet „brachial" mit „entschieden;" „Entschiedenheit."

in Ordnung.
Gasthof Straßerwirt

STRASSERWIRT ****

ELISABETH BÜRGLER

Es gibt so etwas wie ein heiliges Verlangen in uns. Ein eruptives Drängen, aus Verkrustungen auszubrechen, den Panzer abzuwerfen, um einen Ruf zu erfahren. Im eigenen Haus. Im Alltag. Auf der Ebene von Tag zu Tag. Mit Leib und Leben. Und es mag gänzlich unmöglich erscheinen und alle Welt mag sich dagegen stellen. Und doch. Es ist möglich.
>ES IST MÖGLICH, DIE ZU SEIN, DIE ICH WIRKLICH BIN<, sagt sich Elisabeth Bürgler, die Tochter der alten Bürgler-Dynastie und lebt es.

Wir erzählen Ihnen hier von einem Haus aus dem 15. Jahrhundert. Und der Rest dieses Buches würde nicht ausreichen, nur annähernd die Wirrungen zu beschreiben, die Menschenleben erfahren. Nicht nur Hochzeiten und Totenmahle, nicht nur Geburten und Feuersbrünste. Jenseits von Kriegen und zwischen den Zeiten des Friedens zeigt sich eine Spur, die sich durch die Jahrhunderte streckt. Es ist die Spur der Verherrlichung von Armut, Askese, Schuld, gefolgt von Sünde, Reue und Sühne.
Und es ist eine männliche Spur – der weniger sichtbar darunter eine weibliche duldend folgt. Über 500 Jahre bis zu jenem Tag anno 1989, als erstmals eine Frau sichtbar die Zügel übernahm und eine Wende wollte.

Wie?
Und in welche Richtung?

Das >Wie< hat sich ergeben. Doch DIE RICHTUNG WAR DER RUF. Hin zu einem anderen Miteinander, weg vom Gasthof, hin zu einem Ort der Einkehr. Weg von Machenschaften und Intrigen – hin zu einer starken Weiblichkeit. Zu einem Frau-Sein, das sich in einer Männerdomäne zeigt:
DEM Strasserwirt.

Und das in einem winzigen Dorf in Tirol, in Osttirol, wo sich die Berge über die Täler hinweg die Wolken zuschieben. So eng ist es dort. So felsig. Und auch der Menschenschlag ist kantig. Wie die Berge mit ihren Härten. Schroff.

Elisabeth Bürgler hat diesen alten, historischen, in allen nur denkbaren lokalen Dokumenten erwähnten Strasserwirt gedreht. Radikal und vollständig. Das ist ihr gelungen! Und das war alles andere – nur nicht einfach. Aus dem Gasthof, dem Pferdewechselplatz seit Gedenken, der Bierstube der Händler, dem Treffpunkt der Bauern und Knechte – wurde ein Hotel. Eines, das heute zu den 500 besten Hotels der Welt zählt. Alle Kontinente inbegriffen; und Osttirol dazu!
Elisabeth: „Ich bin die Letzte in einer langen Linie. Habe keine Kinder, bin nicht verheiratet. Das Haus gehört heute einer Stiftung. Der Bürgler-Privat-Stiftung.

Das war einer der schwierigsten Schritte meines Lebens. Da habe ich intensiv mit mir gerungen. Doch meine Arbeit geht über die herkömmliche Führung eines Hotels weit hinaus. Und ich bin der Meinung, dass in diesem alten Gemäuer ein neuer Geist eingekehrt ist; EIN BEFREITER GEIST. Und der kann sich natürlich besser aus einer Stiftung heraus entfalten. An einer Stiftung kann sich leicht jemand beteiligen. Wobei ich absolut offen bin, die gesamten Anteile loszulassen und mein Leben in andere Bahnen zu lenken. Auch geographisch. Wer weiß, wo es mich noch hinzieht? Mein erklärtes Ziel ist jedenfalls - wie gesagt - nun Partner zu finden, die sich an der Stiftung beteiligen oder den Strasserwirt zur Gänze übernehmen."

„Mein Traum für die zukünftige Richtung des Hauses?
Aus dem altehrwürdigen Strasserwirt auf 4-Sterne-Niveau eine Oase für Bewusstseinsarbeit, für TRANSFORMATION zu machen. Meine Vision und mein Herzenswunsch gehen dahin, hier ein Zusammenspiel zu ermöglichen von feiner Küche, fürsorglicher Gastronomie, gepflegter Gastlichkeit – verbunden mit Präsenz, mit der Fähigkeit, in unser eigenes Potenzial zu tauchen, um das ins Leben zu heben, was aus uns und durch uns in die Welt will."

„Die Menschen stehen an verschiedenen Punkten. Manche wissen, wohin die Reise gehen will – andere sind zögernd – wieder andere brauchen einen Ort der Ermutigung, der ERMÄCHTIGUNG, um neu an sich zu glauben. Für all diese ist der Strasserwirt ein Ort. Denn der Platz hier war eineinhalbtausend Jahre hinweg ein Haus der Einkehr. Der äußeren Einkehr. Wie wäre es, wenn er jetzt eine Raststätte der Moderne zur inneren Einkehr würde? Nicht klösterlich. Sondern voll des Lebens. Mit den Farben der Freude. Mit köstlichem Essen und schönem Wein. Mit guten Büchern aus der Bibliothek. Mit Musik, die die Seele nährt und mit Wanderungen auf den Wegen hier im Tal und zu den nahen Bergen."

„Ich habe viele Konventionen gebrochen." Elisabeth lacht. „Vielleicht nicht im Sinne von „function – not convention" – doch im Sinne von „tut man" und „tut man nicht." Und noch mehr von „tut Frau" oder „tut Frau nicht." Das Haus ist ein Kleinod.
Vor allem energetisch. Und es wäre wunderbar, wenn es befreit und beflügelt in eine Zukunft segeln würde mit Menschen, die bei sich ankommen – um weiterzureisen. Daher mache ich bei diesem Buch-Projekt mit. Denn auch Bücher sind Reisende und Botschafter obendrein. Und vielleicht trifft diese Botschaft auf Menschen, die genau das suchen, was hier möglich ist."

„ICH HABE GELERNT,
AUF DAS ECHO DES LEBENS ZU HÖREN
UND ZU VERTRAUEN.
ES IST ALLES IN ORDNUNG."
Elisabeth Bürgler.

STRASSERWIRT ****
www.strasserwirt.com
Tel.: +43-4846-6354

SHORT CUT

**Es ist möglich.
Und in einem
größeren Sinn:
Alles ist möglich.**

L'OR CAPITAL FINE ART AG

EIN UNTERNEHMEN DER POPP AG
STEPHAN WOLFF / MARCUS MEYN

„Eine eigene Währung? Ganz persönlich. Nur für mich?
- Wie soll das gehen?
- Ist das legal?
- Welchen Sinn hat das?"

Jedenfalls kein alltäglicher Gedanke. Umso erstaunlicher, wie viele Menschen in diese Richtung denken. Tausende. Und Lösungen finden. Denn auf der Suche nach Antwort auf die Frage, welche Konsequenzen eine grundsätzliche Reform der Weltwährungen haben könnte, begeben wir uns auf eine Reise, die uns auf allen Ebenen fordert. Tatsächlich sind wir bei Fragen des Geldes fast nie nur Zuseher. Sobald wir uns in dieses Thema hineinbegeben – Geld! - werden wir zum Teil der Geschichte.
Nicht nur unserer eigenen.

Die Historie und selbstverständlich auch das aktuelle Gegenwartsverständnis des Geldes ist – wie könnte es anders sein? – ein SPIEGELBILD. Ein Spiegel unseres Menschenbildes; unseres kollektiven Selbstverständnisses. Unser Selbstbild als >Menschen in Gesellschaft< wird deutlich im System und im Umgang mit Geld. Das gilt auch für den Einzelnen. Doch hier sprechen wir in erster Linie vom kollektiven Selbstbild.

- Wie ist unser kollektives menschliches Selbstbild im Spiegel einer globalen Wirtschaft?
- Wie ist unser Verständnis von Geld?
- Was sind Währungen?

Aus dem Kosmos der Kirchen wird der Mensch „als hilfsbedürftiges Wesen gesehen, das in all seinen Lebensbedürfnissen von den Geschenken der göttlichen Gnade abhängt." (Kath. Soziallehre) Dabei wird Gott als das grundsätzlich andere gesehen. Als ein Wesen, das uns Menschen zwar liebt und auch erschaffen hat – das wir jedoch nicht sind.

Diese Trennung zwischen Gott und Mensch führte und führt zu einem Menschenbild der Wissenschaften einerseits - und einem Gottesbild der Kirchen, in dem der Mensch ein Geschöpf ist.

Das hat sich tief in unsere kollektiven Zellen gebrannt. Und das prägt unser alltägliches Wirtschaften viel intensiver, als die meisten von uns anzunehmen bereit sind. Wohl deshalb, weil es so alt ist und wir daher irrtümlich denken, das sei vergangen. Diese Trennung habe keinen Einfluss auf unsere moderne Wirtschaft. Computer-based. Technikaffin. Schnell und diesseitsbezogen.

Werfen wir ein Blitzlicht auf die Entwicklung der ökonomischen Soziologie. Wir könnten Namen um Namen aufzählen. Der Mensch wird als „ego-zentriertes Mangelwesen“ dargestellt. Durch die Jahrhunderte.

Dadurch hat sich ein Wirtschaftsverständnis gebildet, das >die Wirtschaft< als ein System versteht, das Mangel beheben soll durch organisierte Warenlieferungen, Dienstleistungen u.v.a.m. So ist Wirtschaft definiert. Offiziell. Doch wie sollte das möglich sein, wenn der Kern des Systems selbst - der Mensch - lebendiger Mangel ist?

Es ist im Grunde unerheblich, wen wir aus einer endlosen Liste zitieren, die den Menschen als Mangelwesen zementieren. Nicht aus böser Absicht – sondern weil sie es wohl nicht besser verstanden.
Thomas Hobbes (1588 – 1679), Staatstheoretiker, der mit seinen Werken erstaunlichen Einfluss erlangte, sprach von: „Homo homini lupus est.“ – „Der Mensch ist dem Menschen ein Wolf.“
Adam Smith (1723 – 1790), der als Begründer der klassischen Volkswirtschaftslehre gilt, sprach vom Menschen als einem ego-zentrierten Wesen, dessen treibende Kräfte Gier und Neid sind.
Das wurde zwar später abgefedert und gemildert, doch der Mensch als grundsätzlich sündiges und mangelhaftes Wesen blieb. Blieb bestehen nicht nur in den Köpfen der Kirchenväter, Staatsmänner und Wissenschaftler, sondern in den Köpfen und Herzen von… sehr vielen! Dieser Geist hat natürlich – wie könnte es anders sein – unsere Wirtschaft gefärbt und findet klarerweise, selbstverständlich und aus dieser Sicht auch logisch Ausdruck in unserem Geldsystem.

Erwähnen wir noch Oscar Wilde (1854 – 1900) und
Karl Valentin (1882 – 1948), um das Thema auch von einer humorigen und anderen Seite zu betrachten.
Oscar Wilde: “I can resist everything, without temptation.” Zu deutsch: Ich kann allem widerstehen, mit Ausnahme der Versuchung.
Und frei nach Karl Valentin könnten wir sagen: Der Mensch an sich ist gut, doch er wird immer seltener.

Es ist richtig, dass es einen enormen Werteflug in unserer Gesellschaft gibt, Paradigmenwechsel genannt. Weg vom sündigen Erdgeschöpf – hin zu einem Verständnis, das das Göttliche IN uns bejaht, dieses sucht und ausdrückt.
HIN ZUM MENSCHEN ALS SCHÖPFER – weg von einem strafenden Gott, der als alter Mann grantig auf seine Geschöpfe schaut.
Doch „Wirtschaft“ wird weiterhin als System begriffen, dessen zentraler Anker Mangel ist und dessen treibende Kräfte egozentrisch sind.

Und das spiegelt sich auch in unserem Geld-System.

GELD GIBT ES existenziell NICHT. Geld wächst nicht in der Natur. Geld ist ein von Menschen erdachtes Konstrukt. Und wenn der Mensch aus der Sicht der Wirtschaft ein Mangelwesen ist und Wirtschaft selbst als System verstanden wird, das Mangel ausgleichen soll, dann ist natürlich auch das Geldsystem ein Mangelsystem. „Ein Todessystem" – wie es John Maynard Keynes (1883 – 1946), der Vater und maßgebliche Entwickler unserer gegenwärtigen Währungssysteme selbst bezeichnete. Gleichzeitig haben Keynes` Ideen und sein Einfluss bis heute große Bedeutung.

Ist daher die Frage nicht nur nahe liegend, sondern auch legitim:
• „Was wäre - und welche Konsequenzen hätte es - wenn es zu einer grundsätzlichen Reform der Weltwährungen kommen würde?"
Und weiter:
• „Was würde geschehen, wenn sich das Bild von uns selbst – also das Bild, das wir von uns als Menschen haben – auch in unserem Geldsystem ausdrücken würde?"

„Mensch, erkenne dich selbst" – ruft das alte Orakel.
• „Wer bin ich?" „Wer sind wir?"
Und:
• „Wohin entwickelt sich Wirtschaft und natürlich auch unser Geldsystem – wenn sich ein anderes Menschenbild und Gottverständnis in den Vordergrund drängt und unseren Alltag einfärbt?"

Und angenommen, wir sind gar nicht diese sündigen Mangelgeschöpfe, die nichts anderes im Sinn haben, als alles uns untertan zu machen …?
Und angenommen, wir erkennen uns als Menschen, die IN SICH DAS GÖTTLICHE erfahren und von da her um das Einzigartige und Gleichwertige allen Lebens wissen -- werden wir dann noch ein Leben führen, das alle Geschöpfe auf dieser Welt in Wechselwirkung zu uns Menschen beurteilt?

Derzeit ist das noch so: Der Menschheit fehlt eine kosmische Perspektive.
Wenn wir den Daumen nach oben drehen, dann kann der Baum, die Pflanze, der Felsen – weiter bestehen. Und wenn nicht, dann: Rübe ab! Weg damit. Denn schließlich sind wir die Krone der Schöpfung und nicht der Wald da drüben.

Hier ist – weltweit - ein Paradigmenwechsel deutlich zu erkennen. Ein Flug der Werte in uns. Ein tieferes Verständnis für die EINZIGARTIGKEIT ALLEN LEBENS erwächst. Überall. Kollektiv. Millionen von Menschen gehen achtsamer und behutsamer mit der Natur um. Sehnen sich danach, ko-kreativ mit anderen zu wirken – auch mit der Natur. Kaufen bewusster. Schauen auf Herstellungsverfahren. Verabschieden sich von rabiatem Raubbau und Kahlschlag – wollen das Verlöschen unserer Ressourcen verhindern. Der Klimawandel fördert zusätzlich diese Dynamik der radikalen Werteverlagerung, hin zu einer deutlichen Bewusstseinserweiterung.

Wir beginnen, an den permanenten Negativ-Botschaften unserer Massenmedien zu zweifeln. Und auch an den Prophezeiungen aller Verschwörungstheoretiker. Und wir erproben uns darin, unserer eigenen Veränderungsfähigkeit zu vertrauen.
Zumal wir über die Jahrhunderte lernen und erfahren konnten, dass wir uns nur durch zwei Quellen weiterentwickeln:

A) durch Leid
B) durch Bewusstheit

Die Menschheit rückt näher an Bewusstheit. Und da Firmen – ob sie wollen oder nicht – vom Markt her getrieben werden (consumer-driven-company), kommt es zu einem deutlichen Werteumbruch in allen Bereichen. Nur ego-zentriertes, geldorientiertes Handeln um jeden Preis beginnt – langsam – zu verglühen. Jedenfalls ist der Zenit überschritten … möglicherweise.
Denn wer will schon wieder durch Leid lernen?

Vielleicht erstaunt es, all das ausgerechnet im Beitrag einer Kapitalgesellschaft zu lesen? Einer Aktiengesellschaft. Noch dazu einer, die sich dezidiert mit Geld, Gold und Währungen beschäftigt und sogar den Namen trägt: L'or capital fine art AG.

Stephan Wolff, Vorstandsvorsitzender der L'or AG:
„L'or wird nicht das Währungssystem ändern. Wie sollten wir auch? Unsere Muttergesellschaft ist die Popp AG, Wissensmanufaktur seit 1959. Deren Aufgabe ist es, das Währungssystem zu verstehen, die Historie zu kennen, Hintergründe zu erfassen. Unsere Aufgabe ist es, Perspektiven zu öffnen und Lösungen zu bieten. Lösungen, die Antworten sind. Und eine unserer Antworten heißt Gold. Französisch: or."

Marcus Meyn, Vorstandsvorsitzender der Popp AG:
„Unser verzinstes Geldsystem zwingt uns zu einem unendlichen Wirtschaftswachstum. Das ist in gesättigten Märkten schwer möglich. Daher wird die Globalisierung vorangetrieben, um neue Märkte zu erschließen. Gleichzeitig ist eine Nachfragestörung der Binnenkonjunktur deutlich erkennbar.

Wir haben mit L'or capital fine art ein LÖSUNGS-MODELL entwickelt, das vom Markt her so angenommen wurde, dass L'or heute die No. 1 in Deutschland ist für sachwertbezogene Anlagen im Bereich Gold, Silber, Platin.
Mit einer Ausstrahlung auf ganz Europa."

Gehen wir kurz auf den Begriff „Währung" ein. Eine Währung ist das derzeit staatlich geregelte Geldwesen eines Landes, insbesondere die Festlegung des Münz- und Notensystems.

Marcus Meyn und Stephan Wolff

Es gibt:
- Goldumlaufswährung: Goldmünzen dienen als Zahlungsmittel.
- Goldkernwährung: Papiergeld läuft um und Gold wird bei der Zentralbank als Reserve für den internationalen Zahlungsverkehr gehalten.
- Fiat Money: Nicht durch Gold gedecktes, beliebig vermehrbares Papiergeld. Seit 1971 die Golddeckung für den US-Dollar aufgehoben wurde, sind fast alle Währungen Fiat Money; auch der Euro.

Marcus Meyn: „Es ist enorm spannend, die Geschichte der Menschheit mit der Entwicklung des Geld- und Währungssystems zu vergleichen. Auch mit Blick auf die Kultur. Bei uns in Deutschland ist in der Zeit zwischen 1970 und 2007 das arbeitslose Einkommen um ein Vielfaches gestiegen. Deutlich stärker als die Einkommen aus eigener Arbeit. Im Klartext bedeutet das eine starke Umverteilung des Kapitals von den arbeitenden Personen zu den >leistungslosen< Kapitalbeziehern aus Zinsen."

Wobei das Wort >Zins< einen interessanten Ursprung hat. Es bedeutete ursprünglich: Das Hinzugeborene. Genauer: Das künstlich oder absichtlich Hinzugegebene. Jemand borgte sich 5 Eier und gab 6 zurück.

Überlassen wir Aufsichtsratsvorsitzenden Andreas Popp die Erklärung:
„Das mag bei Eiern gehen. Bei Geld ist das wieder anders. Denn Geld vermehrt sich ja nicht aus sich heraus. Nehmen wir an – um der Einfachheit und Deutlichkeit

willen – es sind nur 100 Dukaten im Umlauf. Wird nun ein Jahreszins von 5 % verlangt, so müssten nach einem Jahr 105 Dukaten im Umlauf sein oder zurückgegeben werden. Das ist ganz und gar unmöglich. Weil es schlicht und ergreifend nur 100 Dukaten gibt. So ein >Geschäft< würde in kürzester Zeit auffliegen und als Unmöglichkeit erkannt.
Blähen wir dieses >Geschäft< jedoch auf die gesamte Welt aus – auf alle Länder – auf derzeit über 160 Währungen – so lässt sich das über lange Zeitstrecken vernebeln und ausgleichen. Vor allem in einem internationalen Spiel mit vielen Institutionen, Regelungen, Wechselkursen, Börsen … und stillen Abwertungen oder Zusammenbrüchen wie beim Neuen Markt."

Marcus Meyn: „Unsere Ausrichtung ist ein Drittelmix aus Sachwerten – also >Gold, Silber, Platin,< >Immobilien,< >Unternehmensbeteiligungen.< Keine Anlagen in Papiergeld. Die Lösung bei L'or ist bei Unternehmensbeteiligungen P1 – der weltweit erste private Postfonds - und die VSG Vermögen Sicherung Gemeinschaft Primärenergie mit Öl- und Gasförderung. Der Fonds kauft direkt Förderrechte an Öl- und Gasquellen. Keine Zertifikate!"

Stephan Wolff: „Und genau diese höchst erfolgreiche Ausrichtung haben wir für L'or umgesetzt. Die „L'or capital fine art AG" ist ein Emissionshaus, spezialisiert auf Beteiligungen und auf Gold, Silber, Platin. Bei den Edelmetallen sind wir Marktführer. Gold bringt zwar nicht die höchste Verzinsung – bleibt jedoch im Wert über Jahrhunderte hinweg stabil, kann in kleinen Mengen gekauft und somit auch leicht getauscht werden und: im Gold spiegelt sich auch die Erotik des Geldes. Gold hat wie kein anderes Metall Tradition darin, als Sicherheit für Papiergeld zu gelten. Genau genommen ist das Papiergeld aus Quittungen – Banknoten – entstanden für bei Banken hinterlegtes Gold."

Wichtig in diesem Zusammenhang ist eine **UNTERSCHEIDUNG ZWISCHEN PREIS UND WERT**.
Stephan Wolff: „Geld ist bedrucktes Papier. Geld hat jenen Preis, den der Kurs ausdrückt. Steigt der Kurs, steigt der Preis des Geldscheines im Verhältnis zu einer anderen Währung. Der Wert des Papiergeldes ist der Wert von gedrucktem Papier.
Das ist sehr einfach. Vielleicht macht es paradoxerweise deshalb so vielen Schwierigkeiten, den Unterschied zwischen Wert und Preis zu verinnerlichen.

1 kg Gold ist 1 kg Gold. Der Preis für das Gold ist jener Preis, der tagesaktuell gilt. Für 1 kg Gold bezahlen Sie also tagesaktuell eine bestimmte Summe Geldes. Der Wert von 1 kg Gold bleibt immer der Wert von 1 kg Gold."

Nehmen wir an, Sie finden in Ihrem Garten 1 kg Gold. Nehmen wir weiter an, dieser Goldklumpen liegt dort schon seit Großvaters Zeiten. Der Wert des Goldes ist heute so groß wie damals. Ganz anders der Preis. Die Mark des Großvaters gibt es nicht mehr. Das juckt Sie jedoch nicht wirklich. Sie freuen sich und können – so Sie das wollen – Ihren Goldbarren jederzeit gegen Papiergeld tauschen.

PREIS IST GEKOPPELT AN GELD. WERT IST GEKOPPELT AN EINE SACHE. GOLD BLEIBT GOLD.

Marcus Meyn: „Gold bleibt Gold. Und weil das so ist, haben wir die Vermögen Sicherung Gemeinschaft gegründet. Wir kaufen für Anleger/innen physisches Gold, Silber, Platin. Lagern dieses in unseren Hochsicherheits-Tresoren."

Stephan Wolff: „Wir bekennen uns mit Leib und Seele zu einem neuen Menschenbild, das den Menschen in seiner gesamten Menschlichkeit umfasst – und nicht als Mangelwesen! Mit einer unsterblichen Seele, die den Körper belebt. Seele verstanden als lebendige Empfindsamkeit, die in uns strömt und aus der dieses Gefühl kommt, >ganz wir selbst zu sein<. Dadurch wird die Seele eine mögliche Bezeichnung für das Menschliche. Wobei Geist in dieser Allianz den unmanifestierten, ewigen Aspekt symbolisiert. DIE GLEICHWERTIGKEIT VON KÖRPER, SEELE, GEIST SEHEN WIR ALS DAS MENSCHENBILD DER GEGENWART UND ZUKUNFT.

Aus dem Grund haben wir unmittelbar nach der Gründung von L'or eine Philosophie entwickelt. Mit dem Team. Und dem Vorstand. Wir wollten aussteigen aus dem üblichen Bild, das Menschen von Finanzleuten haben. Wie Michael Ende so wundervoll schreibt: >Den Menschen mit ihren grauen Anzügen und grauen Hemden und grauen Krawatten<.
UNSERE LEIDENSCHAFT IST EIN MENSCHENBILD, DAS DEN MENSCHEN IN DER ERWÄHNTEN GESAMTHEIT ERKENNT UND WÜRDIGT. Das bedeutet auch für uns als Einzelne und im Team: an uns zu arbeiten. An unserem Bewusstsein, an unseren Haltungen, an unseren Werten, auch an unserer emotionalen Regie. Deshalb haben wir eine sehr mutige Philosophie herausgebracht. Eine Philosophie, die nicht nur den abendländischen Geist würdigt – sondern auch andere Kulturen integriert. Das, was du für richtig hältst, muss dein Lebensstil werden; dein Lifestyle. Denn wenn du etwas für richtig hältst und du handelst nicht danach, hältst du dich selbst zum Narren und andere obendrein."

Marcus Meyn: „Die PHILOSOPHIE von L'or wurde zu einer Art Filter. Sie kam unglaublich gut an. Auf diese Weise bekamen wir bei L'or jene Partner und Mandanten, die wir wollten und die zu uns passen. Das gilt auch für alle Mitarbeiter/innen. Und wenn wir jetzt mit dem L'or-Gedanken weiter gehen, so wird wieder unsere Philosophie wie ein guter Filter wirken und jene Menschen anziehen, die sich zu unseren Werten bekennen und mitmachen wollen. So entsteht RESONANZ."

„Die Messlatte ist dabei unser eigener Leitspruch,“
sagt Stephan Wolff:

DER ZUGANG
ZU EINER NEUEN
WIRTSCHAFTS- UND LEBENSART.

In den Tresoren von L’or lagern Tonnen von Gold, Silber, Platin. Edelmetall, das einzelnen Menschen gehört, die sich damit sozusagen ihre eigene Währung machen. Ihr eigenes Geld – das selbstverständlich keine Banknote ist. Diese Menschen haben ein gutes Gefühl. Denn sie wissen, ihre >eigene Währung< ist durch Gold gedeckt. Und das ist: goldwert!
Und goldwert ist auch das Menschenbild, das L’or vertritt.

Die Menschen, die sich ihre Enttäuschung über den momentanen Zustand der Wirtschaft und auch der Geld- und Währungssysteme eingestehen, sind noch in der Minderheit. Gleichzeitig ist hier ein weltweiter Paradigmenwechsel sichtbar, in dessen Kern ein gesamthaftes Menschenbild steht mit einer Perspektive, die der Gleichwertigkeit allen Lebens verpflichtet ist. Diese Menschen verinnerlichen, dass Geld eine Schöpfung von uns Menschen ist und dass wir diese unsere eigene Schöpfung jenseits von Schuld und Scham mit Freude, ja mit Liebe betrachten können.

Stephan Wolff und Marcus Meyn:
„Letztendlich ist Liebe die Energie hinter dem Geld. Denn Geld ist ein Medium zum Austausch von Energien. Es lohnt sich, das tiefer zu erforschen.
Es ist ein Riesen-Unterschied, ob Angst Geld bewegt - oder Liebe.“

L’OR CAPITAL FINE ART AG

www.lor-ag.com
Tel.: +49-5021-889889

SHORT CUT

Sinn entsteht durch Teilnahme. L’or fordert auf: Nimm teil am Geldspiel. Geld ist wie kein anderes Thema verbunden mit Scham, Schuld – Schulden. Geld ist die Sorge Nummer 1 weltweit.

- Wie wäre es, würden wir unser eigenes Verhältnis zu Geld verändern?
- Wie wäre es, würden wir das Tabu durchbrechen, das uns zwar dem Geld nachrennen lässt, uns jedoch hindert, über Geld nachzudenken?
- Wie wäre es, die eigene Schöpferkraft am Thema Geld zu erproben?

gold
richtig

Im Vertrauen handeln.

LUCKPAD
KLAUS GUNKEL

Als die Schöne und das Biest einander begegneten, floh sie und er setzte ihr nach. So ist die Regel dieses ewigen Spiels. Doch die Schöne verletzte die Regel. Sie blieb stehen. Und das Biest? Anstatt sie zu fressen – wollte es geliebt werden. Von ihr. Es war allein ihre Flucht gewesen, durch die sie dem Biest bedrohliche Kraft verlieh. Eine Flucht aus Angst. Das Glück ist mitten unter uns. Zum Greifen nah. Doch fliehen wir nicht oft …? Dorthin, wo es nicht ist?

Was geschieht, wenn auch wir die Regel verletzen und anstatt zu laufen … stehen bleiben? Um zwei Blicke zu werfen. Den einen nach außen. Hin zur Situation – die sich unmittelbar zeigt. Direkt vor uns. Jetzt. Und dann noch einen zweiten. Hin auf die Werte, die uns treiben. Denn eines ist klar: Das, was uns als wertvoll erscheint – ist für uns erstrebenswert. Deshalb ist das Wissen um unsere Werte so: wert-voll.
Wir wissen das alles. Tun wir es auch? Im Alltag?

Klaus Gunkel hat da so seine Zweifel.
Er ist FührungsBerater und sieht sich als FührungsPartner seiner Kunden.
Und hat eine Innovation auf den Markt gebracht:

luckpad
Der Glücksnavigator. „Es liegt in Ihrer Hand. Zum Glück."

Die Frage ist, WOHIN WIR UNSERE ENERGIE LENKEN. Erfolgs- und Leistungsmenschen lassen sich leicht verführen. Sie neigen dazu, Status, Geld und Anerkennung wie einem Dogma – fast wie einer Droge – zu verfallen. Dadurch verletzen sie sich und ihre nächsten und liebsten Menschen; auch ihr Vermögen und ihren Körper. Und warum? Weil sie es in der Hast und im Druck der alltäglichen Leistungsmaschinerie versäumen, ihren Werten Beachtung zu schenken. Ein inneres Biest scheint sie zu verfolgen und: sie rennen.
„Doch UNSERE SEELE WEISS MEHR," sagt Klaus Gunkel. „Sie meldet sich subtil, leise. Behutsam macht sie uns aufmerksam. Wir beginnen auszurutschen. Da und dort. Es ist wie ein leichtes Stolpern im schnellen Spurt. >Ausgerechnet jetzt reißt das Schuhband.< Wir rennen verbissen weiter. Wollen nicht sehen. Nicht hören. Raffen die letzten Reserven zusammen und denken: Da muss ich durch. Muss es ertragen. Das gehört nun mal zum Spiel. Und danach … werde ich mich um alles kümmern. Danach. Doch danach … kommt die Konsequenz! Die Rechnung."

Der Mann weiß, wovon er spricht. Aus Erfahrung. Klaus ist verheiratet mit Susanne. Sie haben drei Kinder. Leben in einem schmucken Haus nahe Frankfurt. Glücklich. Im Jasminweg. Nomen est omen. Denn die Jasminpflanze ist wunderschön, verlockend, immergrün – wie Erfolg – und kann gleichzeitig zu einem Giftgetränk destilliert werden, dem >bebo-sito< - das wie ein gläserner Sarg wirkt und das Opfer lähmt. Hilflos dazu verdammt, zuzusehen, wie alles schwindet…

Klaus Gunkel wurde 1961 in eine Unternehmer-Familie geboren. Und er konnte wählen. Die Firma der Eltern – oder …? Nur zu leicht könnte jetzt kommen: Den eigenen Weg. Doch wer weiß. Wir kennen den eigenen Weg erst dann, wenn wir ihn gehen. Und dann ist es immer der eigene Weg.
Klaus ging seinen eigenen Weg, studierte Betriebswirtschaft und machte gleichzeitig Karriere. >Wie fühlt sich Karriere an? – Wie geht das?< Klaus lief. Auf mehreren Bahnen. Gleichzeitig – versteht sich. Karriere. Studium. Frau. Kinder. Hausbau. Karriere. Freizeit. Familie. Sport. Sportwagen. Und noch einen. Plus Mercedes, als familycar. Designer-Klamotten. Karriere…
Klaus arbeitete im Vertrieb einer der größten Versicherungsorganisationen Europas. Und er schaffte es. Bis ganz oben. Bis an den Plafond der Karriereleiter. Und dann kam die Krise. Zuerst schleichend. Später lauter. Allgegenwärtig.
Er fragte sich: Wozu? Wozu all das? Das war 1999. Sein Golgatha, wie er es nennt. Er gab alles auf, stieg aus der Vertriebsorganisation aus, erfand sich neu.

Wir lernen entweder aus Schmerz oder freiwillig durch Bewusstheit. Meist jedoch ist es ein Mix aus beidem.

Gunkel-Consulting zählt heute zu den ersten Adressen in Deutschland zum Thema >Recruiting.< Ebenso organisch wie konsequent wurde das Angebots-Portfolio im Laufe der Jahre erweitert in Richtung >Leadership<. Wobei weniger Führung im klassischen Sinn gemeint ist – eher Führung von sich selbst; in der Haltung von >Führung eines ausgewogenen, guten, erfolgreichen Lebens<. Und so rückten die Themen FÜHRUNG und GLÜCK in den Mittelpunkt. Denn um andere zu führen, müssen wir uns selbst führen können. Und Glück kommt von gelingen; von glücken.

Klaus Gunkel: „Die Jahre im Vertrieb waren für mich prägend und außerordentlich lehrreich. Ich habe ja auf Seite 1 begonnen. Ganz unten. Und ich jagte die Treppe hoch. Bis ich im Karriereplan den Gipfel erreichte. Das hat mir enorm viel gezeigt. Über mich. Über Teamfähigkeit. Über Führung von meinen Mentoren. Und natürlich über Teamgestaltung. Ich konnte ein Gespür entwickeln für große und kleine Organisationen, für Menschen, für deren Anliegen, lernte mit inneren und äußeren Herausforderungen umzugehen.
Ziele sind bei so einem Wettlauf Ausrichtung und Falle zugleich. Denn ich sah immer nur den nächsten Karrieresprung. Die nächste Abbiegung zum Gipfel. Das hatte etwas enorm Einseitiges. Schmalspuriges. In gewissem Sinne war ich wie mit Scheuklappen unterwegs. Gewiss anerkannt und gelobt – doch alles andere als ausgeglichen. Ich hatte für nichts wirklich Zeit. Zwar verdiente ich gut – doch ich gab auch schnell wieder

aus. Hier rasch eine Immobilie im Osten, weil scheinbar günstig und um Steuern zu sparen. Da noch dies und das. Und ich rannte dauernd. Zum nächsten Termin.
Am Ziel angelangt, atemlos – versank ich beinahe in diesen >bebo-sito<, dem gläsernen Sarg des Erfolgs. Und ich brauchte diese meine Krise, um mich neu zu finden. Und um mir im Grunde vier Fragen zu stellen:

1) Was will ich überhaupt in meinem Beruf? Was ist meine Berufung? Meine Träume. Meine Ziele. Meine Visionen. Die Strategie der Umsetzung.
2) Wie sieht es tatsächlich mit meinen Finanzen aus? Mit dem Thema Reichtum? Innerer Reichtum. Äußerer Reichtum. Mit der Freiheit von „müssen" – und damit von dem Zwang, jeden Auftrag annehmen „zu müssen."
3) Beziehungen. Zu meiner Frau, den Kindern, zu Freunden. Zu mir. Doch auch meine Beziehung zu diversen Themen wie Weiterbildung, Zukunftsgestaltung, Disziplin aus innerer Freude. „Wie beziehe ich mich? Zum Größeren. Zum Göttlichen. Wie beziehe ich mich zu dem, was sich durch mich ausdrückt?
4) Gesundheit. Ebenfalls groß verstanden. Gesamthaft. Als Energie, Power, Spannkraft. Auch mit Phasen der Stille und Regeneration.

Wichtig ist: DIESE VIER BEREICHE SIND VOLLKOMMEN GLEICHWERTIG. Die Reihenfolge ist beliebig. Außerdem überlappen sich die Punkte. Wie Felder greift eines in das andere über. Wie ein vierblättriges Kleeblatt. Zum Glück!"

Die Referenzliste von Gunkel-Consulting ist beachtlich. Dutzende namhafte Unternehmen der Finanzbranche, Banken, Service-Unternehmen, produzierendes Gewerbe. Arbeiten diese alle mit den vier Fragen?
„Nicht alle," fährt Klaus fort. „Auch das hat sich nach und nach ergeben. Es hat sich ent-wickelt. Langsam herausgeschält. Ich habe erkannt, dass die Menschen ein äußerst einfaches und gleichzeitig hoch effizientes Navigationsinstrument unterstützt. Worin unterstützt? Nicht den gleichen Fehler zu machen wie ich; nämlich sich zu einseitig auszurichten.
Mir wurde immer deutlicher, dass vor allem ein Punkt fehlt. Nämlich DIE KULTUR DES VORDENKENS. Das gilt auch für viele Firmen. Und als ich mich fragte, woran das liegt, war die Antwort verblüffend: Am übervollen Terminkalender der Menschen! Der Alltag hat die meisten dermaßen im Griff, dass kein Freiraum bleibt. Es ist praktisch alles verplant. Und was nicht verplant ist – wird von überraschenden Aufgaben und Anforderungen aus dem Moment gefüllt. Oder von Routine."
„Nun wollen die Menschen in der Regel keine weiteren zusätzlichen Verpflichtungen. Gleichzeitig konnte ich bei den Coachings mit Hunderten, ja insgesamt Tausenden von Menschen sehen: Es gibt eine große Fitness, Vereinbarungen einzuhalten. Also begann ich vorzuschlagen, sich möglichst einen Termin einzutragen, um vorzudenken. Konkret. Nach Feldern geordnet. In erster Linie geht es darum, möglichst die nächste

Woche vorzudenken. Und daraus hat sich „luckpad“ entwickelt. Natürlich auch mit dem Vorschlag, über lange Zeitspannen und große Ziele vorzudenken. luckpad ist höchst einfach. Überaus wirkungsvoll. So simpel, dass ich mich frage … egal! Hauptsache: Es wirkt!“

Tatsächlich, luckpad ist nichts Geheimnisvolles. Einfach ein Buch mit vier Spalten. Wer will, kann sich das über Gunkel-Consulting besorgen. Doch gleichzeitig kann sich das auch jede/r selbst anfertigen. Beispielsweise ein leeres A4-Notiz-Buch. Die 4 Spalten können selbst gezogen werden. Oder Sie unterteilen einfach Ihr Buch in vier gleiche Abschnitte und geben jedem Abschnitt eine Kapitel-Überschrift:

1. Berufung
2. Finanzen
3. Beziehung
4. Gesundheit

Wichtig ist, Sie kultivieren eine Zeit in Ihrem Leben – wie ein Ritual – um vorzudenken. Ihre >Stille Stunde.< Eine von 168 Wochenstunden, die ganz allein Ihnen gehört. In der Sie der wichtigste Mensch in Ihrem Leben sind!

- Sie haben also eine Vereinbarung mit sich selbst. Nehmen sich Zeit. Eine Stunde. Und tragen in Ihr Buch ein, was für Sie zu den einzelnen Kapiteln in der nächsten Woche wichtig ist.
- Im nächsten Schritt nehmen Sie Ihren Timer und tragen sich dazu Termine für die kommende Woche ein.

Klaus Gunkel: „Wir denken meist perfekt. Und groß. Wie zu Silvester. WIR NEHMEN UNS VIEL VOR - einen Riesenberg - und tun dann gar nichts. Da hilft ein wunderbarer Trick: >Geben Sie sich große Chancen, um zu gewinnen! Und keine, um zu verlieren.< Wie? Ganz einfach. Machen Sie kleine Schritte! MÄUSCHEN-SCHRITTE. Planen Sie etwas ein, was Sie leicht tun können. Etwas, das wirklich möglich ist und das fast wie ein >mickriger Schritt< aussieht.“

„Und jetzt ein wichtiger Satz: **Beachtung bringt Verstärkung!** Plötzlich haben Sie die erste Vereinbarung mit sich selbst, um zweimal laufen zu gehen. Und um endlich eine Gesundenuntersuchung zu machen. Plus einen Kino-Termin mit ihren Kindern. Und Sie beginnen, ganz gezielt über Geld nachzudenken. Das eröffnet die Kunst, dieses Thema zu steuern. Sie werden gewissermaßen Ursprung – anstatt Opfer der Umstände. Und auch der Geld-Flüsse. Der Ein-Flüsse. Der Aus-Flüsse. Sie erkennen Ihren finanziellen Mittelfluss deutlicher – sehen Ihre eigenen Muster. Und können diese natürlich verändern.“

Und weiter: „Ich weiß – es klingt so einfach. Und das ist es auch! Die Ergebnisse kommen mit der Umsetzung. Wie überall. Es ist kaum fassbar, was geschieht, wenn Menschen auf diese Art Ihr eigenes Leben in die Hand nehmen und auf diese Weise vom Opfer zum Gestalter des eigenen Lebens – ihres Alltags – werden.

Und so einfach. Sie brauchen nur zu beginnen – vorzudenken. Das ist der erste Schritt. Dem folgt der zweite. Vorzufühlen. Hier lautet die Frage: >Wie fühlt sich das an?< Wie wäre es; wenn ich z.B. eine Überraschung für meine Frau einplanen würde am…? Vielleicht denken Sie – das ist ja dann keine Überraschung. Doch: Denn Sie haben plötzlich Zeit dafür. Und Sie freuen sich darauf. Und Ihre Frau beginnt nach kurzer Zeit zu staunen. Weil etwas Neues geschieht.
Nach ganz kurzer Zeit – wenn Sie dranbleiben – bildet sich eine erfolgreiche Balance aus allen vier Bereichen. Etwas, das Sie vorher so nicht erlebten."

„SIE ERFASSEN TIEFER, WAS SIE BEWEGT, was Ihnen gut tut, was Sie nährt, was Sie weiterbringt. Und jenseits von Anstrengung werden Ihnen Ihre verborgenen Werte, Wünsche und Ziele bewusst. Der Königsweg in die Freiheit öffnet sich, wenn Sie beginnen, kleine Schritte in Richtung Ihrer Träume, Wünsche und Ziele einzutragen. Sie gestalten Ihr Leben wertvoller. Wertvoller als bisher deshalb – weil Sie bewusst damit umgehen. Denn jetzt bekommen Ihre Werte aktive Beachtung. Verstärken sich dadurch. Eine Spirale beginnt. Eine Dynamik. Ausgelöst von Ihnen selbst. Und auf gewisse Weise auch intim. Denn Sie sind Ihr einziger Zeuge – so Sie das möchten. Kein Mensch fordert Sie auf oder verlangt, dass Sie darüber sprechen. Ihr Verhalten ändert sich – und damit Ihre Gewohnheiten sowie: Ihre Ergebnisse! Das bemerken die Menschen, die um Sie sind und die mit Ihnen leben und arbeiten. Wie durch Zauberhand werden Sie glaubhafter und es wird für andere ungleich leichter, Ihrem Vorbild zu folgen. Ist dies nicht genau das, was eine Führungspersönlichkeit erreichen will und muss?"

Klaus Gunkel ergänzt: „Das ist ein guter Moment, um über zwei Punkte meiner Arbeit zu sprechen, die ich übernommen habe. Volée. Von Karl Gamper aus Österreich.
A) Die Magie der Schriftlichkeit
B) Sei realistisch – plane ein Wunder
Was sagst du dazu, Karl?"

>Ideen sind zauberhafte Wesen. Sie flattern in unseren Köpfen. Verbinden sich mit Gedanken, kennen keine Grenzen und: sind vor allem flüchtig. Geradezu scheu. Manchmal blitzt eine gute Idee nur kurz auf. Um gleich wieder zu verglimmen. Wenn wir uns angewöhnen, Ideen zu notieren – in einem „luckpad" – so zeigt sich uns die Magie der Schriftlichkeit. Denn aus dem feinen, dünnen, kaum fassbaren Gedanken wird ein sichtbares Wort. Schwarz auf weiß. Und egal, ob wir es in ein Heft und/oder in den Computer schreiben, aus dem Flüchtig-Vergänglichem wird etwas Dauerhaftes. Das wir auch später wieder anschauen können.
Nach kurzer Zeit beginnt sich unser „luckpad" zu füllen. Und etwas höchst Erstaunliches passiert. Plötzlich haben wir keinen Mangel mehr. Denn Möglichkeiten über Möglichkeiten sind als Ideen da. Dann brauchen wir nur noch zu warten – welche dieser Ideen winkt. Welche in uns reift. Gestalt annimmt. Ja – und dann setzen wir diese um. Machen ein Projekt.

Nichts ist stärker, um eine Idee auf den Boden zu bringen als: **EIN PROJEKT!**<

>Das gilt auch für >Sei realistisch – Plane ein Wunder<. Jwala und ich haben dazu jahrelang Trainings angeboten. Aus meiner Sicht drängt sich uns das, was wir tun wollen, auf. Es kommt aus tieferen Quellen in uns. Wenn wir uns die Zeit wert sind, nach unseren Träumen, nach unseren Wünschen zu forschen, tauchen diese auf. Selten sofort. Denn unsere innersten Träume sind scheu wie ein Reh – und verborgen. Im ersten Moment erscheinen uns die Bilder, die damit einhergehen – wie ein Wunder. Niemals realistisch. Realistisch ist immer das, was es schon gibt. Doch welche Grenze ist wirklich real? Wie heißt der geliebte Wunsch, der unser Herz pochen läßt?
Sobald wir dieses Feuer spüren - ist es gut, unser Wunder zu planen!
Als ein Projekt aus Tun und Geschehen-lassen. Ausgerichtet und offen.<

Klaus Gunkel: „Das ist auch meine Erfahrung. Und einer der wichtigsten Schlüssel, um große Ziele zu erreichen, heißt: Vertrauen. VERTRAUEN UND DANKBARKEIT. Beides können wir stärken - ja üben – wenn wir beginnen, Denken, Sprechen und Handeln in Einklang zu bringen. Eine grandiose Übung dazu ist die Schriftlichkeit. Wir denken etwas, spüren nach und: schreiben es auf. Verbinden es mit Zeit und Ort. Machen einen Termin. Handeln danach. Kommen ins Tun. Ins Leben. Die Grundlage jeden Schaffens ist das Zusammenspiel von Denken, Sprechen und Handeln. Wenn diese drei Ebenen in Einklang sind, dann entwickelt sich ein fester Glaube an uns – und wir beginnen, uns selbst zu vertrauen. Das nehmen wir dankbar wahr. Nach sehr kurzer Zeit merken das die Menschen um uns und ein Vertrauensfeld entsteht."
„Führungskräfte unterschätzen oft, wie fundamental VERTRAUEN UND DANKBARKEIT sind," sagt Klaus Gunkel mit Blick auf seine langjährige Erfahrung. „Vertrauen ist der stärkste Kitt für eine wirksame Bindung. Diese braucht es fast immer, um große Ziele im Team gemeinsam zu erreichen. Aus meiner Erfahrung ist nichts wichtiger als das zwischenmenschliche Zusammenspiel. Gründet dieses auf Menschlichkeit, fällt das Hauptproblem, nämlich die Fluktuation, weg. Denn Menschen steigen meist nur dann aus, wenn sie sich unbedankt, nicht geachtet, nicht anerkannt fühlen. Und das geschieht, wenn es eine deutliche Diskrepanz gibt zwischen Sprechen – auch Versprechen - und Handeln! Daher sind Wertschätzung und Aufmerksamkeit die Basis."
„Wer mit dem luckpad arbeitet, stellt sich Fragen zu den 4 Bereichen; gibt sich Antworten durch >Mäuschen-Schritte,< erfährt die Magie der Schriftlichkeit in seinem Leben und kultiviert Dankbarkeit und Vertrauen.

In dem französischen Märchen >La belle et la bête< verwandelt sich das Biest zum Schluss in einen wunderschönen Prinzen. Darüber ist >la belle< entzückt. Diese Verwandlung ist ein Zauber, der jeden erreicht.
Wir brauchen nur etwas mehr zu fühlen ...

Der Glücksnavigator unterstützt uns, unsere innere und äußere Schönheit zu erlangen und uns selbst besser zu sortieren. Es ist nicht nur ein aktiver Prozess der Selbstreflektion – sondern auch ein ebenso unkompliziertes wie höchst effizientes Mittel, den eigenen Erfolg planend zu gestalten. Einfach dadurch, dass wir unser Tun nach unseren Werten ausrichten und das, was für uns wertvoll ist, in der Zeit auch tun. Ausgeglichen und stabil.

LUCKPAD

www.luckpad.com
Tel.: +49-6251-580555

SHORT CUT

Das Leben ist gestaltbar. Das gilt auch für Unternehmen und Unternehmenskulturen. Und was geschieht mit Teams, die eine Balance der Felder Berufung, Finanzen, Beziehung, Gesundheit umsetzen? Das liegt in ihrer Hand. Zum Glück. luckpad. Der Glücksnavigator.

HIER EINE ANREGUNG ZUR GESTALTUNG IHRES LUCKPAD-RITUALS.

1) Wählen Sie mit Absicht einen schönen Platz für Ihr Rendezvous mit sich selbst. Vielleicht gönnen Sie sich ein schönes Glas Wein? Oder einen köstlichen Tee? Ein wunderfeines Musikstück zur Einstimmung?

2) Beginnen Sie mit 20 Minuten Dankbarkeit. Mit der Liste der Dankbarkeit. Wir alle haben unsere Wunden. Unsere Verletzungen. Dankbarkeit ist das Pflaster der Seele. Wer seine „Stille Stunde" mit Dankbarkeit beginnt, darf ein Wunder erwarten. 20 Minuten, in denen Sie im Rückblick aufschreiben, wofür Sie in der vergangenen Woche dankbar sind. Die Magie der Schriftlichkeit.

3) Vielleicht haben Sie ein >Traumposter<, also eine Collage oder ein selbstgefertigtes Bild zu ihren vier Bereichen? Oder Sie haben sich Visionen oder Ziele notiert. Manche Menschen gehen an diesem Punkt weit in die Zukunft. 20 Jahre und mehr. Einige sogar über ihr eigenes Leben hinaus. Lesen Sie sich Ihre Punkte laut vor. Diese Punkte wirken auf Ihr Unterbewusstsein wie eine sich selbst erfüllende Prophezeiung. Fühlen Sie die Erfüllung dieser Punkte. Gegenwärtig. Fühlen ist entscheidend.

4) Erinnern Sie sich an die >Mäuschen-Schritte?< Gehen Sie mit komfortablen Schritten entlang Ihrer Werte auf die Träume, Wünsche und Ziele in allen vier Bereichen zu. Denken Sie vor. Fühlen Sie vor.

5) Machen Sie sich Notizen in Ihren Timer.

6) Und verabreden Sie ein Rendezvous mit sich selbst – möglichst zur selben Zeit am gleichen Ort – eine Woche später.

7) FREUDE.

höchst
erfreulich.

WAGNER LIFE DESIGN
CORNELIA UND VOLKER WAGNER

„Es braucht keinen Krieg zu geben,
es braucht keinen Streit zu geben,
es braucht keine Angst zu geben,
es braucht keinen Hass zu geben.
Das Leben ist so kurz, und die Liebe so kostbar."

Der Mann, der diesen Text zitiert, heißt Volker Wagner. Wir sitzen in Hamburg, in St. Pauli. Im Fischerhaus. DEM Fischerhaus. Am Fischmarkt 14. Es ist Februar. Draußen ein ungastlicher Nebel – drinnen jene durchzogene Atmosphäre, die Räume haben, die alles erlebt und alles gesehen haben.
Es gibt wohl keinen Markt in Deutschland, der traditionsreicher ist. Hier wird seit 1703 alles gehandelt, was nicht niet- und nagelfest ist. Plus dem, was niet- und nagelfest ist. An der Waterkant – an der Reeperbahn – irrlichtern die Lebensgeister. Flackern in den Tag, züngeln in die Nacht und alles, buchstäblich alles, was Leben zu bieten hat – hat das alte Kopfsteinpflaster schon erlebt.
Hier, in Hamburg, komprimiert sich die Weite der Welt zu einem Punkt. Und da, am Fischmarkt, am Parkplatz neben dem Fischerhaus, verkaufte der junge Architekt und Diplom- Ingenieur Wagner seine ersten Kerzen. Immer sonntags. So ab 05:00 Uhr morgens. Manchmal auch ein bisschen später. Und auch nicht immer …

„Architekten, habe ich mir gesagt, gibt es genug," beginnt Volker Wagner. „Da fällt es gar nicht auf – wenn einer ganz was anderes macht; und das Leben trinkt, genießt, studiert und feiert – anstatt es nur zu verarbeiten. Also hab ich mich eingelassen und bin – statt in die Elbe - ins Unbekannte gesprungen. Ja, das habe ich jahrelang so gemacht. Ich war ein 1-Mann-Konzern in Personalunion. An einem Tag in der Woche habe ich produziert – und an einem anderen Tag habe ich verkauft. Natürlich nicht jede Woche. Mal so. Mal so. Das hing vom Pegelstand meines Kontos ab. War Ebbe, produzierte ich mehr und ging öfter zum Fischmarkt. War Flut, ließ ich mich von den Wellen mitnehmen hinaus ins Leben. Ah, das waren wunderbare Jahre. Getragen von tiefer Sorglosigkeit. Und ich habe mich eingelassen auf mich.
Habe meditiert. Workshops besucht. Weisheitslehren studiert. Bin gereist. Und als Techniker lernte ich die Technik der Liebe. Das ist eine völlig neue Technik. Es ist die Technik, offen, verfügbar, entspannt zu SEIN. Das ist riskant. Es ist gefährlich, offen zu sein. Man weiß nie, was geschieht. Das Leben in St. Pauli ist immer abenteuerlich, und die Liebe ist das größte Abenteuer."

Er wirft seiner Cornelia einen schalkhaften Blick hin und fügt hinzu: „Ja, bis mir irgendwann in den Sinn kam, Karriere zu machen und ich diese wunderbare Lady hier an meiner Seite heiratete. Oder du mich???"

Cornelia schaut unvergleichlich und sagt alles, in dem sie nichts sagt. Mir kommt vor, diese holz-eisen-hässlich-schönen Leuchter, die vom Gewölbe des Fischerhauses herunterhängen und so tun, als würden sie auch funktionieren – färben ihr rauchbraunes Holz eine gute Spur heller. Und auch der Nebel vermählt sich gnädig mit der Elbe, die ohnehin die Ruhe weg hat mit ihrem gemächlichen Fließen.

Cornelia: „Wir haben uns am 11.11.1998 kennen gelernt. Es war bei einem Fest. Auf einem Schiff hier in Hamburg. Und wir hatten beide das unbestimmte Gefühl eines WIEDERSEHENS. Auf einer gewissen Ebene waren wir vom ersten Augenkontakt an ein Paar. Wir sind beide einen langen spirituellen Weg gegangen. Zwar ganz unterschiedlich, doch jenseits von Dogmen, der Freiheit des eigenen Forschens verpflichtet. Und es ist doch so, wenn wir all die Formen, die unterschiedlichen Namen, die verschiedenen Ausprägungen zur Seite schieben – so offenbart sich überall der gleiche Grund. Und es öffnet sich ein Verständnis von EINHEIT IN DER VIELHEIT – von VIELHEIT IN EINHEIT."

Volker: „Wir glauben beide, dass es so etwas wie eine Seelenpartnerschaft gibt. Jenseits eines Konzeptes und jenseits des Anspruchs, dass das auch jemand anderer glauben soll. Cornelia und ich wissen einfach, dass wir füreinander eine wichtige Rolle dabei spielen, zu dem Menschen zu werden, der wir sind. Das hat einerseits eine große Faszination, bringt anderseits aber auch die Schattenseite des jeweils Anderen hoch. Und es ist eine ganz eigene Herausforderung, Ehe- und Business-Partner zu sein."

Volker hat nach seinem Abitur 1971 Architektur studiert und hatte keine Lust, danach Häuser und Brücken zu bauen. Die Studentenzeit war für ihn auch eine >wilde Zeit< – in der er viel ausprobiert hat. >Doch was tun, jetzt, mit dem Diplom in der Tasche?< - diese Frage wurde natürlich drängend. Auf einem Flohmarkt sah er Kerzenmacher, die so richtig gut drauf waren. Das hat gefunkt.
Er wusste, auf der dänischen Insel Moen gab es wahnwitzig günstige Kerzen. Von einem Kerzenmacher namens Erik, einem Gammler. Der so richtig faul war und gleichzeitig genial. Volker fuhr hin. Er wollte einen VW-Bus voll mit Kerzen kaufen. Doch Erik hatte keine Lust. Nun war aber Volker schon da und so hat ihm Erik einfach gezeigt, wie er selber Kerzen machen könnte. Und Erik hatte den gewissen Touch.

Dieses „Drüber" – das in einen wortlosen Raum führt, wo sich die Dinge anders anfühlen und anders gestalten lassen. Genau das hat Erik unserem Volker gezeigt. Und der hat das nicht nur verstanden, sondern übernommen. In seine eigene Welt. Und damit in seinen eigenen Ausdruck.

Volker: „Also ging ich nach Hamburg. Ein Acht^{2}m-Zimmer< war meine Fabrik. Ich hatte fünf Töpfe und einen Tisch. Und es war unglaublich. Ein Crescendo aus Farben und Formen und Dekors. Ein Inferno aus Dochten, Gläsern, Figuren und Wachs. Ich habe einfach alles ausprobiert, was mir nur irgendwie in den Sinn kam. Ging unbewusst über jede nur denkbare Grenze – denn ich hatte keine. Ich wusste doch gar nicht, wie >man< Kerzen macht. Es war einfach der totale Fun und die Leute rissen mir förmlich die Kerzen aus der Hand. Und ich hatte genug zum Leben. Das ging jahrelang so. Und ohne anzugeben – ich wurde einfach immer besser. Richtig virtuos. Auf meinen Reisen begann ich dann, das von mir selbst entwickelte Know-how an verschiedene spirituelle Gemeinschaften in Europa und Amerika zu verkaufen. Alle hatten was davon. Ich finanzierte so meine Reisen – und die jeweiligen Gruppen konnten selbstständig Geld verdienen. An der Bright Lights Candle Company in Kalifornien (heute: www.alohabay.com) bin ich heute noch beteiligt. Wir lassen heute noch immer Kerzen produzieren. Aus den besten und edelsten Materialien, die es weltweit gibt. Feinstes Palmenwachs aus Indonesien. Damit verwenden wir einen nachwachsenden Rohstoff. Nachhaltigkeit pur. Oder aus 100 Prozent natur belassenem Bienenwachs. Eigens entwickelte und gefertigte Gläser aus Fernost. Ich weiß am Weltmarkt keine bessere Kerze als unsere Palmlicht-Stearin-Windlichter. Diese brennen – ohne zu rußen – satte 100 Stunden. Top sicher. Gleichmäßig. Bis zum Boden. Es kann schon sein, dass es noch irgendwo vergleichbare Kerzen gibt. Doch ich weiß von keiner anderen... in der Qualität, zu dem Preis."

Cornelia ergänzt: „Volker hat richtige BESTSELLER entwickelt. Wir haben einen Schrank voll von Patenten. Das Zen-Light beispielsweise, das es praktisch überall gibt, millionenmal verkauft, ist eine Idee und Entwicklung von Volker. Auch die LED-Leuchtuntersetzer, mit einer speziellen Elektronik und einem Chip, der auch für Farbtherapie verwendet wird, ist eine Innovation von Volker."

Heute ist WAGNER LIFE DESIGN Deutschlands absolute Nummer 1 im Bereich Salzkristall-Leuchten und Himalaya-Salz. Das Unternehmen hat Kunden weltweit, bis nach Skandinavien, Russland – Fernost, Asien, Nord- und Südamerika, Südkorea, Neuseeland. Und Tirol. Österreich. Im Herzen der Alpen.
Die Kunden-Liste liest sich wie ein Who-is-Who:
Tchibo, Schlecker, Weltbild, Waschbär, Baby-Walz und und und ...
Mit Produkt-Marken, die mit einer enormen Bekanntheit aufgeladen sind und dadurch auch einen erheblichen Wert repräsentieren. Namen wie:
Palmlight, Zenlight, LED-Dreams, Himalaya-Salt Dreams.

Was hat eigentlich diesen Drive ausgelöst? Und warum?

Volker: „Irgendwann begann ich, mich mehr und mehr auf Weihnachtsmärkte zu konzentrieren. Und ich wollte zu den Kerzen ein stimmiges Produkt. Die Magie der Salzlampen hat mich fasziniert. Ich sag darüber später mehr. So begann ich, Salzlampen zu vertreiben. Und dabei gab ich einem Pakistani Geld. Praktisch alles Geld, das ich hatte. Was ich nicht wusste war, dass dieser krank und ein Spieler war. Süchtig. Der Mann verlor mein ganzes Geld. Was sollte ich tun? Mich entweder als Opfer fühlen, mich dem Schicksal ergeben – oder?
Also flog ich nach Pakistan zur Familie dieses Mannes. Direkt zu einem mystischen Platz, wo unglaublich reines und feines Salz abgebaut wird. Bis zu 540 Millionen Jahre alt. Aus den >Voralpen< des Himalaja. Das muss man sich vorstellen! Wo die SUFIS daneben noch ihre DERWISCH-TÄNZE drehen und eine vollkommen andere Welt pulsiert. In der Natur. Fernab. Dort sprach ich mit dem Bruder des Mannes. Und der wiederum versprach mir, das Geld zurückzugeben. In Raten. Über Jahre. Wenn … wenn ich ihm dafür Salz abkaufe. In damals für mich astronomischen Mengen. Doch was tun?
Nun war die Situation mal so. Also schlug ich ein, sagte zu und begann – dann schon mit Cornelia - hier eine Struktur aufzubauen, eine IT-Architektur zu gestalten, um unser Lager und unsere Business-Prozesse auf einen guten Stand der Technik zu bringen. Und Cornelia hat ein professionelles Marketing entwickelt und der Kommunikation eine neue Dimension hinzugefügt."

Cornelia: „Ja, das macht uns auch totalen Spaß. Wir arbeiten Seite an Seite. Gleichzeitig wird die Arbeit immer mehr. Das Lager hier in Hamburg ist wirklich riesig, wir haben viele Waren – und es gilt zahlreiche Kontakte zu halten und zu pflegen. Wir brauchen auch Zeit für neue Kontakte, für Messen, für Entwicklungen und Innovationen. Es ist eine Herausforderung, dabei entspannt im Hier und Jetzt zu bleiben. Auch unsere Seele zu nähren."

Cornelia ist ein beeindruckender Mensch. Sie war schon mit 15 Jahren Vorstandsmitglied bei Amnesty International, arbeitete über lange Jahre als freie Journalistin für Magazine wie >Esotera<, ist Mutter von 4 Kindern und hat das Kunststück geschafft, nicht nur Hausfrau, Ehefrau, Mutter und Geschäftsfrau zu verbinden, sondern auch zu meditieren und einen spirituellen Weg zu gehen. All das hat natürlich WAGNER LIFE DESIGN auf einer tiefen Ebene befruchtet.

Volker: „Ich habe fast alle Produkte zunächst für Cornelia entwickelt. Aus dem Raum dieser Liebe. Und ICH WOLLTE NIE BELEUCHTEN, SONDERN ERLEUCHTEN. Mit >erleuchten< meine ich, das innere Geheimnis eines Produktes durch das Mysterium des Lichtes zu berühren. Dabei ist eine Quelle meiner Inspiration das Verständnis

von Nirvana. Als Gestaltungselement. Übertragen aus einem spirituellen Kontext in die Formensprache unserer Zeit.
Nirvana bedeutet Erlöschen; wörtlich: Verwehen. Gemeint ist damit DAS AUSLÖSCHEN VON VORSTELLUNGEN. Somit ist es ein Zustand der Zustandslosigkeit, in dem alle Vorstellungen und Wunschgebilde gleichsam sowohl überwunden als auch gestillt sind. Das als Designelement eingesetzt, hat unsere Lampen und Leuchten zu Bestsellern gemacht. Dieses innere Glühen, das sozusagen durch das Material dringt, scheint einen archaischen Aspekt in Menschen zu berühren. Ein Baby im Bauch sieht etwa das, was beispielsweise durch unsere Salzlampen im Außen sichtbar ist.
Zudem ist Orange die Farbe der Transformation. Und auch die Farbe unserer Salzleuchten und vieler Kerzen. Oft und oft habe ich experimentiert und erfahren: Ich stelle 100 Kerzen auf den Ladentisch. Und als erstes wird meist Orange gekauft. Es scheint eine Entsprechung unseres INNEREN LICHTES zu sein."

Cornelia und Volker haben mir ein Prachtstück von einer großen, wuchtigen Salzleuchte geschenkt. Von innen beleuchtet. Der Stein zeigt sich mir unwirklich, wie in einer Vision, losgelöst zwischen Himmel und Erde.

Cornelia: „Die Lichtentwürfe von Volker spiegeln den Lauf des Tages. Farben und mäandernde Beleuchtung lösen Stimmungen aus, die an Wolken erinnern, deren Ziehen das Sonnenlicht und die Szene des Moments verändert.
Lichtstimmung und Wolkenspiel. Fantastisch."
Cornelia und Volker lachen. UND ETWAS VON DIESER FEINEN FREUDE IST ZU SPÜREN, DIE ABSICHTSLOS UND UNERWARTET DAS HERZ BERÜHRT.

Bleiben noch zwei Fragen:

Was ist Salt Health Trust?

“Ein gemeinnütziger Verein. Eine Non-Profit-Organisation zur Unterstützung der Minenarbeiter in Pakistan. Dort wird fast noch wie im Mittelalter abgebaut. Wir kümmern uns um eine bessere medizinische Versorgung der Menschen vor Ort. Gemeinsam mit unseren Kunden sammeln wir immer wieder Geld, das wir gerne spenden. Wir garantieren, dass jeder Cent den hilfsbedürftigen Menschen dort zugute kommt und keine Gelder für Verwaltungsaufgaben einbehalten werden.
In >unserer< Exklusiv-Produktion, die in Kaschmir liegt – nördlich von Islamabad – werden den ca. 200 Arbeitern weit überdurchschnittliche Gehälter bezahlt. Zudem erhalten diese kostenlose medizinische Versorgung sowie Lohnfortzahlung bei Krankheit und Extra-Geld bei wichtigen Familien-Anlässen. Es handelt sich bei allen von uns vertriebenen Produkten um Fair-Trade-Produkte.“

Warum macht ihr bei diesem Buch-Projekt mit?

„Hm, das hat mehrere Gründe, die wir am liebsten punktuell aufzählen möchten. Wobei die Anordnung unwichtig ist.
Jeder einzelne Punkt hat für uns die gleiche Bedeutung:

- Auf der persönlichen Ebene ihr als Paar. Jwala und Karl.
- Dann die 20 anderen Partner/innen. Wir haben uns mit allen im Rahmen unserer Möglichkeiten auseinandergesetzt. Das ist schon ein außerordentliches Zusammenspiel von Unternehmen, von Menschen und deren Anliegen und deren Bereitschaft, etwas von sich zu zeigen, um einen Beitrag zu geben. Das ist auch für uns ein Beispiel. Und bestimmt auch für unsere Kunden eine INSPIRATION.
- Wir haben zudem auch ganz konkrete Angebote an die Leser/innen. Da sind unsere Weihnachtsmärkte. Das ist eine tolle Gelegenheit für Menschen, in kurzer Zeit faires Geld zu verdienen. Mit wunderschönen Produkten – die Menschen mit Licht in unterschiedlicher Form in Berührung bringen.
- Dann haben wir >Wagner-Car< entwickelt. Einen fahrbaren Verkaufsladen. Fix und fertig bestückt. Jederzeit einsatzbereit. Über ein Lizenz-System können diese Autos mit unseren Produkten gemietet werden. Das kann ein feines Geschäft sein für Menschen, die sich davon angesprochen fühlen.
- Himalaja-Salz ist das beste Natursalz der Erde. 250 bis 570 Millionen Jahre alt. Europas Salz ist höchstens halb so alt. Hier bieten wir Händlern Kooperationen an.
- Und: Es gibt ein neues Weltpatent von Wagner: Einen Bohrer fürs Salz. Salt DrillerTM. Wesentlich einfacher als jede Salzmühle. Das Produkt ist marktreif. Ein High-Tech-Hohlbohrer lässt bestes Himalaja-Kristall-Salz direkt auf Ihren Teller rieseln. Der Vertrieb ist offen. Für Partner.
- Ja – und noch etwas Privates von uns: Weil es totalen Spaß macht, an einem Projekt dieser Art über vier Länder mitzuwirken. DANKE.“

Der Flug zurück nach München ist gebucht. Ich fliege mit der Nachtmaschine. Am Airport pendle ich an den Geschäften entlang. Internationale Labels. Unterbrochen von Gastronomie. Ein Punkt jedoch zieht mich. EIN MAGISCHES FEUER AUS LICHT LOCKT. Ich habe Zeit und lasse mich verzaubern. Von all den Kristallen, den Kerzen, den Lichtern. Die Welt beginnt sich auszublenden. Das Spiel der Lichter betört. Und so verweile ich vor diesem Laden, der WAGNER LIFE DESIGN heißt und schlendere dann, als es Zeit ist, zum Flieger.

WAGNER LIFE DESIGN

www.wagnerdesign.de
Tel.: +49-40-395521

SHORT CUT

Strebst du danach, den Weg durch viel Lernen zu begreifen, so wird der Weg nicht verstanden. Manchmal geht es darum, sich von innen her zu erleuchten. Wie die Lampen aus Salz. Möglicherweise - als Salz des Lebens.

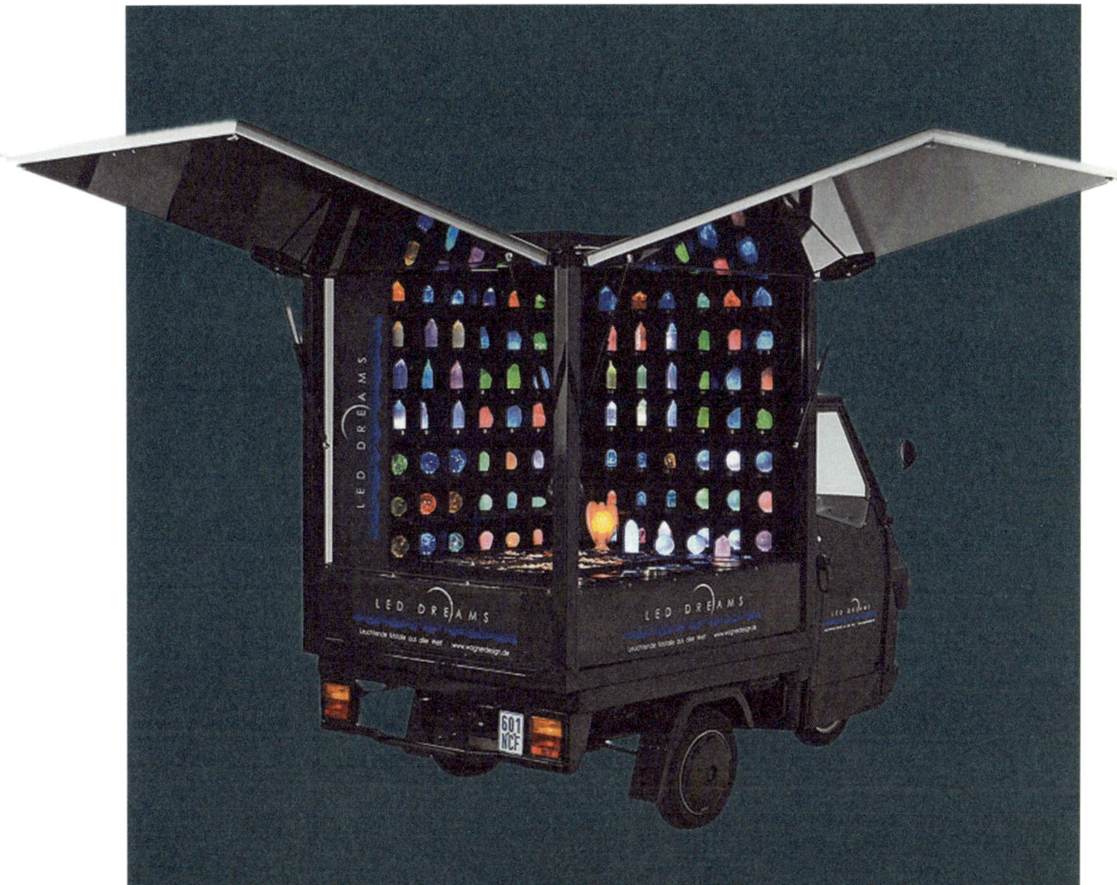
LED DREAMS
LED DREAMS
LED DREAMS
601
NCF

LED DREAMS
www.wagnerdesign.de
aus aller Welt

In treuen Händen.

CAMINADA TREUHAND AG ZUG

HOLGER WANKE, WALTER PFÄFFLI, ANDREAS OKLE; HEINZ KLAUZ, RUTH KÄSLIN; DIE GESELLSCHAFTER DER CAMINADA

„Wollen wir über Luca Pacioli sprechen. Dem Mönch. Aus Venedig. 1445 bis 1517. Nein? Gut, dann über die Obed-Zeit. Mesopotamien. 3.500 vor Christi. Über die Aufzeichnungen von damals. Die Tontafeln! Auch nicht? Ja, über was denn dann?"
Dieses Gespräch hat so nie stattgefunden. Doch es hätte sein können...

Denn Luca Pacioli hat 1494 das erste Buch über die doppelte Buchhaltung geschrieben. Er war Mönch und Professor. Ein Freund von Leonardo da Vinci. Doch die allerersten Aufzeichnungen, die vor Jahrtausenden die Wege des Handels beschreiben, reichen zurück zu den Sumerern. Es sind Abrechnungen über Brot und Bier in der sich entwickelnden Keilschrift.
Handel, Waren, Zahlen, Austausch – Geschick, Ungeschick, Schicksal – all das steckt im genetischen Code der Menschheit. Die Wege der Waren sind die Wege der Menschen. Ist nicht jeder von uns irgendein Händler? Hat Interesse, etwas zu verkaufen? Einsichten, Ratschläge, Philosophien, Waren, Service, Gesundheit, Frieden, Gott ....
Die Welt ist ein Supermarkt der Ideen. Und wir finden die Spuren des Tauschens in vergilbten indischen Palmblättern ebenso wie in den Papyrusrollen der alten Ägypter. Natürlich auch in den high-tech-chips der Gegenwart.

Die erste, vollständig erhaltene doppelte Buchhaltung stammt aus anno 1340. Fein säuberlich ist hier alles notiert, was es an Waren- und Geldflüssen, an Strafen, Zöllen und Steuern gab. In Genua.
Und die erste Bilanz, die ein Zeugnis für den Einfluss und enormen Reichtum einer Handelsfamilie ist, stammt aus dem Jahr des Herrn 1511. Die Familie „Fugger von der Lilie" erlangte durch die Fuggersche Handelsgesellschaft Weltgeltung.

Caminada. Wir treffen einander in der Schweiz. Kanton Zug. In einem Attikaloft. Mit gutem Blick ins Land. Holger Wanke, Walter Pfäffli und Andreas Okle. Wir sprechen über den Unterschied, den eine Treuhand-Gesellschaft machen kann und: Über das Beständige der doppelten Buchhaltung. Fast so beständig wie der Ruf der Schweiz – nur dass die doppelte Buchhaltung alle Kontinente, alle Länder, alle Firmen, die großen und kleinen Ströme des Geldes, der Waren, der Dienstleistungen im Alltag erfasst.
Die doppelte Buchhaltung. Ein Phänomen. EINE ZEICHENSPRACHE der Zahlen. Universell. Und SO BEREDT wie Buchstaben für den, der diese Sprache beherrscht, zu lesen und zu deuten versteht.
Eine Kunst, die nicht alle können. Doch hier, in Zug, in diesem weiten Raum – der beinahe den Charakter einer Lounge hat – natürlich einer Business-Lounge – scheint diese Kunst eine Niederlassung gefunden zu haben. Und die drei Männer lassen die

sonst übliche Trockenheit von Geld- und Zahlengesprächen gar nicht erst aufkommen. Mit ein Grund könnte gewesen sein: Ich konnte wählen. Durfte schon im Vorfeld eine Aufmerksamkeit im Konzert vieler erproben, die Caminada ihren Kunden bietet. Nämlich die bevorzugte Kleidung. Und das bevorzugte Ambiente – das ich mir bei Caminada und von den drei Herren wünschte.
Wäre es bei mir um eine Generalversammlung mit dem Verwaltungsrat einer Schweizer AG gegangen, hätte ich wahrscheinlich Business-Kleidung und den formellen Sitzungsraum bevorzugt. So entschied ich mich für casual und den trendigen Besprechungsraum.

- Business
- Smart casual
- Casual

wurde mir im Vorfeld angeboten. Da ich mich bei >Zahlen-Gesprächen< ohnehin leicht verirre, unterstützte mich die lässige Kleidung aller Anwesenden ebenso wie das angenehme Ambiente. Wir saßen „casual" – lachten viel und kamen flott voran.

Holger Wanke: „Die BUCHHALTUNG BILDET ZAHLEN, DATEN UND FAKTEN ab. Und sie ist immer vergangenheitsbezogen. Ihr Kern ist die Abbildung von Warenströmen und Dienstleistungen – gespiegelt zum Fluss des Geldes. Anders gesagt: Die doppelte Buchhaltung verknüpft Dienstleistungen und Warenbewegungen mit Geldbewegungen. Besitz lässt sich in der Bilanz darstellen.
Der PROZESS – der Fluss – hingegen, der sich aus Bilanz und Erfolgsrechnung ableitet, kommt in der MITTELFLUSSRECHNUNG zum Ausdruck.

Nun ist es erstaunlich, ja faszinierend, dass sich dieses System über die Jahrhunderte hinweg nicht wirklich verändert hat. Wir denken kaum darüber nach – so selbstverständlich ist uns das! Gleichzeitig – wohin wir auch blicken, was ist noch so wie vor 700 Jahren?"
Ich bin zur Caminada gefahren auf der Suche nach einer ungewöhnlichen, dynamischen Wirtschaftskanzlei, die Konventionen auf gute Art bricht und neue Wege geht.
So etwas ist nicht ganz einfach zu finden. Denn die Spielregeln für diese gesamte Branche gibt der Gesetzgeber engmaschig vor. Der Gestaltungsrahmen wird von dieser Seite höchst begrenzt gehalten. Anderseits ist es ja die Kernaufgabe einer Steuerkanzlei – ein Unternehmen kompatibel mit den Anforderungen des Gesetzgebers zu machen und dessen Auflagen fristgerecht zu erfüllen. So zeigt sich – ja kann sich gar nicht zeigen – die Differenzierung von Caminada nicht in diesem Gebiet. Wo dann?

Andreas Okle: „Wenn ich sage in der Beratungsqualität – dann stimmt das zwar; doch gleichzeitig ist das auch das gängigste aller Argumente unserer Branche. Wer sagt das nicht? Daher möchte ich Aspekte wählen, die etwas von jener BEWEGLICHKEIT verdeutlichen, die wir meinen." Und Andreas Okle zählt - gemeinsam mit seinen Partnern - ein paar sichtbare und innovative Beispiele auf.

„Der Punkt mit der Kleiderwahl wurde schon erwähnt," sagt Andreas Okle. „Er ist auch nicht wirklich wichtig. Viel zentraler ist das Signal, das wir damit senden. Nämlich den Blick hin zum Kunden. Und weiter: HIN ZUM WOHLFÜHLEN. Dem schenken wir viel Beachtung. So sind wir beispielsweise eine strategische Allianz eingegangen mit dem innovativen Möbelhaus Soius hier in Zug. Soius bietet einen Dialog von Raum und Zeit. Denn Zeit verändert unsere Bedürfnisse. Und Raum visualisiert diese aus. Was bedeutet das für uns? Nun, wir gestalten gemeinsam mit Soius alle 6 bis 9 Monate unseren Eingangsbereich und einen Konferenzraum für unsere Kunden neu. Dieses behutsam wechselnde Szenario zeigt einerseits, dass auch wir uns ständig verändern. Und für die Veränderung der Welt ein JA haben. Anderseits sind die Zyklen sorgsam gewählt. Auch die Kontinuität wird beachtet. Zusätzlich arbeiten wir mit flexiblen Magnetfolien. Dadurch lässt sich eine Art Dialog zwischen den bestehenden USM-Möbeln und den Elementen von Soius gestalten. Ein spannender Bogen entsteht. Ein Motto kann bedient werden oder eine Vision oder eine Mission; mit anregenden Gedanken zu Business in einem neuen Geist. Diese Umgebung wirkt auf jeden Fall anregend auf unsere Klienten und selbstverständlich auch auf uns. Auch wir bleiben dadurch auf eine elegante Art in Bewegung."

„Apropos Bewegung. Wir arbeiten in einem mental-orientierten Gebiet. Viel im Sitzen. Viel vor dem Computer. Wir unterstützen im Team – das ja aus zwei Dutzend Mitarbeiter/innen besteht – auf freiwillige und leichte Art jeglichen Sportsgeist. Jede und jeder im Team betreibt Sport. Der eine dies – die andere das. Und regelmäßig gehen wir gemeinsam Laufen. Denn wir gewinnen Energie, wenn wir etwas unternehmen. Gerne feiern wir auch immer wieder Feste mit unseren Kunden; so eine >Beach Party< mit Indoor Sandstrand oder >1000 UND EINE NACHT<, ein orientalisches Fest. Gemeinsame Erlebnisse sind etwas, das wir nicht so schnell vergessen und in den Alltag mitnehmen."

Walter Pfäffli: „Zu dem Wort Erlebnis fällt mir eine Kleinigkeit ein, das unsere Kunden immer verblüfft. Wir führen eine Getränke-Karte. Nicht wie ein Café oder Restaurant – viel kleiner. Doch mit einer Auswahl verschiedener Kaffeearten wie Cappuccino, Latte Macchiato oder diese ganz kurzen schwarzen Espressi... plus einer Auswahl feiner Teesorten. Dazu vielleicht ein oder zwei Snacks. Eine Bilanzbesprechung bekommt damit auch eine amicale Note. Wobei wir das differenziert einsetzen und einen wachen Blick für die jeweilige Situation haben."

FREUDE wird bei Caminada sowohl als GEFÜHL verstanden, als auch als ENERGIE. Da mit der Energie der Freude auch Schönheit und Ästhetik verbunden sind, wird Achtsamkeit darauf verwendet, Geschäftsberichte auch ansprechend zu gestalten. Diese formale Ästhetik würdigt nicht nur die Klienten, sondern auch die Arbeit der Menschen bei Caminada.
Und lädt zu permanenter Kreativität in der Gestaltung ein.
Wobei hier ein Punkt auffällt: Durch diese Form der Präsentation wird ein Ergebnis auch gewürdigt. Denn Menschen haben an sich die Tendenz, rasch weiterzueilen. Gleich zum nächsten. >Und wie schaut es im nächsten Jahr aus?<
Hier steuert Caminada mit sehr viel Fingerspitzengefühl dagegen. Der Moment wird gewürdigt. Das Ergebnis. Auch dann, wenn es im Sinne des Klienten nicht so gut war – wird nicht einfach darüber hinweggegangen. Sondern eingegangen. Das gilt auch für ein erfreuliches Ergebnis. Auf diese Weise wird der Geschäftsbericht nicht nur ein Pflichttermin – sondern eine Art Standortbestimmung. Mit einem professionellen Blick auf die Gegenwart. Und einer Weichenstellung für die Zukunft.
Holger Wanke:
„Grundsätzlich haben wir BUSINESS für uns NEU DEFINIERT. Wir gehen innerlich mit einer möglichst vorstellungsfreien Haltung beispielsweise in ein Strategie-Gespräch. Denn wir sind ja auch Unternehmens-Berater. Dieser freie innere Raum erlaubt uns, das wirklich zu hören, was der Kunde sagt und was sich dieser wünscht. Ja erträumt. Wenn wir hier über Grenzen gehen – gemeinsam – dann öffnen sich Felder, die wir miteinander betrachten. Und sehr oft ist daraus ein Modell für Möglichkeiten entstanden. Einfach dadurch, dass wir es benannten und hingeschauten. Und nicht sofort als Utopie oder gar Hirngespinst abgewertet haben.
Zurück zum Business. Wenn wir diesen Ansatz integrieren, sehen wir, dass Wirtschaft alle Lebensbereiche durchwirkt und nicht getrennt vom Rest des Lebens gesehen werden kann. Bei uns hat somit auch das >Leben< Platz. Denn alles wird zu einem Ereignis in einem freudigen Sinn, wenn wir Business so verstehen.
Nicht als das Absolute, sondern als jenes Relative, das uns ein relativ gutes Leben ermöglicht auf der materiellen, physischen Ebene. Denn wir leben auf der Erde in einem Körper.
Die MENSCHEN HABEN LUST, IHRE ZUKUNFT ZU GESTALTEN, ein Unternehmen zu formen oder ihren Aufgabenbereich. Ein Geschäft zu einem Erfolg zu führen macht doch Freude, oder?"
Werfen wir einen Blick nach vorne, in die Zukunft von Caminada. Wohin geht die Reise? Was zeigt sich am Horizont?

Holger Wanke: „Hier einige Beispiele. Kein Anspruch auf Vollständigkeit! Doch Hinweise, in welche Richtung wir denken – und auch forschen. Wir gewinnen Energie, wenn wir:

- etwas unternehmen
- auf den persönlichen Rhythmus achten

- den Blick - die Aufmerksamkeit - auf Energie lenken
- Freude als Energie verstehen. Als kreierende Energie
- ein Verständnis für Flow im Team entwickeln. Flow kann entstehen, wenn die Handlungsanforderung mit den Fähigkeiten des betreffenden Menschen korrespondiert und dieser in der Gegenwart ist.

Also aus dem Jetzt handelt. Anstatt sich in Gedanken zu verlieren."
Andreas Okle fährt fort: „Für eine **ENERGIEBILANZ** spielt auch das Umfeld eine entscheidende Rolle. Aus Zahlen, Daten, Fakten – die den Raum des Vergangenen abbilden plus einer kraftvollen Vision, verbunden mit dem Potenzial der Gegenwart – kann sich etwas wirklich Neues entwickeln. Aus diesem Blickwinkel wird noch einmal deutlich, weshalb wir bei Caminada unter anderem auch auf das Umfeld für unsere Kunden und uns achten und in >Details< Aufmerksamkeit investieren."

„Wenn wir >Caminada< definieren," so Holger Wanke, „so sehen wir uns selbst als >GESELLSCHAFT FÜR BUSINESS MODELLING; **BM**<. Im Zentrum von bm stehen dabei selbstverständlich Prozesse und der Work- und Kapitalflow.
Doch wenn wir zurückkommen auf die doppelte Buchhaltung, so können wir jetzt den Finger auf einen entscheidenden Punkt legen.
Denn diese Form der Buchhaltung ist exzellent, wenn es darum geht, Prozesse abzubilden. Doch sie lässt den Menschen in diesem Prozess vollkommen und zur Gänze außen vor. Der Mensch kommt nur als Kostenfaktor vor. Als Kostenstelle.
Plakativ gesagt: Der Neue Markt ist auch deshalb zusammengebrochen, weil es keine Möglichkeit gab, die geistigen Werte abzubilden.
Wir bei Caminada sind permanent bestrebt, auch die ENERGIE eines Unternehmens abzubilden. Kollektiv hat sich in den letzten Jahren so etwas etabliert wie ein Verständnis für >Energie< - wenngleich naturgemäß nebulos, unscharf.
Gleichzeitig kann ein Unternehmen ein Feld sein, IN DEM DIE MENSCHEN ENERGIE TANKEN. Ein Unternehmen kann sich zum Ziel setzen, Energiekompetenz aufzubauen. Möglicherweise könnte hier eine Balanced Scorecard* ein unterstützendes Hilfsinstrument sein.
Mit etwas **Übung** ist es möglich, den **Energieraum wahrzunehmen**.
In dem Moment, wo wir bewusst unsere Aufmerksamkeit auf diesen subtilen Raum richten – insbesondere dann, wenn wir darauf trainiert sind – bildet sich in uns ein Wahrnehmen dieses energetischen Raumes ab. Das ist kein Geheimnis. Jeder Mensch kennt das. Sie gehen irgendwo hin – und sie fühlen sich gut. Und anderswo – schlecht.
Die Energie des Raumes färbt auf ihre eigene Stimmung ab.
Wenn wir das verstehen – so können wir das natürlich nützen. Uns liegt eine solide Untersuchung von 6.500 Mitarbeiter/innen in Firmen vor. Diese wurden befragt, was der Hauptgrund ist, warum sie dort arbeiten wo sie arbeiten. Und das Ergebnis? 71 % gaben an: Wegen der Menschen, die dort arbeiten. Anders gesagt: Wegen der >Schwingung, Energie oder Stimmung< - die dort herrscht.

---

* Die Balanced Scorecard erlaubt, immaterielle Werte durch Kennzahlen abzubilden.

Wenn in einem Unternehmen die Energie der Mitarbeiter/innen stimmt, kann dieses Unternehmen praktisch jede Herausforderung heben. Das schier Unmögliche wird möglich. Wenn die Energie stimmt, wirkt das Team wie ein FEUERWERK. Und jeder Abschluss und jeder Erfolg wird gefeiert. Nicht wirklich. Sondern energetisch. Meist durch Zuruf. Die Menschen ertappen einander bei einem Erfolg. Loben einander. Feuern einander an."
Caminada hat etwas getan – was wenige tun. Das Team nahm sich Zeit, den idealen Kunden während einer Klausur zu erarbeiten. >Wie ist unser Wunsch-Klient?<

Andreas Okle: „Wichtig dabei ist, das nicht zu einem Dogma zu verfestigen, sondern als ein WEICHES FELD unseres EIGENEN STREBENS zu sehen."

Walter Pfäffli: „Und gleichzeitig lieferte uns dieses >Ideal-Bild< Konturen, nach denen wir Ausschau halten konnten. Und vor allem: Wir selbst begannen uns so zu verhalten, wie wir uns mit einem >idealen Kunden< gerne verhalten würden. So ergibt sich quasi eine Resonanz zwischen Caminada und unseren Kunden. Eine Partnerschaft. Eine gemeinsame Schwingung. Denn man zieht das an, was man focussiert. C.G. Jung nannte dies DAS PRINZIP DER SYNCHRONIZITÄT."

Holger Wanke: „Dies hat auch den Anstoß zu einer Innovation gegeben, die noch mitten in der Entwicklung steckt und uns selbst erfreuliche und vollkommen neue Perspektiven eröffnete – und natürlich auch unseren Kunden: Die Visualisierung plus das praktische Erleben der Mittelfluss-Rechnung."

Die VISUALISIERTE MITTELFLUSS-RECHNUNG ist – aus der Sicht von Caminada - einer der wesentlichsten Erfolgsfaktoren für die erfolgreiche finanzielle Führung einer Firma. Durch das >Fassbar machen< der Mittelflussrechnung kann man nicht nur vergangene Kapitalflüsse sichtbar machen, sondern auch aktuelle lassen sich darstellen und zukünftige simulieren. Ein Prototyp wird derzeit entwickelt und soll im Verlaufe des Jahres 2007 bei Kunden der Caminada getestet und dann generell angewendet werden. Der Kapitalfluss taucht ja überall auf. In der Vergangenheit – das lässt sich aus der Buchhaltung nachzeichnen. Natürlich auch in der Gegenwart und für zukünftige Projekte. Überall braucht es Mittel; Geld.

Wenn diese Kapitalfluss-Rechnung nun haptisch - das Wort kommt von griech. haptikos = greifbar - in einem Raum auf einem Tisch mit Figuren und Formen erlebt wird, entsteht natürlich in unserem Gehirn ein vollkommen anderes Bild. Im Grunde unvergleichbar mit einer Berechnung, die wir nur denkend oder eindimensional aufnehmen. Wir gehen um den Tisch. Sehen, bewegen und ergänzen die dreidimensionale Abbildung des Kapitalflusses. Sprechen mit anderen. Fühlen. Spüren nach. Überlegen. Probieren neue Wege; Alternativen. Treten in einen Dialog mit dem Kapital- und Warenfluss. Plötzlich werden die >Flüsse< im Unternehmen auch für den Geschäfts-

führer und Unternehmer, der nicht Finanzfachmann ist, plastisch und verständlich. Treten hervor!
Er sieht geradezu Kapital und Waren fließen. Quellen und Dynamik werden deutlich und ein Weg zeigt sich mit Sinn, Ziel und Nutzen. Wie spannend das ist! Und jede/r ist mit Leib und Seele dabei. Gleichzeitig ist all das spielerisch. Jederzeit veränderbar.

FREUDE.

Holger Wanke: „Wir haben viele Monate Entwicklungszeit in dieses aufregende und höchst nutzenstiftende Projekt investiert. Es ist eine Caminada-Innovation, die auf der einen Seite spielerisch, auf der anderen äußerst effektiv darstellt, wie sich der Kapitalfluss wirklich bewegt, wie er sich verändert, und welche Maßnahmen und Aktionen was bewirken. Auch für die Zukunft. Was sich ja mit einem Computer-Programm hochrechnen lässt." Schmunzelnd: „Das lassen wir vielleicht als nächstes entwickeln, wenn sich der Prototyp in der Praxis bewährt hat. Äußerst spannend! Insbesondere dann, wenn der Kunde, der ja seine Prozesse gut kennt, intensiv mit uns als Berater zusammenarbeitet. Denn entscheidend ist oft das Know how, wie sich etwas auch steuerlich auswirkt. Oder welche rechtlichen Konsequenzen sich ergeben."

- Geld hat keine eigene Intelligenz.
- Es fließt dorthin – wohin wir es steuern!
- Je bewusster wir es steuern – desto klarer bleiben wir die Ursache von Kapitalflüssen. Das gilt leider auch umgekehrt – je unbewusster wir die Mittel steuern, desto … Doch das tun wir ja nicht!

Hat jemand gesagt, eine Treuhand-Gesellschaft sei langweilig?

Wir werden das Buch von Luca Pacioli nicht umschreiben. Wozu auch?
Die doppelte Buchhaltung ist sinnhaft, wenn es um Waren und Dienstleistungen geht und um Geld. Doch wenn Frauen und Männer hinzukommen und der Mensch gar in den Mittelpunkt des Unternehmertums rückt – ja, dann mögen die Tage gekommen sein für eine zweite Auflage.
Es könnte eine gute Zeit sein, JETZT, nach weit mehr als 500 Jahren…

CAMINADA

www.caminada.com
Tel.: +41-41-7672525

SHORT CUT

Das englische Wort für leer, empty, stammt sprachlich von einer Wurzel ab, die >in Muße< bedeutet; also >nicht beschäftigt<. Es hat schon seinen Charme, nicht zu sehr beschäftigt zu sein, um dem Kapitalfluss im eigenen Unternehmen nachzugehen. Und Zeit zu haben für neue Wege.

das Leben umarmen
abbracciare la vita

PIROCHE COSMÉTIQUES
MARIO PIRONE

Von welchem Stern ist diese Landschaft? Dieses Land? Es birgt den Atem Italiens. Es hat die Leichtigkeit des Südens mit jenem Flair, das uns schweben lässt und die Illusion nährt, DER SCHWERKRAFT ZU ENTGLEITEN.
Und gleichzeitig den Halt des Nordens: die Berge. Hier mit bizarren Formen. Unvergleichlich – das Glühen der Dolomiten. Flach liegt die Sonne und taucht die weißen Felsen in erhabenes Rot. Irgendwo hier, denke ich, wohnt König Laurin – in seinem Rosengarten. Manche Spitzen zacken wie Weiden in den Himmel, während andere Formationen in endlosen Rundungen in die Ferne locken. Wellen ähnlich.
Dem Meer entgegen.
Südtirol.

Ich wählte den weiteren Weg mit dem Luxus der Zeit. Denn Südtirol ist ein Garten besonderer Art. Die offenen Hügel der Weinberge, die dichten Hänge der Obstgärten. Und ich gönne mir die Freude, über Land zu fahren. Hin zu einem urbanen Flecken in diesem Zauberland. Meran. Und hier, mitten im Gewerbegebiet, umgeben von gesichtslosen Industriebauten, begegne ich dem Haus der Tausend Düfte:
Piroche Cosmétiques.

Ich stehe am Parkplatz und meine zu träumen. Ist das möglich? Ein Orchester feinster Düfte umflort mich und verändert mein Empfinden von Raum und Zeit. Bilder von Gewürzhandel, dem Alten Basar in Istanbul, vermischt mit wundersamen alpinen Düften wie LAVENDEL, SALBEI, LATSCHENKIEFER, THYMIAN.
Geht meine Fantasie mit mir durch? Träume ich?

„Ja und nein“ – lacht Mario Pirone, dem ich kurze Zeit später meine Bilder schildere. „Gerüche gehen direkt ins Gehirn. Werden nicht vom Verstand gefiltert. Dadurch entsteht unmittelbares Erleben und eine ungefilterte Wirkung. Assoziationen tauchen auf und färben unser emotionales Empfinden. Natürlich nicht überall so konzentriert und stark wie hier bei uns.“

Und weiter:
„Düfte wirken positiv auf die Psyche und spielen eine nicht unerhebliche Rolle bei unseren Behandlungen. Doch in erster Linie wirken die speziellen Mischungen an ätherischen Ölen; direkt angewandt am Körper. Ätherische Öle sind eine Welt für sich. Ein eigenes Forschungsgebiet. Wir setzen die feinsten ätherischen Öle ein - auch für unsere Bäderbehandlungen. Für einen ersten Eindruck könnte ich sagen: Die Methodik der Traditionellen Chinesischen Medizin – TCM – ist die Grundlage von Piroche. Erweitert durch Cremen, Geräte und – wie gesagt – ausgesuchte ätherische Öle. Und einiges mehr …“

Ich lasse das auf mich wirken und lehne mich einen Moment entspannt zurück. Wir sitzen in komfortablen Stühlen, ein italienischer Espresso ist mein Begrüßungsgetränk. Freude.
Die Zentrale von Piroche ist ein Mekka der Düfte. Im Haus lagern die allerfeinsten ätherischen Öle. In wundervollen Fässern und Gefäßen. Aus aller Welt. Auch wenn Produktion und Mix der Essenzen in einem gesonderten Trakt geschieht – das Haus ist durchdrungen – und die Umgebung auch – von einem KONZERT AUS AROMEN.
Der Einkauf von Piroche erstreckt sich auf alle Kontinente. Langjährige Kontrakte sowohl mit Spezial-Firmen als auch mit Experten der Pflanzenkunde sorgen dafür, dass die richtigen Ingredienzen den Weg nach Meran finden.

„Made in Italy ist gut," sagt Mario Pirone. „Und von bestimmten Pflanzen gibt es nur ein geringes Kontingent. Daher geht unser Wachstum nur über die Qualität. Sonst würden wir aus allen Fugen brechen. So wachsen wir derzeit organisch mit jährlich etwa 15 Prozent. Und wir haben – was unser KONZEPT in der GESAMTHEIT betrifft – keine Konkurrenz. Was nicht eine Frage des Marktes ist, sondern eine Frage des Bewusstseins und der jahrzehntelangen Erfahrung.
Wir waren Pioniere und sind es geblieben."

Mario Pirone ist ein Mann nach meinem Sinn. Ich frage mich, wie ich ihn am treffendsten beschreiben könnte. Denn er ist einerseits ein „Sir" – jedoch nicht im englischen Sinn; und so trifft das Wort nicht. Ist er ein >Monsieur le Grandseigneur< - in Italien? Auch nicht. Obwohl er fließend französisch spricht, neben Deutsch, Italienisch, Englisch und Spanisch. >Patrone?< Das ist viel zu eindeutig und zu besetzt. Er hat etwas von der Leichtigkeit, weise zu herrschen. In einer äußerst angenehmen und fürsorglichen Art.
So nenne ich ihn einfach Signor Pirone.

Als ich ihn fragte – ob seine Mitarbeiter/innen lange mit ihm sind, sagt er: „Manche ein Leben lang. Und" – dabei schmunzelt er – „ein paar über die Pension hinaus.
Denn ich verstehe unser Unternehmen wie eine große europäische Familie. Wir sind in 13 Ländern aktiv vertreten und manche der Damen und Herren, die mit uns ihr Leben lang gegangen sind, wollen jetzt in der Pension nicht ganz aufhören. Vielleicht aus finanziellen Gründen. Vielleicht aus alter Verbundenheit – am wahrscheinlichsten ist

wohl eine Mischung aus vielerlei Gründen. Und was soll ich machen? Manchmal wäre es günstiger, da und dort nein zu sagen. Doch kann ich das? Ich kann es nicht."

Ich habe großen Respekt, wenn ich auf den Weg dieses Mannes schaue. Ich möchte bei dem Jahr 1975 einsteigen. Damals wurde in Sulden, das ist ein winziges Bergdorf im Vinschgau, westlich von Meran, das größte Hotel weit und breit gebaut.
Ein Riesenkasten in einem Dorf auf 2.000 m – wo sich buchstäblich Fuchs und Hase gute Nacht sagen. Apropos sagen: Auch mit >sagenhaften< Straßen. Sulden ist umgeben von 14 Dreitausendern und der höchste und bekannteste davon ist >König Ortler< mit 3.905 m.
Die Alten nannten Sulden das Sibirien Tirols. „Allwo die Bauern mit den Bären aus einer Schüssel essen und die Kinder mit den Wölfen herumreiten." Dies ist ein Original-Zitat aus einem Text aus dem 19. Jahrhundert. Soweit zu Sulden.
In eben dieses Dorf wurde das größte und komfortabelste Hotel Südtirols gebaut. 1975. Damals schon mit Sauna, einem Hallenbad, einer Beauty-Abteilung. Alles Novitäten, die zu dieser Zeit alles andere als Standard waren.
Signor Pirone wurde der jüngste Hoteldirektor im Land!

„Das war für mich schon eine gigantische Herausforderung. Da oben. Mit den Kommunikationsmöglichkeiten von damals. 1976 haben wir aufgesperrt. Schlechte Zufahrt. Natürlich keine Eisenbahn. Lawinengefahr. Und ich brauchte für dieses Riesending eine Differenzierung. >BE DIFFERENT OR DIE *< - das galt in gemilderter Form natürlich auch damals schon. Und so haben wir das erste Buffet eingeführt. Mittags. Und abends. Und wir gaben den Wein kostenlos dazu! Südtirol hat ja wunderschöne Weine und daher ist Wein einer der Attraktivitäten, weshalb Gäste kommen. Der „all-inclusive-Gedanke" war zu der Zeit noch unbekannt. Wir waren Pioniere. Und die Gäste nahmen das an: Kostenloser Wein – so viel wie jede/r wollte.

Doch sehr schnell, schon nach zwei oder drei Saisonen, konnte ich nicht mehr mit ruhigem Gewissen zusehen. Die Menschen aßen und tranken – sehr zurückhaltend formuliert – bis zum Umfallen. Und ich sagte mir: Das ist ja vollkommen kontraproduktiv zu dem, was ich eigentlich hier wollte. Nämlich so etwas wie einen GESUNDHEITS-TOURISMUS MIT BEWUSSTHEIT aufzubauen. Also habe ich mich auf die Suche nach einer Lösung gemacht."

„Die Wende kam, als Henri Chenot erstmals 1977 nach Sulden zu uns ins Hotel kam und bei einem Kongress über die Kosmetiklinie >Phytobiodermie< sprach. Chenot hatte Biologie studiert, Akupunktur in Thailand gelernt, hatte Erfahrung mit französischer Kosmetik und ein profundes Wissen über chinesische Medizin; TCM. Ich holte Henri Chenot in das Hotel nach Sulden. Wir freundeten uns an, sprachen stundenlang

* „Unterscheide dich – oder stirb." Differenzierung ist der zentrale strategische Punkt. Entscheidend für Unternehmen in gesättigten Märkten. Und: Alle Märkte der Ersten Welt sind gesättigt.

– über Monate hinweg – über diesen vollkommen anderen, gesamthaften Weg; aus östlicher Sicht zu Gesundheit im Allgemeinen und Kosmetik im Besonderen. Und so startete ich 1978 mit dem Bau des >Medical Spa<, das 1979 wohl das erste >Medical Spa Hotel< weltweit war.“ Und das in Sulden. In Südtirol!

WEM GEHÖRT DIE ZUKUNFT?
DEN MUTIGEN.

Das sagt sich so leicht und lebt sich so schwer. Denn es gehört schon eine Riesenportion Courage dazu, auf 2.000 m im Angesicht des alten Ortler in einem Vinschgauer Bergdorf, fernab, ein Unternehmen zu begründen, dessen Kerngedanken sich um Begriffe drehen wie Yin und Yang, Meridiane, Akupunktur, 5 Elemente, Energie, Chi, dem Prinzip Dualität, dem Prinzip Transformation, einer Organuhr...
Wo Wasser als „Phänomen“ verstanden wird und Sätze über ein inneres Ambiente auftauchen in denen es heißt: >Das Meer befindet sich in uns<. All diese Worte, geschweige denn der weite Raum des Wissens dahinter, waren ja vollkommen fremd. 1978. In Sulden!
Wer hat sich denn damals mit Regeneration beschäftigt, mit einem Säure-Basen-Ausgleich? Und bis zum heutigen Tag sind Heilaussagen in Zusammenhang mit Kosmetik schlichtweg untersagt und eine Verbindung zur Medizin – sozusagen als Brücke, im Grenzbereich – wird nach wie vor offiziell geleugnet.

1978 wurde jedenfalls gestartet und schon die ersten Jahre öffneten einen VULKAN AN IDEEN und ein Feuerwerk aus Anziehung und Ablehnung. Eine gesunde Spannung. Eine Reibung – die auch reibt. Die das, was zuviel ist, wegnimmt. Und das, was sein muss und sein will, stärkt. In guter Geschwindigkeit, getragen von einem geschmeidigen Verständnis einer Balance aus Yin und Yang, hat sich das Hotel gedreht. Hin zu einem Ganzjahresbetrieb. Und das Neue hat natürlich auch abgestrahlt und eine Thermik entfaltet. Piroche wurde wahrgenommen, gesehen. Und Erfolg hat – das wissen wir alle - aus sich heraus eine eigene Sprache.
>Nichts ist so erfolgreich wie Erfolg< kann - bei aller Skepsis vor einer Absolutierung des Erfolgs - doch in eine gute Richtung weisen.

1981. Piroche wurde gegründet. Der Name setzt sich aus den Anfangsbuchstaben PIROne und CHEnot zusammen. Mario Pirone hat die Firma geführt – Henri Chenot brachte das Wissen der TCM und der Ernährungslehre ein und leitete das >Medical Spa Center.< 1982 kamen die ersten Produkte auf den Markt.
>Piroche srl< – der Firmenname; >Piroche Cosmétiques< – die Marke.

1985 wurde Sulden aufgegeben und ein feines Hotel in Meran, die Villa Eden, wurde eine Art Kultpunkt für ein neues, tieferes und umfassenderes Verständnis von Kosmetik. Das, was wir heute unter dem Begriff >Testimonial< aus der Werbesprache kennen, begann zu wirken. Testimonials sind reale Kunden, Prominente, meist Künstler oder Spitzensportler, die von einem Produkt oder einer Dienstleistung überzeugt sind und mit ihrem Namen dafür eintreten. Durch Anwendung. Dadurch entsteht natürlich ein Imagetransfer. In unserem Fall von beachtlichem Ausmaß. Männer (!) wie Diego Armando Maradona, in den 1980ern der Top-Star, der Paganini des Fußballs, kamen in die Villa Eden. Oder Luciano Pavarotti, dessen göttliche Stimme die Welt kennt. Oder Familien wie die Fendi oder Mandelli, auch Politiker wie der siebenfache italienische Ministerpräsident Giulio Andreotti, um nur ein paar zu nennen. Bald war die Villa Eden zu klein und Piroche zog in das größere Hotel SPA Palace Merano*****. Um die Jahrtausendwende trennten sich dann die Wege der beiden Gefährten Mario Pirone und Henri Chenot. Warum?

„Henri Chenot wollte mit einem deutschen Konzern den Weg weitergehen, ich wollte das mir ans Herz gewachsene Konzept der Firma Piroche weiterführen. Wir haben beide Wege fair miteinander überlegt und abgewogen. Und jeder von uns beiden hat gespürt, wo es ihn hinzieht.
So kaufte ich die Anteile von Henri und baute die Marke Piroche Cosmétiques weiter aus. Vertiefte vor allem unser einzigartiges Ausbildungs-Konzept und investierte in den Neubau hier in Meran. Es sind gute Jahre, arbeitsintensiv, und doch getragen von einem Geist des Immer-Neuen. MIT GUTEN RESULTATEN."

Ich bemerkte: „Signor Pirone, ich höre auf Ihre Sprache und das Wort Resultate kommt oft."
„Wirklich? Nun, darum geht es mir letztlich. Das ist meine zentrale Ausrichtung. RESULTATE ENTSTEHEN ZU LASSEN, Resultate zu bewirken.

Denn Piroche Cosmétiques will verstanden werden. Es sind keine Produkte, die in Supermärkten gekauft werden können. Piroche Cosmétiques ist eine umgesetzte, angewandte Philosophie, die das geheimnisvolle Leben der Pflanzen – und vor allem deren aktive Prinzipien – in ein ausgewogenes Lebensverständnis überträgt und anwendet. Daher geben wir so gut wie kein Geld für Werbung aus. Wir investieren am meisten in die Ausbildung von Kosmetiker/innen und Masseur/innen.

In der Firma steht ein ganzes Stockwerk ausschließlich für Schulungen zu dieser einzigartigen Kosmetiklinie zur Verfügung. Hier lernen ausgebildete Kosmetikerinnen, die Methode anzuwenden. Und sie erfahren sehr viel über die Hintergründe. Über das GEHEIMNIS DER ÄTHERISCHEN ÖLE, über die nicht zu überbietende Sorgfalt, mit der die Pflanzen weltweit gesucht und aufbereitet werden, über jene Balance, die entsteht, wenn Yin und Yang im Körper im Gleichklang sind. Sie lernen, die Yang-Prozesse zu verstehen und wie sie körperlich, mental und emotional wirken. Welche Organe wie davon berührt werden und das gleiche natürlich auch mit Yin. Und sie erfahren durch Anwendung am eigenen Körper, wie das Konzept umgesetzt wird und wirkt.

Das ist auf der einen Seite eine Art Studium, auf der anderen Seite eine enorme Bereicherung für das Verständnis des eigenen Lebens und der Abläufe in der Natur insgesamt. Hinzu kommt ganz pragmatisch ein schwer zu überbietender Wettbewerbsvorteil. Eine Differenzierung, die jedem Kosmetik-Studio und jedem Hotel, jedem SPA … eine WUNDERBARE MÖGLICHKEIT bietet, Beautyprodukte grundlegend anders zu verstehen und anzubieten. Das ist ein enormer Wettbewerbsvorteil für das jeweilige Hotel; meist ein Alleinstellungsmerkmal.

Eingebunden in eine ZYKLISCHE, RHYTHMISCHE LEBENSSICHT, gepaart mit einem Tiefenverständnis über die einzelnen Organe, auch der Haut, über Wirkungen von außen, beispielsweise durch Cremes und Wirkungen von innen, wie durch Bäder. Jeder Behandlung geht eine sorgfältige Anamnese voraus. Dieses Wort kommt aus dem Griechischen und bedeutet: Wiedererinnerung. Und tatsächlich geht es bei der Meridianarbeit, bei dem gesamten Bouquet dieser Arbeit um eine Wiedererinnerung an das Wohlgefühl eines schönen, gesunden Körpers.

Piroche Cosmétiques ist eine Kosmetik, die DEM CHI VERPFLICHTET ist, der Energie des Lebens und der Balance. Also jenem Ausgleich, der das Wesen eines gut gelebten Lebens ist. Durch diese Kunst wird Kosmetik auch zu einer Art Gesundheitsvorsorge, deren Ergebnis jene Schönheit ist, die Menschen sanft von innen her nährt. Und wo etwas sichtbar wird, das sich schwer in Worte fassen lässt, da es die Ebene der Empfindung einbezieht. Wie eine sanfte Berührung, die das Wunder der Pflanzen den Poren des Körpers schenkt.

Signor Pirone:

„MAN MUSS DAS INNERE UND DAS ÄUSSERE,
DAS WEICHE UND DAS HARTE MITEINANDER VERBINDEN,
UM DAS HÖCHSTE ZIEL ZU ERREICHEN.
DIE BESTEN RESULTATE.“

Mario Pirone und seine Frau Lucia haben zwei Töchter: Sonia und Deborah. Und es ist wunderbar im Sinne der Kontinuität der Methodik und der Unternehmensführung, dass beide Töchter in der Firma arbeiten.

Sonia leitet das Management von Piroche. Deborah ist promovierte Pharmazeutin und für Forschung und Entwicklung neuer Produkte verantwortlich. Das bedeutet, sie ist auch haftbar, sollte eines der Produkte den strengen Regeln des Marktes nicht entsprechen. Beide Töchter sind in das Unternehmen hineingewachsen und haben die Liebe zu dieser Methodik übernommen, die im Grunde eine Lebenshaltung ist.
Und beide wissen, über die Jahre erfahren und vorgelebt von den Eltern: Es gibt eine Kosmetik, die jenseits konventioneller Kosmetik funktioniert.

Ursprünglich entwickelt in einem schmalen Bergdorf im Vinschgau.
Mit Resultaten, die aus einem tiefen Verständnis für die AKTIVE WIRKUNG DER PFLANZEN kommt. Eingebettet in eine umfassende, grundlegende Weisheit zur Lebenskunst. Angewendet von KosmetikerInnen in etwa 6.000 Hotels, Studios und Praxen in 13 Ländern. Bis nach Singapur. Mit einer Produktlinie, die Yin und Yang ausgleicht. Und einer Innovation in Richtung Raumduft, für die das Wort >Duftmarketing< einfach zu flach ist.

Ein Beispiel, das zeigt, was alles möglich ist, wenn sich jemand riskiert. Muster bricht. Konventionen verlässt. Und an eine Möglichkeit glaubt, die das Leben umarmt.

PIROCHE

www.piroche.com
Tel.: +39-0473-235060

SHORT CUT

Die wichtigste Eigenschaft ist Offenheit für eine Erfahrung.
Wer Kosmetik neu anwenden will – Piroche Cosmétiques.

Hinweis:
Piroche strukturiert während der nächsten Jahre die Organisation für den deutschsprachigen Raum neu. Wer hier eine Gelegenheit für sich sieht – bitte mailen an: info@piroche.com.

Ja
es
ist
möglich

CENTRO D'OMPIO
PIUS LEUTENEGGER

»Die höchsten Werte im Leben sind jene,
die sich nicht in ihr Gegenteil verändern lassen.«
Buddha

Einst wurde Gautama Buddha gefragt: »Hat der Erleuchtete Freunde?« Und Buddha antwortete: »Nein.« Der Fragende war schockiert. Er dachte, jemand, der erleuchtet ist, muss die ganze Welt zum Freund haben.
Doch Buddha sagte »nein« – weil sich ein erleuchtetes Bewusstsein jenseits von Freundschaft oder Feindschaft bewegt. Und Buddha fügte hinzu: »Merke dir dieses Kriterium: Die höchsten Werte im Leben sind jene, die sich nicht in ihr Gegenteil verändern lassen. Genauer noch: Sie haben gar kein Gegenteil.«

Buddha meinte: Natürlich können Erleuchtete Feinde haben. Viele sogar. Doch was sie selbst angeht – sind sie mit niemand verfeindet. Und aus diesem Bewusstsein erblühen WOHLWOLLEN, MITGEFÜHL, OFFENHEIT, FREUNDLICHKEIT, Empathie als bedingungsfreie **LIEBE**. Als Tanz zwischen einem Individuum und der gesamten Existenz, mit allem:. Menschen, Bäumen, Tieren, Sternen... Dieses Mitgefühl bezieht alles ein. Denn es strömt aus einem erwachten Bewusstsein wie das Licht aus der Sonne.

Mit dem Centro d'Ompio, im Piemont, am Lago d'Orta – ist durch engagierte Mithilfe vieler Menschen über zwei Jahrzehnte hinweg ein Ort der Gast-Freundschaft und Lebensfreude entstanden. Ein Platz, der sich der VERANKERUNG DER BEWUSSTHEIT IM PRAKTISCHEN LEBEN widmet. Ein Ort, der sich der Welt schenkt. Ein Ort, wo sich Wandel und Leuchten eines jeden Einzelnen entfalten kann. Ein Ort der Kraft. Der Lago d'Orta liegt malerisch westlich des Lago Maggiore.

Pius Leutenegger: »Immer, wenn wir uns als feste Identität betrachten, uns in einer Rolle verlieren – und beispielsweise sagen: ›Ich bin ein mitfühlender Mensch; ich bin ein spirituell Suchender; ich bin ein argwöhnischer Typ; ich bin X...‹ – verfangen wir uns in einem Selbst-Bild – einem mentalen Konzept, einem Konstrukt.
DOCH IN JENEN MOMENTEN, IN DENEN WIR MIT UNSERER ESSENZ IN BERÜHRUNG SIND, ERFAHREN WIR UNS FREI UND UNMITTELBAR. Als dieses strahlende Wesen, das in diesem Augenblick lebendig ist. Denn unser tiefstes Wesen ist Liebe.
Und aus dieser Tiefe, aus dieser Mitte heraus strahlen wir etwas von der Schönheit, dem Frieden, dem Angekommen-Sein im Jetzt – der Liebe – in die Welt. Und beziehen es in unser Tun ein. Was immer das ist. Es mag das Schälen von Kartoffeln sein, das Jäten von Unkraut, das Leiten eines Seminars, oder ein absichtsloses Sitzen auf der

Terrasse, wo der Blick vom Hügel hinab zum Ortasee gleitet, hinüber zur Isola San Giulio mit dem uralten Frauenkloster, von dort zu den Kirchtürmen und Kapellen des Sacro Monte. Dieser ›heilige Berg‹ ist ein UNESCO-Kulturerbe, das dem Wirken des heiligen Franziskus gewidmet ist. Franziskus, der Strahlende, der jenseits der Schwelle der Angst das absolute Vertrauen und Verbunden-Sein vorlebte. Auch er selbstlos, mit niemandem verfeindet, lebte ein höheres Menschsein vor. Er ist für mich ein Sinnbild und eine Kraftquelle.«

Pius ist Schweizer. Geboren in Bern. Er hat langjährige und vielseitige Erfahrung als Therapeut in humanistischer Psychologie sowie als Projekt- und Seminarleiter. Nach jahrzehntelangem Wandern findet er – oder vielmehr findet ihn – 1985 ein großes Stück Land, ein weiter, idyllisch gelegener Hügel. Mit einer unvergleichlichen Pflanzenpracht. Dicht. Wild. Ein URWALD IM SÜDEN. Mit Terrassen, alten Wegen, einem verlassenen umgebauten Bauernhaus, einem großen Schwimmbad und – mit großem Potenzial.

Pius erzählt im Rückblick: »Neben anderen spannenden Tätigkeiten gab ich 15 Jahre lang Einzelsitzungen, in denen ich Menschen auf dem Weg zur TRANSZENDENZ begleitete. Mit der Zeit erkannte ich, dass es für mich notwendig ist, in einem größeren Maß zu wirken und einen Platz für Wandel und Transzendenz zu schaffen. Genau genommen einen Platz des Fühlens, des bewussten Verbundenseins, aus dem dann ein anderes Denken entspringt, das zu einem veränderten Handeln führt. Einen Platz zur Schulung des Bewusstseins, was auch bedeutet, den ganzen Menschen samt seinen Schattenseiten zu integrieren.
Mein Anliegen kommt aus einem spirituellen Raum. Die Ausrichtung ist Transformation. In all den vielen Jahren, die ich nun mit dem Platz verbunden bin, habe ich mich natürlich immer wieder gefragt: ›Was ist der tiefere Sinn all dieses Strebens?‹ – DAS STRAHLEN IN DEN AUGEN DER MENSCHEN, die im Laufe der Zeit aus praktisch allen Ländern der Welt zu uns kamen, ist Lohn und Antwort zugleich.«

Das Centro d'Ompio ist einer der führenden Plätze Europas, deren Fokus die Förderung des menschlichen Potenzials ist. Ein Lernen – diese wunderbare menschliche Fähigkeit! – welches über unseren letzten Atemzug hinaus geht.
Auf dass wir fähig werden, diese einmalige Erde so mitzugestalten, dass Friede, Freude und Mitgefühl als verankerte kulturelle Werte unserer Zivilisation gelebt werden.

Pius dazu: »Die Fähigkeit zur Transzendenz ist die Fähigkeit, sich zu erheben, über etwas hinaus zu gehen. Das ist ein wesentliches Merkmal unserer menschlichen Natur. Die Frage, die sich dabei stellt, ist: Über was hinaus zu gehen? Die Antwort darauf: über unsere Begrenzungen. Über unsere Enge – und damit ÜBER UNSERE ÄNGSTE. Doch dieses ›Darüber-hinaus-Gehen‹ ist kein Fortgehen – sondern ein ›In-sich-Gehen‹; ein Bewusstmachen jener hemmenden Aspekte in uns, die den Einzelnen daran hindern, ein erfülltes Leben zu leben. Bewusstseinsarbeit ist im Kern nichts anderes, als Unbewusstes ins Licht des Bewusstseins zu heben. Dabei brauchen wir nichts zu verdrängen und nichts wegzudrücken und keinen wie auch immer gearteten Krieg mit uns zu führen. Der bewährte Vergleich mit Licht und Dunkelheit zeigt uns deutlich: Die Dunkelheit von Jahrzehnten verschwindet, wenn wir ein Licht anzünden. Es ist unerheblich, wie alt und wie fest oder wie dick oder wie schwer die Dunkelheit ist.
Umgesetzt auf das menschliche Bewusstsein bedeutet dies: Es hat wenig Sinn, die Dunkelheit zu analysieren, sie endlos zu definieren, mit ihr zu ringen. Dunkelheit ist die Abwesenheit von Licht.«

Das Centro d'Ompio ist ein LICHTPLATZ. Tausende und Abertausende kamen im Laufe zweier Jahrzehnte. Frauen und Männer. Therapeuten und Weisheitslehrer mit international bekannten Namen. Große Gruppen. Kleine Gruppen. Einzelsitzungen. Pionierarbeit wird und wurde hier geleistet und manches, was heute vertraut klingt, nahm im Centro d'Ompio seinen Anfang. Pius ging es vor zwanzig Jahren auch darum, einen Platz für seine eigenen Seminare zu schaffen. Doch dazu kam er kaum. Die vielfältigen Herausforderungen des Platzes, die Neubauten der in die Natur eingebetteten Seminarräume, die Renovierungen, der laufende Betrieb mit all den Detailanforderungen beanspruchen den grössten Teil seiner Zeitkapazität.
Heute hat das Centro d'Ompio in der Hauptsaison (Mai–Oktober) einen Nachfrage-Überhang – was bedeutet: Mehr als die Hälfte aller Anfragen müssen abgelehnt werden. Allein die Warteliste könnte einen zweiten Betrieb füllen – und darüber möchten wir auch sprechen. Etwas später.

Pius Leutenegger: »Ich nehme selbstverständlich keinen Einfluss auf die Seminare. Das ist mit meinem Verständnis von ACHTSAMKEIT UND RESPEKT vor der Integrität der jeweiligen Seminarleiter unvereinbar.

»WALK YOUR TALK« – »lebe das, was du sagst« – diese indianische Weisheit wurde zu einer Art Leitmotiv für das Centro d'Ompio. Millionen von Menschen haben in unseren Tagen einen Einblick in das Erwachen ihrer wirklichen Natur. Leider meinen die Einzelnen, das sei nur ihr persönliches Erleben – und übersehen das Kollektive der gegenwärtigen Bewusstseins-Transformation. Zudem sind diese Erfahrungen selten stabil; gleichzeitig werden sie nie wieder ganz vergessen; höchstens verdrängt. Was uns heute herausfordert, ist die Verwirklichung dieses neuen Bewusstseins in unserem Alltag! In unseren Beziehungen. Nicht nur in der Beziehung zu uns selbst und zu unserer Partnerin, unserem Partner, sondern auch in der Bezogenheit in unserem Beruf und darüber hinaus. ›An ihren Früchten werdet ihr sie erkennen‹, sagte der Meister vor 2.000 Jahren.

›UNSER WISSEN ZEIGT SICH IN UNSEREN HANDLUNGEN‹ ist das Credo, das sich auch hier im Centro d'Ompio manifestiert. ›Erkenntnis hat erst einen Wert, wenn sie gelebt wird. So wird sie in die Welt geboren‹, sagt Eckhart Tolle, mit dem das Centro d'Ompio in Verbindung steht.«

Pius: »Arbeit ist in erster Linie Arbeit an uns selbst. Und hier vor allem an unseren Beziehungen. Und aus der Sicht des Therapeuten: An der Beziehung zu unserem Körper! Denn da zeigt sich am deutlichsten eine subtile Trennung zwischen Geist, Seele und Körper. Nur zu leicht schleicht sich hier ein Dualismus ein, der den Geist erhöht und den Körper erniedrigt.«

Pius zeigt auf eine Postkarte und liest vor: »Der Körper ist nur ein Gefäß, ABER es dient dem Göttlichen als Wohnung« – indische Weisheit steht darunter. »Genau das meine ich, wenn ich von einem sehr feinen und doch durchgängigen Dualismus spreche. Hier wird der Körper abgewertet, das Göttliche sublimiert.« Und weiter: »Das ist einer der sensiblen Punkte hier im Centro d'Ompio. Denn wir haben auf der einen Seite ein Team, das die anforderungsreiche Aufgabe der gastronomischen Dienstleistung zu erfüllen hat. Und auf der anderen Seite ein Feld für Bewusstseinsarbeit. Es bedarf hoher Wachheit von allen Beteiligten, hier in keine Wertung zu gehen. Das Team könnte dazu neigen, die Arbeit in den Workshops höher zu stellen und sich damit abzuwerten. Das gilt ebenso für die Gäste und teilweise auch für die Seminarleiter. Wir dürfen nicht vergessen, dass wir hier auch Menschen anziehen, die in einer Art Sucher-Identität gefangen sind und Ausschau nach spirituellen Gipfel-Erfahrungen halten. ›Ich bin ja soo spirituell…‹ Dadurch wird ein Dualismus genährt, der beispielsweise den Abwasch als ›niedrig‹ und Meditation als ›hochwertig‹ und daher wichtiger betrachtet.«

Wir nähern uns damit einem anderen Punkt, der sehr leicht missverstanden wird. **Nämlich dem unterschiedlichen Wirken der kosmischen Gesetze im Verhältnis zu den ökonomischen.** Hier werden enorm leicht – und oft – die Ebenen verwechselt!

Beispiel: JE MEHR LIEBE WIR GEBEN, desto mehr Liebe empfangen wir auch. Desto größer wird der Raum der Liebe in uns. Je größer diese Liebe in uns, desto höher auch unsere Bereitschaft zu akzeptieren. Einverstanden zu sein. Und in einer tiefen Verbundenheit und Nicht-Verurteilung im Leben zu stehen.
Auf einer anderen Ebene und aus **ökonomischer Sicht** gelten andere Gesetze. Wir können nicht mehr an Waren geben als wir an Geld – als Medium des Austausches – dafür erhalten.

Pius Leutenegger: »Wir haben hier im Centro d'Ompio das Kunststück zu vollbringen, **vier Schalen gleichzeitig in Balance zu halten.**

1) DIE KOSMISCHE SCHALE. Dies ist die Schale der Bewusstheit – die wir Liebe nennen können. Als Überbegriff. Als jener ›höchste Wert, der sich nicht in sein Gegenteil verändern lässt.‹ Hier gilt: ›Wer gibt, dem wird gegeben.‹ Je mehr Liebe wir geben, desto grenzenloser der Raum.
2) DIE MERKANTILE SCHALE (lat. ›mercari – Handel treiben‹; ital. ›mercante – Kaufmann‹). Das Centro d'Ompio als Domizil für Seminare mit dem entsprechenden Equipment, mit Unterkunft und Verpflegung steht natürlich im Wettbewerb und damit im Vergleich mit anderen Häusern. Und an diesem Punkt wird meist der Preis verglichen. Der Preis für den Seminarraum, für die Unterkunft, für die Verpflegung. Hier brauchen wir Wettbewerbsfähigkeit. Die parkähnliche Gartenanlage sowie das großzügige Schwimmbad sind eine Exklusivität, die bezüglich Unterhalt und Pflege ihren Preis hat.
3) DIE FISKALISCHE SCHALE. Der Staat mit seinem Steuersystem ist überall der Dritte im Bunde. Und der Staat definiert Unternehmen als zweckgebundene Gebilde, um einen Mehrwert zu erwirtschaften; und dieser unterliegt der Steuer.
4) DIE SCHALE DER BANKEN. Wir leihen uns Geld von der Bank, feuern damit unser Geschäft an und müssen dieses Geld mit Zinsen wieder zurück bezahlen. Kulturelle, ökologische und soziale Werte haben kein Gewicht.«

Pius: »Durch die bei uns angebotene Bewusstseinsarbeit ist die erste Schale selbstverständlich im Vordergrund. Bei den Gästen, im Team. Und natürlich auch bei meiner Familie und mir.
Gleichzeitig: Wir feiern 20-jähriges Bestehen, weil wir auch die drei weiteren Schalen in einer guten Balance halten, was eine Herausforderung ist. Es braucht Wachheit und Verständnis, damit die unterschiedlichen Ebenen harmonisch funktionieren.

Um dieses Verständnis zu fördern und auch den Platz für Menschen zu öffnen, die sich für einige Zeit in einem solchen Bewusstseinsfeld bewegen möchten, wird im Centro d'Ompio eine spezielle Struktur geschaffen: die ›Academy of Awareness‹.
Dieser Bildungsweg führt über Erfahrung, Reflektion und Wissen zu Achtsamkeit und Präsenz. Es geht um die Verbindung von innerer Arbeit und äußerer Arbeit. ›Freude und Bereitschaft zur Arbeit an sich selbst‹ ist die Ausrichtung.

Und für Menschen, die für eine überschaubare Zeit im Centro d'Ompio mitleben wollen, gibt es zwei verschiedene Angebote:

a) Working guests

Ein Programm für 4 Wochen. 4 Stunden arbeiten – dafür Unterkunft und Verpflegung frei.

b) Work, study & play together

Dieses Programm dauert 1 bis 3 Monate.
Monatstrainings gemäß Programm, mit einem finanziellen Beitrag für den Unterricht.
4 Stunden arbeiten – für freie Unterkunft und Verpflegung.

In beiden Programmen ist Arbeit gleichzeitig das Üben und Vertiefen von Schlüsselqualifikationen wie:

- Achtsamkeit
  Achtsamkeit ist der Schlüssel zu Bewusstheit, der im Centro d'Ompio in einem konfessionsfreien Raum erprobt wird. Wir finden Achtsamkeit auch in vielen Traditionen im Schamanismus, in der christlichen Nächstenliebe oder als Grundelement des Buddhismus.
- Emotionale Intelligenz
- Gewaltfreie Kommunikation durch Authentizität im Gespräch
- Selbst- und Fremdwahrnehmung
- Vertikale Flexibilität
  Gemeint ist damit ein Verständnis darüber, dass unsere Werte unsere Handlungen treiben. Werte sind Handlungstreiber – verkürzt gesagt. Wenn wir nun tiefer gehen, vertikal, so nähern wir uns dem Boden unserer Werte in uns.
- Organisatorische Kompetenz durch Integrität.

Auch hier gilt wieder:
›WALK YOUR TALK.‹

Pius: »Das Centro d'Ompio ist nicht eigentlich ein Retreat-Platz, also kein Rückzugsort; es geht vielmehr um ein ›together‹, um ›gathering‹ – also um ein SINNSTIFTENDES ZUSAMMENSEIN, IN DEM AUCH STILLE RAUM HAT. Durch die Größe des Platzes findet eine Durchmischung von Alt und Jung statt, von Menschen aus den verschiedensten Nationen, unterschiedlichen Kulturen und Sprachen ... all das finde ich wunderbar.
Auf der Ebene des Erreichten baut unser Zukunftsbild auf.«

Pius verrät, wie dieses Zukunftsbild aussieht: »Ja, wir haben große Pläne. Ich bin jetzt im 60. Lebensjahr und will den Platz während der kommenden Jahre weiter entwickeln und mit vielen Menschen teilen. Die nächsten Schritte stehen an:
Wir führen das Centro d'Ompio 2007 aus meinem Privatbesitz in eine juristische Person. Eine italienische ›Società responsabilità limitata‹ mit dem klingenden Namen ALL MUNT OMPIO, abgekürzt: AMO, was übersetzt ›ich liebe‹ bedeutet.

MEINE ABSICHT IST ES, DIE GÄSTE AM CENTRO D'OMPIO MITZUBETEILIGEN, IHNEN ANZUBIETEN, TEILHABER UND MITGESELLSCHAFTER ZU WERDEN. **ACHTSAM**. DAFÜR GIBT ES EIN INTELLIGENTES UND ATTRAKTIVES BETEILIGUNGSMODELL, DAS DEN GEIST DES NEUEN ATMET.«

Besonders attraktiv auch deshalb, weil es für praktisch jede Geldbörse ist und: Weil das Centro d'Ompio die Baugenehmigung hat, um in einem nächsten Schritt die bestehenden Anlagen zu modernisieren, auszubauen und durch Neubauten zu erweitern. Das soll in einem 1. Schritt 2008 geschehen. »Denn wir könnten die doppelte Anzahl von Menschen ohne die geringste zusätzliche Werbung beherbergen. Und die Mitarbeitenden sowie der Platz tragen das mit Freude.«

Ein attraktives Beteiligungsmodell steht. Schon mit Beiträgen von € 1'000 bis € 5'000 – und natürlich auch mit größeren – lassen sich geplante Ziele erreichen.
Die Beteiligungsbeträge werden insgesamt besser verzinst als banküblich.
Mit zwei Wahlmöglichkeiten für die Zinsen als Angebot:
a) in Geld – die Zinsen werden in Geld ausbezahlt
b) in Konsum – die Zinsen können konsumiert werden: im Centro d'Ompio.
Vielen Menschen ist das »Centro« – wie es liebevoll genannt wird – sehr ans Herz gewachsen. Diese wissen, dass ein kraftvoller finanzieller Schub das Centro d'Ompio für die Zukunft rüstet und sein volles Potenzial ins Licht bringt.

Der rebellische Traum von Pius ist, einen Ort von atemberaubender Schönheit zu kreieren, der die Seele vibrieren lässt – auch durch einen anderen Umgang mit Geld. Das Thema Geld mit der Kraft des Bewusstseins zu durchdringen und dadurch sehr praktisch zu zeigen: JA, ES IST MÖGLICH! ES GELINGT!

Es ist möglich, Geld solide anzulegen,

- abgesichert durch Grund und Boden
- und gleichzeitig ein Bewusstseinsprojekt zu fördern
- und dafür mehr als nur Zinsen zu bekommen.

Ein Projekt, das dem hier eingesetzten Geld den Charakter des Transluzenten gibt. TRANSLUZENZ IST DIE QUALITÄT, DIE ENTSTEHT, WENN LICHT UND LIEBE DURCH ETWAS HINDURCH SCHEINEN.

In diesem Fall durch Geld, durch die Form der Beteiligung, durch die Ethik des Umgangs und durch die Achtsamkeit für alle Beteiligten.
Auch für die Natur.

Pius: »Viele Menschen sagen: ›Bei Geld hört die Freundschaft auf.‹ Und ich sage: Bei Geld kann sich die Freundschaft in der materiellen Wirklichkeit vertiefen. Denn Geld kann uns lehren, meisterhaft Energien zu lenken.
Unsere eigenen Energien! GEMEINSAM SIND WIR STARK GENUG, DIESEN KOLLEKTIVEN TRAUM AUF DER ERDE ZU REALISIEREN.

Im alten Paradigma bringt uns Geld mit Angst und mit Enge in Verbindung. Geld ist dort wie ein großes Tabu – über dem ein Mantel des Schweigens liegt. ›Geld hat man – über Geld spricht man nicht‹: Dieser Spruch ist tiefer verankert in unseren Körperzellen als wir annehmen.«

Und Pius – außergewöhnlich für einen Mann aus Bern – redet sich in Fahrt: »Das Wort ›Tabu‹ kommt aus dem Sprachraum Polynesiens; ›tapu‹. Und nimmt von dort die ursprüngliche Bedeutung mit, nämlich ›unheimlich, gefährlich, verboten‹.
Ein Tabu wirkt wie ein Stigma. Sigmund Freud zentrierte den Begriff auf den psychologischen Mechanismus ›Feindseligkeit‹.«

»Was wäre, würden wir das Tabu – also das Stigma, das Brandmal – des Geldes brechen? Wenn wir kollektiv Angst, Scham und Schuld in Zusammenhang mit Geld fallen lassen würden? Wie ein Korsett, das wir endlich aufschnüren, um frei zu atmen? Die Zeit ist reif, die Menschen auch.
Wir alle sind Co-Kreatorinnen und Co-Kreatoren dieser Zeit. Jetzt! Mit unseren täglichen Entscheidungen nehmen wir Einfluss auf die Gestaltung unserer Welt. Besonders mit unserem Geld. Deshalb: Ich will es wagen. Lade dazu ein. Rufe auf. Und ich stelle hier mit dem Centro d'Ompio Grund und Wert als Sicherstellung zur Verfügung für jene Menschen, die sich in einem guten Geist an diesem Projekt mit Geld beteiligen wollen. In überschaubaren Tranchen. Festen Laufzeiten. Mit fairen Zinsen.«

Das markige Gesicht von Pius bekommt eine eigenwillige Entschlossenheit: »Dieses Projekt verstehe ich als ein ›Projekt im Projekt‹ des Gesamten. Wir feiern 2007 unser 20-jähriges Jubiläum. Ich bin kein Heißsporn – doch ich bin überzeugt, dass wir gemeinsam mit unseren Gästen, die unsere Freunde sind, etwas auf den Boden bringen, das ein Beispiel setzt.
Ein leuchtendes Beispiel für das Bewusstsein einer Neuen Zeit. Und damit einer Neuen Wirtschaft aus einer Haltung des freundschaftlichen Verbundenseins – auch dem Geld gegenüber.«

CENTRO D'OMPIO

www.ompio.org
Tel.: +39-0323-888967
Details zu dem Herzensprojekt von Pius Leutenegger unter:
www.ompio.net
Mail: pius@ompio.org

SHORT CUT

Entfalte dein Bewusstsein.
Lebe es.
Ja. Es ist möglich. Es gelingt!
Freude!

einfach
menschlich

SPANNERWELT

HELMUT SPANNER. THOMAS BLEUL.

Als ich das erste Mal mit Helmut Spanner telefonierte, wuchs mit jedem Wort von ihm das Lachen in meinem Leib. „Ja, das hört sich g'scheit an.“ „Dann schau'n wir mal.“ „OK, dann treffen wir uns halt.“ „Gut, da tun wir gerne mit.“

Es gibt ja nicht >den Berliner< oder >den Wiener< oder den >Schweizer< - doch haben wir nicht alle Bilder in uns, die genau das Gegenteil sagen?
Jedenfalls alles, was sich im Laufe der Jahre in mir unter „Bayern“ gespeichert hat – Helmut Spanner erfüllt es. Auf eine wunderbare, unnachahmliche und äußerst sympathische Weise. Er mag Weißbier, ist nicht gerade spindeldürr, urgemütlich und gescheit, liebt das Leben, seine Frau, seine Kinder, seine Leut' - und lässt auch andere leben. So ist es. Helmut hat Handschlagqualität. Eine ebenso berührende wie direkte Menschlichkeit.
In all den Gesprächen und Begegnungen mit Helmut Spanner für dieses Buch-Projekt war stets beides gegenwärtig: Konzentration auf die Sache selbst und jene entspannte Herzlichkeit, die dem Moment eine humorige, leichte und auch tiefe Seite gibt. Je nach dem, was es gerade braucht und was ansteht.

Vorab: Der Mittelstand ist die Basis deutscher Wertarbeit. Und es sind Betriebe wie die Otto Spanner GmbH, die den Ruf der deutschen Wirtschaft im täglichen Tun beweisen und erneuern. Hier paart sich auf eine ebenso unspektakuläre wie verlässliche Art ein solides Fundament aus Beständigkeit mit jener evolutionären Zukunftskraft, die das Heute gestaltet mit Blick auf die Generation von morgen.
Das Wort Verantwortung hat hier Gewicht. Und Fleiß wird weniger als Tugend verstanden – das auch – sondern eher als EHRENSACHE. >Das, was wir tun, tun wir richtig; oder gar nicht.< Keine halben Sachen!

Helmut Spanner ist in den Familienbetrieb hineingeboren. Firmengeschehen war Familienleben. Seine Eltern haben die Werkstätte begründet und hochgezogen zu einem mittelständischen Betrieb. Press- und Stanzteile werden hier gefertigt. Die Spanner GmbH ist ein Metallverarbeitungsbetrieb für funktionale Bauteile.
BMW, Porsche, Volvo, Faurecia, Webasto oder die AEG – sind langjährige Partner. Die Verbindung aus Qualität einerseits und Flexibilität anderseits sind die Kerntugenden der heutigen Spanner-Werke im niederbayrischen Bayerbach, in Neufahrn und in der Slowakei in Povazká Bystrica.
Helmut hat Maschinenbau studiert, ist als Diplom Ingenieur 1994 in die Firma eingestiegen und übernahm die Alleinvertretung von Vater Otto im Jahre 1997. Helmut Spanner gehört zu jenen Männern, die sagen: >Ich bin gerne verheiratet< und seine Frau Maria sagt das auch. Laura und Christoph sind die Kinder der nächsten Generation. Das kurz zur Vita und als Orientierung.

Hier, aus dem niederbayrischen Bayerbach, hat sich die SpannerWelt geformt. Das Unternehmen gehört heute zu den besten des Landes, zu den Top-Betrieben des Freistaates, was organisches Wachstum betrifft. Und das in einem fühlbar entspannten, menschlichen Klima. Nirgendwo diese sterile, klinische Effizienzsymptomatik. Keine geschniegelten Gestalten. Keine unnötigen Symbole. In allen Gebäuden und Hallen eine angenehme Rhythmik, die mit dem mitschwingt, was ansteht.
Und als ich Helmut in eines der Lager begleite und mit Mitarbeiter/innen spreche, wird etwas von dem Geheimnis deutlich, das die Kultur dieses Unternehmens prägt: MENSCHLICHKEIT.
Das Unternehmen baut auf Menschen wie Wolfgang Obermaier, der schon seine Ausbildung bei Spanner machte und über die Jahrzehnte das wurde, was ein >Werk< auch zum Lebenswerk einzelner schmiedet. LOYALITÄT ist dabei eines der Geschenke, die mit keiner Summe der Welt gekauft werden können. Wolfgang Obermaier prägt heute die Geschicke der Otto Spanner GmbH als Prokurist und leitet das Presswerk in Bayerbach.

Helmut Spanner:

„ARBEIT IST EIN SO ZENTRALER PUNKT IN UNSEREM LEBEN, DASS DIE QUALITÄT DER ARBEIT DIE QUALITÄT UNSERES LEBENS BESTIMMT.
Wenn eine Arbeit für einen Menschen stressig ist, führt dieser ein gestresstes Leben. Wenn eine Arbeit sinnlos ist, kann kein wirklich erfülltes, sinnhaftes Leben erblühen. Und für wen die Arbeit ein einziger Kompromiss ist, der oder die wird das Gefühl für Integrität verlieren.
Wenn wir Integrität als Rechtschaffenheit, als Redlichkeit oder auch als Unversehrtheit verstehen, so müssen Mitarbeiter und Unternehmer auch redlich aufeinander zugehen und sich dort treffen – wo beide vereint sind: Das ist Menschlichkeit! Wenn das geschieht, dann wird der Arbeitsplatz zu einem Ort voller Möglichkeiten. Es beginnt etwas geradezu Magisches. Der Arbeitsplatz wird nicht auf pure Funktionalität reduziert, sondern erweitert zu einer Arena des Lebens. Zu einem Feld, in dem sich Menschen miteinander erproben können. Als Team. In der Gemeinschaft. Allein.

Je nachdem, was ansteht."
Und weiter:
„Wenn wir Arbeit so verstehen, wird daraus ein Experimentierfeld für gemeinsame Ziele. Das hat auch den Charakter eines Wettspiels. >Werden wir das Ziel erreichen? Wenn ja: Wie? Und wenn nein: Warum nicht?<
Doch dabei bleibt es ja so gut wie nie – bei diesem >Warum nicht<. Die Erfahrung zeigt, es findet sich ein Weg, eine Lösung, manchmal

in Form einer unfassbar kreativen Kapriole, manchmal als so genannter Zufall im allerletzten Moment. Ja, und manchmal geht halt auch was daneben. C'est la vie. Wichtig ist, Arbeit als Teil unseres Lebens zu verstehen, zu integrieren, zu bejahen. Wenn das geschieht, dann laden wir den Geist des Abenteuers ein. Und auch den GEIST DES AUFBRUCHS IN NEUE DIMENSIONEN."

Helmut Spanner und ich entscheiden uns für eine gemeinsame Fahrt nach Mailand. Zu einem Kunden. Sechs Stunden Hinfahrt. Übernachtung. Sechs Stunden Rückfahrt.
Zu zweit in einem Auto. Das ergibt eine ebenso verdichtete wie rigorose Atmosphäre für Austausch und Gespräch. Nicht über Gott und die Welt.
Sondern über Arbeit, Unternehmertum, über Menschen und Menschlichkeit; über Perspektiven und konkrete Projekte. Über Visionen zur >SpannerWelt<.
Und über eine Wirtschaft, die das gegenwärtig vorherrschende Klima des Geschäftslebens transzendiert; überschreitet.
So fahren wir also auf >unserer< „autostrada della filosofia" …

Fast alles, was das Geschäftsleben betrifft, ist von einem Klima der Angst beherrscht. Nicht vordergründig. Sondern meist so hintergründig, dass wir das kaum wahrnehmen. Wie ein Hintergrundgeräusch in einem Lokal. Als Kulisse, der wir wenig Beachtung schenken.
Vielleicht ist auch das Wort „Angst" zu plakativ? Zu stark. Es geht eher um die >Gesichter der Angst<, um die >Geschwister der Angst<. Natürlich haben die Menschen Angst vor Versagen; Angst, den Arbeitsplatz zu verlieren, Zukunftsangst. Angst, nicht genug Geld zu verdienen. Angst, auf der Karriereleiter stecken zu bleiben.
Es ist interessant, dass laut einer Untersuchung die stärkste Angst im deutschen Top-Management jene ist: Sich zu blamieren!

Auch die Nachrichten sind voll von Angst und Schrecken. Tagtäglich. Doch viel subtiler wirken die >Masken der Angst< z.B. bei Mobbing. Bei innerer Kündigung. Mehr als die Hälfte aller deutschen Arbeitnehmer/innen haben innerlich gekündigt. In den USA drei Viertel. Wenn die Menschen trotzdem bei der ungeliebten Arbeit bleiben

– dann letztlich aus Angst. Und das führt natürlich zu einer Wut, die sich irgendwo kanalisieren und ausdrücken muss.

Möglicherweise ist auch deshalb unsere Geschäftssprache so kriegerisch, aggressiv; martialisch. Wir zielen auf den Markt; attackieren die Konkurrenz oder bremsen sie aus. Wir sprechen von Offensiven; von feindlichen Übernahmen; gewinnen Preisschlachten und behandeln unsere Business-Strategien wie militärische Geheimnisse. Das Geschäftsleben ist beherrscht von einer Atmosphäre der Gier, des Mangels, des Kampfes und der Angst. Nicht nur - selbstverständlich. Nicht ausschließlich! Doch dominant. Letztlich herrscht in den meisten Unternehmen – und in deren Branche und Umfeld – ein konkurrierendes Klima. Sagt der Begriff Chief Executive Officer (CEO) der über den englischsprachigen Raum hinaus für einen alleinigen Geschäftsführer, Vorstandsvorsitzenden oder Generaldirektor verwendet wird – nicht alles? Eine Haltung des Kampfes mit Krawatte und Nadelstreif.

Helmut Spanner: „Wir steuern in unseren Werken konkret gegen dieses allgemeine Klima an. Nicht in dem wir es wegdrücken, sondern in dem wir uns dessen bewusst sind. BEWUSSTSEIN IST DER AUSWEG. Und Kommunikation ist das Mittel. Wir achten – jenseits einer Psychologisierung – auf eine gewaltfreie Kommunikation. Und wir fördern das Naheliegende, das absolut Einfache und Direkte: nämlich MENSCHLICHKEIT. So normal wie möglich. Mit allem, was dazugehört. Gesunder Menschenverstand. Das Herz am rechten Fleck. Zeit und ein offenes Ohr dort – wo es nötig ist. IM GRUNDE SO SIMPEL."

„Wir machen darum auch kein großes Getue. Es gibt kein Beraterprogramm. Wir tun es einfach. Leben es vor. Fördern, wo immer es geht, einen humorigen, leichten, achtsamen und freundlichen Ton untereinander. So unkompliziert wie möglich. Menschlich. Gleichzeitig – und auch das ist entscheidend – wissen wir über Angst Bescheid. Bewusstsein ist der Schlüssel! Und mindestens einmal im Jahr machen wir ein >Zauberfest< für alle - wo wir die heikelsten Szenen in einem Kabarett durch die Brille des Kasperl betrachten und von Herzen lachen."
Es gibt zum Thema Angst einen wichtigen Satz:

LIEBE IST DIE ABWESENHEIT VON ANGST.

Helmut Spanner dazu nachdenklich: „Es lässt sich nicht übersehen, dass es weltweit eine Werteveränderung gibt. Keinen Werteverfall. Menschen produzieren ja dauernd neue Verhaltensregeln, neue Codes, die – was uns ja auch die Werteforschung lehrt – wie >Autopiloten< funktionieren und das individuelle Verhalten mit dem gesellschaftlichen Verhalten angleichen. Das drückt sich dann deutlich auch in Trends und neuen Konsumgewohnheiten aus. Und hier sehen wir klar, dass ein beachtlicher Teil der Menschheit aus dem Mythos des Mangels und der Angst erwacht. Aussteigt! Die Buchläden sind voll mit Themen dieser Art. Wo immer ich hinschaue, mit wem im-

mer ich rede: Fast jede/r ist davon infiziert. Spricht von kosmischen Gesetzen. Von der Macht des Geistes. Von der Bedeutung des Fühlens. Vom Wesen und vom Wert der Liebe. Eine überwältigende Mehrheit hat sich ihr eigenes >Gottesbild< erschaffen, wie >Der Spiegel< unlängst titelte.
Das bedeutet, es ist eine Art PRIVATE SPIRITUALITÄT entstanden, die jenseits von Dogmen gleichzeitig in Millionen von Menschen eine Hinwendung zum Göttlichen, zum Größeren – IN SICH auslöst. Diese Bewusstwerdung, dieses Interesse an der Frage, wer wir eigentlich sind und was wir als Menschen im Konzert der Evolution beitragen oder beizutragen haben … dieses Interesse färbt natürlich auch ab in die Arbeitswelt. Denn diese ist nicht getrennt vom sonstigen Leben! Das gilt es aus meiner Sicht ganz grundlegend zu verstehen."

Helmut Spanner setzt fort: „Nicht alle bekennen sich zu diesen Themen. Noch weniger leben sie. Doch eine Basis ist geschaffen und wir in der Firma reden ganz offen darüber. Es ist meine Leidenschaft - auch als Techniker! - dieses Feld der Quantenphysik zu verstehen und im eigenen Unternehmen anzuwenden. Zum Wohle der Firma. ZUM WOHLE DER MENSCHEN. Wenn ich verstehe, dass Firmen >Felder< sind und dass wir diese >Felder< programmieren können durch unser Handeln – ja, dann nütze ich das doch. Das ist doch nur intelligent. Dann schaffen wir doch gemeinsam ein Feld der Unterstützung, der Freude, der Liebe. Ein Feld, das uns letztlich das Leben erleichtert. Uns Erfolg bringt.
Denn was könnte denn stärker und fördernder sein – als mit den Gesetzen des Universums, als mit der Kraft der Evolution zu wachsen? Es ist ja ganz offensichtlich, dass wir als Menschheit auf diesem Planeten etwas Neues lernen. Nämlich als kollektives Wir zu wirken! Und dazu erweitern wir unsere Handlungs-Palette um die Möglichkeiten der Inspiration, der Intuition und erproben ein umfassenderes und tieferes Verständnis des Denkens und Fühlens. Und zwar in der Firma! Denn jedes Unternehmen ist nichts anderes als eine gemeinsame Schöpfung. Was sollte es denn anders sein?"

Und weiter: „Und WENN EIN UNTERNEHMEN GEMEINSAME SCHÖPFUNG IST – dann ist es wohl auch eine Schöpfung von uns Menschen. Daher liegt mir so daran, das Wesen des Menschen zu erforschen. Mein eigenes Wesen. Wer bin ich denn – als Mensch? Im Erforschen, im Studieren dieser Frage hilft mir nicht nur die Quantenphysik, sondern auch die Esoterik, die Weisheitslehren aus Ost und West und auch die Management-Literatur, die inspirierende Beiträge anbietet."

„Geschäft und persönliche ERMÄCHTIGUNG, Spiritualität und ein Verständnis für die Vielschichtigkeit des menschlichen Wesens, die Gaia-Hypothese und ein Wissen über erneuerbare Energien, Lebensweisheit und Nachhaltigkeit, Managementwissen auf der Höhe unserer Zeit … all das," so Helmut Spanner überzeugt, „gehört zusammen. Es ist dieses Patchwork, aus dem sich das Muster von nachhaltigem Erfolg webt. Wir können und dürfen nicht länger in einer linearen Kosten-Nutzen-Falle stecken bleiben. Das Verständnis für Gesellschaft und Business hat sich grundlegend geändert. Was gut ist. Und weil das so ist, spielen wir unser Spiel oberhalb der Linie der Angst – nützen absichtlich und bewusst die Energie der Freude und die Möglichkeiten des menschlichen Potenzials. Wobei wir in all dem aus meiner Sicht erst ganz am Anfang stehen. Da ist noch viel, noch sehr viel mehr möglich!"

In der Tat entstehen überall auf der Welt Tausende neuer Unternehmen und viele etablierte werden mit Instrumenten einer veränderten Weltsicht durch ein verändertes Bewusstsein transformiert. Immer häufiger treffen wir auf Menschen, die die Qualität ihrer Produkte und Dienstleistungen auch mit einem Dienst an der Gemeinschaft UND einer Bewusstseinserweiterung plus Umweltverträglichkeit verbinden. Diese Bewegung hat einen starken Einfluss sowohl auf den Konsum als auch auf die Weiterentwicklung unserer Gesellschaft.

In allen Trendberichten ist von „einem neuen Menschenschlag" die Rede. Im erwachenden Tigerstaat Taiwan ist das LOHAS-Konzept (LOHAS wird im Chinesischen mit >glückliches Leben< übersetzt) sogar fester Bestandteil der Regierungspolitik. Quelle: Zukunftsinstitut, Frankfurt.

Helmut Spanner: „Ich kenne viele dieser Studien. Gemeint ist in erster Linie DER WUNSCH DER MENSCHEN, SICH SELBST UND DIE WELT GESAMTHAFT ZU VERSTEHEN, um verantwortlich zu handeln. Unsere Gesellschaft beginnt sich immer mehr über integrale Werte zu definieren. Dabei ist die Wirtschaft eine der zentralen und starken Treiber in diesem gesellschaftlichen Prozess. Mindestens gleich stark wie die Politik. Denn die >Abstimmung< in der Wirtschaft findet täglich am Marktplatz und in unseren Unternehmen statt."

Fazit:

VERÄNDERT SICH DAS BEWUSSTSEIN DER MENSCHEN
- VERÄNDERN SICH DIE KONSUMGEWOHNHEITEN –
VERÄNDERN SICH UNTERNEHMENSKULTUREN.

Menschen treten hervor.

Helmut Spanner:
„Daher erleben wir heute auch technologische Transformationsprozesse. Wir gehen global zunehmend achtsamer, bewusster und sorgsamer mit den Ressourcen von Mutter Erde um. Unser Unternehmen beschäftigt sich intensiv mit erneuerbaren Energien und wir investieren deutlich in diesen Bereich. Nicht nur – weil sich hier ein interessantes Geschäftsfeld zeigt – sondern in erster Linie aus Anliegen und persönlichem Interesse. Nicht nur von mir – sondern vor allem aus dem Team heraus."

Jedenfalls startete die Spanner-Gruppe mit zwei neuen Geschäftsbereichen durch:
A) ERNEUERBARE ENERGIEN
B) PRIVATE EQUITY

Beginnen wir bei >private equity:<
Privates Beteiligungskapital (englisch private equity) ist der allgemeine Begriff für das von privaten Anlegern beschaffte Beteiligungskapital.
Hier geht die Spanner-Gruppe einen interessanten Weg.

Helmut Spanner:
„Wir möchten uns nicht blind an Profit orientiert an Unternehmen beteiligen. Unser Anliegen ist, kleineren Unternehmen bis ca. 150 Mitarbeiter/innen die Hand zu geben. Denn wir haben eine sehr gut eingespielte und funktionierende >SpannerWelt.< Damit meine ich ein reifes Team plus einem sauberen Prozess-Management mit bewährtem Kennzahlen-System, einer höchst leistungsfähigen IT plus einem soliden Equipment aus Werk- und Lagerhallen, Laboratorien; einem interessanten Maschinenpark, Logistik und Netzwerken aus Lieferanten, Kunden und Beratern.

Dieses Fundament, diese PLATTFORM DES KÖNNENS bezeichnen wir als >SpannerWelt.< Wir sind an Unternehmen interessiert, die eine Unterstützung suchen und auch brauchen. Es sollten Unternehmen sein, deren Kultur mit unserer kompatibel ist und wo eine Ergänzung kraftvolle Synergieeffekte entstehen lässt. Wo sich Wissen mit Können paart und daraus neue Möglichkeiten erwachsen! Eins und eins ist elf. Wie unsere Beteiligung dann im Detail aussieht – das lassen wir grundsätzlich offen. Unsere Kriterien sind Stimmigkeit und Angemessenheit."

Diese Plattform des Könnens ist: spannend. Denn wir leben in einer Welt, in der es eine gewaltige, riesenhafte Menge an Wissen gibt. Gigantische Mengen an Wissen umspannen die Welt. Wir haben kollektiv einen Know-How-Überfluss. Skills fehlen; am Können zur Umsetzung mangelt es. Der Rohstoff Wissen muss verstärkt zum Können veredelt werden. Könner braucht die Welt! Die SpannerWelt versteht sich dabei als Brücke.

WAS NÜTZT UNS BEWUSSTSEINS-ERWEITERUNG,
WENN WIR SIE NICHT UMSETZEN?

Interessant ist auch, dass heute weniger die Wissensträger bewundert werden – sondern stärker die Könner. Schauen wir nur zum Sport oder zur Musik oder in die Kunst. Nicht der >Sportkritiker< - der weiß, wie es geht, wird bewundert. Sondern der Könner, in diesem Fall der Sportler. Über Nationalitäten hinweg bewundern wir KÖNNER. Die Menschen scheinen global zu verstehen, dass wir nur über Könner weiterkommen.
Wissen zeigt sich in unseren Handlungen – und nirgendwo sonst; sei hier wiederholt.

Nachsatz:
Mit ein Grund für den Aufschwung der chinesischen Wirtschaft ist deren – durchaus bedenkliche - Unerschrockenheit, WISSEN zu kopieren und anzuwenden. Umzusetzen. Auch das gilt es zu sehen.
Ebenso: Wissen und Können sind nur zwei Bälle. Meisterhaftes Jonglieren beginnt mit drei. Wer ist der Dritte im Bunde? Wie heißt das oft Fehlende? WEISHEIT.
Wissen, Können und Weisheit ergeben eine solide Dreieinigkeit; das Fundament einer erfolgreichen Gegenwart und einer attraktiven Zukunft.
Wird all das mit FREUDE garniert – haben wir wahrlich gute Karten!

Erneuerbare Energien
Dafür gibt es in der Spanner-Group eine eigene Firma, die Spanner RE2 GmbH in Neufahrn. An dieser ist Thomas Bleul beteiligt, der dieses Unternehmen auch leitet. Ebenfalls Diplom -Ingenieur.
In intensiven Gesprächen mit Thomas Bleul und Helmut Spanner ist für dieses Buch-Projekt eine Vision entstanden mit drei konkreten Projekten.

- Alle drei Projekte sind publikums-orientiert.
- Alle drei Projekte laden Menschen ein und bauen auf >Schwarmintelligenz< - also auf der simplen Einsicht, dass viele Menschen intelligenter sind als noch so schlaue einzelne Experten. Was – nur so nebenbei – hieb- und stichfest auch wissenschaftlich erwiesen ist.

- Alle drei Projekte werden auf einer Internet-Plattform dargestellt, die Mit.Spanner.de heißt. Ohne www – einfach nur: Mit.Spanner.de

1) Netzwerk-Bibliothek zum Thema: „Erneuerbare Energien."
Unbestritten ist:
Wir leben mitten in einer drastischen Klima-Änderung. Erst unlängst hat

eine deutsche Universität die 64 bedeutendsten Studien über Klimaforschung verglichen. Ergebnis: Alle Studien bestätigen ausnahmslos: Ja, wir leben in einer Klimadramatik. Darüber herrscht im wahrsten Sinn des Wortes >seltene< Einigkeit.

Doch die Ursachen ... hier liegen Welten dazwischen. Die einen meinen: Der Mensch sei der Schuldige. Die anderen: Das ist der absolute Unsinn. Astrophysikalische Zyklen sind für den Klimawandel verantwortlich. Wieder andere sprechen von einer >Öko-Verschwörung< des Großkapitals mit unseren Spitzenpolitikern. Die Verschwörungstheoretiker werden wiederum von anderen als >Die Agenturen der Apokalypse< oder – auch nicht schlecht – als >Die Psychologen des Alarmismus< bezeichnet. Diese wiederum kontern mit: >Lobbyisten der Verblödung< und ähnlichen Zartheiten. Jedenfalls starker Tobak.

AUF **MIT.SPANNER.DE** FINDEN SIE EINE BIBLIOTHEK. Diese ist flexibel angelegt. Das heißt: Die Bibliothek wird laufend ergänzt:

- durch von den Usern eingesandte pdf-Dokumente,
- durch Buch-Hinweise,
- Bilder und Videos,
- durch Foren-Beiträge,
- durch Verlinkungen auf andere Seiten
- durch alles, was den Nerv dieses Themas berührt.

Auch durch eine Meta-Sicht, die erkennen lässt, dass wir uns auf der Ebene der Standpunkte – siehe oben - durch die gesamte Geschichte hindurch nie einig waren und nie einig sein werden! Wir laden daher eine dritte Sicht, eine Meta-Sicht, bewusst und absichtlich ein. Auch dafür ist Raum und Platz vorhanden.

2) Die gemeinsame Entwicklung eines Holzvergasers
Thomas Bleul so kurz wie irgend möglich: „Durch das Verbrennen von Holz entsteht Hitze. Aus dieser Hitze entweicht Holzgas. Dieses verbrennt durch die Zugabe von Sauerstoff. Holzgas kann – ähnlich wie Benzin oder Erdgas – einen Motor antreiben."
Und weiter: „WIR SETZEN DIE MÖGLICHKEITEN DER SPANNERWELT ALS PLATTFORM DES KÖNNENS EIN, UM WISSEN UND KREATIVITÄT ZU GENERIEREN.
Dazu bieten wir dieses >open innovation< oder >open source< Projekt an. Ähnlich wie bei Linux oder Wikipedia streben wir für gewisse Engpässe bei der Entwicklung Lösungen an, die aus dem Netz interessierter User kommen könnten.
Wir sorgen im Vorfeld für einen finanziellen Anreiz für jene, die einen weiterführenden Beitrag leisten."

Jedenfalls ein spannendes Projekt, das Intelligenz bündelt und ausrichtet. Zusätzlich besteht natürlich die Möglichkeit, andere Umwelt-Innovationen hier zu lancieren. Bleul: „Die Spanner-Group ist jedenfalls offen, erfolgversprechende Ideen zu prüfen und gemeinsam mit dem Urheber umzusetzen."

3) Machen Sie Ihre Firma – oder Ihre Familie – CO2 neutral

Kohlenstoffdioxid – meist Kohlendioxid genannt – ist eine chemische Verbindung aus Kohlenstoff und Sauerstoff; CO2. Kohlendioxid absorbiert – also schluckt, saugt auf - einen Teil der Wärmestrahlung der Sonne. Dies macht Kohlendioxid zu einem sogenannten Treibhausgas!

Treibhausgase erhöhen die Temperatur auf der Erdoberfläche.

Wichtig ist zu wissen, dass der CO2-Anteil in der Erdatmosphäre im Verlauf der Erdgeschichte beträchtlichen Schwankungen unterworfen war. Weiters gilt es zu sehen, dass die überwiegende Mehrheit der Wissenschaftler weltweit die Meinung vertritt, dass eine von Menschen verursachte Zunahme der Treibhausgase den gegenwärtigen Treibhauseffekt verursacht. Allerdings gibt es dazu auch sehr kontroverse Ansichten.

MIT.SPANNER.DE

Die Spanner-Group hat ein non-profit-Projekt initiiert, das konzentriert das Wiederaufforsten von Waldflächen fördert. Der Grundgedanke ist einfach:

>Machen Sie Ihr Firmenfahrzeug oder ihr Privatfahrzeug CO2-neutral.<

Anders gesagt:

Stellen Sie Ihren Betrieb oder Ihre Familie CO2-neutral.

Zwei Beispiele:

a) Ein Firmenfahrzeug fährt 40.000 km pro Jahr. Dabei werden 8 Tonnen CO2 verursacht. Um das zu neutralisieren, braucht es etwas weniger als 1 ha Wald. Die Spanner-Group forstet 2 ha Wald gegen eine Monatspauschale von € 4,90 – pro 10.000 gefahrener Kilometer auf. In unserem Beispiel somit: € 4,90 x 4 = € 19,60. Vertraglich gebunden an eine gewisse Laufzeit.

Wenn ein Unternehmen das über einen Zeitraum von 10 Jahren mit allen Fahrzeugen macht, so ist der betreffende Betrieb dafür 50 Jahre lang CO2-neutral. Das wird natürlich von der Spanner-Group offiziell bestätigt. Sozusagen mit Brief und Siegel.

b) Ein Privatfahrzeug fährt 20.000 km pro Jahr und erzeugt damit ca. 2,5 Tonnen CO2. Warum etwas weniger? Weil wir davon ausgehen, dass Privatfahrzeuge im Durchschnitt etwas kleiner sind. Der Fahrer – die Fahrerin - überweist auch nur pro Monat € 3,90 – 10 Jahre lang. Damit lassen sich 0,5 ha Wald aufforsten. Falls eine Person mehr fährt, kann sie/er den Anteil freiwillig angleichen.

Die Spanner-Group hat einen Fond angelegt. Die Aufforstungsflächen, die Bäume und die Forstleute werden aus diesem Fond bezahlt. Und jeder einzelne Baum bekommt eine >Sternen-Nummer.<

Wer die Nummer seines Baumes auf der web-site von MIT.SPANNER.DE eingibt, kann sehen, wo sein Baum steht, wann und von wem er gepflanzt wurde – und wenn es zu diesem Baum etwas zu erzählen gibt, so wird dafür Platz sein. Raum für Geschichten von Bäumen, Menschen und Sternen.

Einer der größten Maler, Vincent van Gogh (1853 – 1890), hat Bäume und Sterne unvergleichlich verbunden. Jeder Stern in Bewegung. Wie ein kreisendes Rad. Wer hat je solche Sterne gesehen? Und die Bäume! Sie ragen über die Sterne hinaus. Bäume und Sterne – wie kreisende Derwische. Und als man van Gogh fragte: >Wo hast du solche Bäume gefunden, die die Sterne überragen?< – da sagte er: >Solche Bäume fand ich, als ich neben ihnen saß und ihren Gedanken lauschte. Ich habe die Bäume sagen hören: Wir sind die Sehnsucht der Erde, die Sterne zu erreichen.<“

Thomas Bleul: „Deshalb bezeichnen wir die Nummern für die Bäume als >Sternen-Nummern<. Einfach, um spielerisch eine kosmische Perspektive einzubeziehen.“

Vielleicht möchte die Erde mit den Sternen kommunizieren? Vielleicht tut sie es bereits über die Bäume. Wer weiß? Auf jeden Fall ist jeder Mensch auch ein Stern. Geheimnisvoll und groß. Unendlich entfernt und gleichzeitig nah. Wie erhaben und schön der Gedanke, in den Bäumen die Sehnsucht zu fühlen, die Sterne zu erreichen.

SPANNERWELT

Mit.Spanner.de
Tel.: +49-8774-9602-0

SHORT CUT

Zu wachsen – ist eine bewusste Entscheidung. Eine Wahl, die wir treffen können. Und es geht nicht nur darum, nach außen zu wachsen – sondern auch nach innen.
Dieses Wachsen in alle Richtungen ist die Poesie des Lebens.
Auch wir Menschen brauchen Wurzel und Krone – wie unsere Freunde, die Bäume. Und in all dem ein offenes Geheimnis.
Der Königsweg: Menschlichkeit.

ROGNER
BAD
BLUMAU

ROGNER BAD BLUMAU

DANN TRAT EIN MAURER VOR UND SAGTE:
SPRICH UNS VON DEN HÄUSERN.
UND ER ANTWORTETE UND SAGTE:
BAUT EINE LAUBE NACH EUREN VORSTELLUNGEN
IN DER WILDNIS,
EHE IHR EIN HAUS INNERHALB DER STADTMAUERN BAUT.
EIN HAUS IST EUER GRÖSSERER KÖRPER.
ER WÄCHST IN DER SONNE UND SCHLÄFT
IN DER STILLE DER NACHT;
UND ES IST NICHT OHNE TRÄUME.

Khalil Gibran. Der Prophet.

Österreich. In der Weite und im Frieden einer der schönsten Landschaften, in den sanften Hügelwellen der Steiermark, lebt ein Ort, der von der WIEDERVERZAUBERUNG DER WELT kündet.

Es scheint ein Märchen zu sein. Eines jener Märchen, DAS UNSER HERZ LAUTER SCHLAGEN LÄSST, pochender. Denn es könnte sein, dass wir den Wachruf hören, der uns glauben lässt an das Wunder der Fantasie. An das Feuer der Träume, die als feste Formen uns Halt und Einkehr bieten, um den Raum der Alchimie zu betreten; bereit, uns transformieren zu lassen.

BERÜHRT VON EINEM MÄRCHEN,
DAS ES WAHRHAFTIG GIBT. Lebendig. Nah.

Mit Türmen und Bäumen auf den Dächern, mit sprudelndem Wasser, mit schrägen Gängen und windschiefen Fenstern. Und Menschen. Richtigen Menschen. Wie Sie und ich. Menschen, die essen, trinken, schwatzen, schwimmen, faulenzen; die der Sonne entgegen schlummern; einfach da sind. Hier, in dieser Wunderwelt.
Im Rogner Bad Blumau.

HIN ZU DEN BÄUMEN -
auf kärntnerisch lässt sich das ungefähr so übersetzen: >oba zu den Bama< - was jedenfalls charmant klingt. Gesagt hat das einer, der zu den Großen der Unternehmer-Kunst zählt: Robert Rogner, Pionier und Visionär mit der Tugend, seinen Worten Taten folgen zu lassen.
Bemerkenswert auch die Zeit, in der er das sagte: In den 1980ern. Und das von einem Bauunternehmer aus Villach, Kärnten. Einem Mann, der Bauen als eine in Stein gehauene Sprache versteht und Architektur stets mit Kunst verband. Provokativ. Seiner Zeit um Jahre voraus. Geächtet und geadelt; manchmal für das gleiche Bauwerk – allerdings mit zehn Jahren dazwischen.

Robert Rogner: „SIE HEISSEN HUNDERTWASSER UND ICH HABE 100 GRAD HEISSES WASSER" – so begann eine Zusammenarbeit, die Geschichte schrieb. Das war am 15. Januar 1992 in Wien, in Schönbrunn. Der Baumeister traf Friedensreich Regentag Dunkelblut Hundertwasser (1928 – 2000); damals schon weltbekannt. Als Aktionskünstler, Multitalent, Umweltaktivist. Die bunten Bilder mit den weichen Naturformen und Spiralen – sein Markenzeichen.

1993 war der Start der Baustelle auf dem 40 Hektar Gelände in Bad Blumau und am 10. Mai 1997 wurde gefeiert. Die Eröffnung. Eine spektakuläre, beispielhafte und in wahrstem Sinn multidimensionale Therme öffnete die Tore. Und ließ die Menschen staunen. Eine Märchenwelt war geboren, die Zeichen setzt. Bis zum heutigen Tag und für die Zukunft. Denn Gedanke und Werk sind nie vollendet.
Das ist Absicht, Verpflichtung und Freude zugleich.
Hier, im ROGNER BAD BLUMAU.

DIE FORMENSPRACHE IST EINE HYMNE AN DAS BUNTE, Überraschende, Runde, Bezaubernde. Welliger Boden, Säulen und Keramiken wie nirgendwo sonst, Tausende von Fenstern – und jedes einzelne anders. Ein Chor aus Farben, ein Leuchten von Kuppeln und Zwiebeltürmen. Grasdächer. Nirgendwo das Festhalten an Tradiertem, überall die Frische des Originären und eine Sorgfalt, die jedes Detail zu einem Juwel erhebt.

Der große Bogen der Aufmerksamkeit spannte sich von Beginn an über die Materie hinaus ins Energetische. In das formlose Reich des Geistes. Dort, wo heute der Schatz der Thermalquellen liegt, vermutete man ursprünglich Erdöl. Was gefunden wurde war: Wasser. Feinster Qualität. Doch das wurde in den 1970ern nicht erkannt. Die Bohrung wurde zubetoniert.
Robert Rogner erfuhr davon und erkannte intuitiv die zukünftige Möglichkeit und sprach mit der Gemeindevertretung. Er nahm auf eigene Kosten mit erheblichem Risiko die Bohrung in die enorme Tiefe von 3.000 m auf. Im Laufe der Zeit wurden drei Quellen gefunden. EXZELLENTES WASSER für Trinkkuren, Heilbehandlungen und – da aus der Vulkania-Quelle siedendheißes Wasser kommt – auch zur Energieversorgung der gesamten Anlage. Dadurch entstand ein natürlicher Kreislauf, der in dieser Form einzigartig in Europa ist.

WASSER wird im Rogner Bad Blumau ALS LEBEWESEN verstanden mit rhythmischen – also nicht-mechanischen – Bewegungsformen von Kräften.
Kräfte, die sich auch durch Mineralien zeigen und die hier in ein gesamthaftes medizinisches Verständnis eingebunden sind. Mit einer wundervollen Therapiewelt, belebt durch Ärzte und Therapeuten mit einer Hinwendung zum Heilen; die Kopf, Herz und Hand umspannt. Ein Klang, der uns Menschen holistisch erreicht und dadurch zusätzliche Zonen der Wahrnehmung aktiviert. Und da die Wahrnehmung des Ohres viel genauer ist als jene der Augen, wird den Gästen neben der Zauberwelt der Formen auch ein körperbezogenes Hörerlebnis geboten.

Mein
Herz
geht
auf.

Die gesamte Therme steht auf einem höchst sensiblen Gelände mit einer Vielzahl von Kraftbrennpunkten, ZENTREN DER NATURINTELLIGENZ mit Vitalenergie. Der Künstler und Erdheiler Marko Pogacnik hat hier einen >geomantischen Pfad< angelegt, um diese feinstofflichen Plätze den Gästen der Therme nahe zu bringen. In unserer Zeit des deutlichen Klimawandels sind solche Plätze zutiefst >human<* und wirken wie Akupunkturpunkte. Als energetische Brücken zwischen Gaia, der Erde - und uns Menschen.

Denn immer, wenn es um Fragen der Umweltverschmutzung oder des Klimas geht, wenden wir uns fast reflexartig an Experten. Doch so gut wie nie direkt und unmittelbar an den größten aller Experten, AN UNSERE PARTNERIN MUTTER ERDE.

Es ist möglich, die Erde ungefiltert zu fragen. Diese antwortet in die Stille unseres Bewusstseins.

Diese Vorgänge werden hier verstanden. Multidimensional und sinnlich. Das Wort >verstanden< hängt mit Vernunft zusammen, einem der meistgepriesenen Begriffe unserer Zivilisation. Das wiederum führt uns direkt zu dem Wort >vernehmen;< daher hören wir die Antworten in der Haltung der Ruhe in dieser märchenhaften Naturwelt.

Wenn wir das aufnehmen, so ist klar, dass das Unternehmen Rogner Bad Blumau eine Vorbildwirkung für das Thema Nachhaltigkeit hat. Sowohl im Sinne eines vernünftigen Vernehmens als auch in der konkreten und fassbaren Umsetzung.

* human. Die sprachliche Wurzel dieses Wortes liegt im Sanskrit, einer der Ursprachen der Menschheit. >HU< bedeutet >Licht< und >MAN< heißt >WESEN.< Human meint somit Lichtwesen. Wenn wir hier von einem >humanen Platz< sprechen, so ist damit absichtlich der Hinweis in den Text gewebt, dass auch wir Menschen >Lichtwesen< sind; umgeben von anderen. Freude.

Ja, es gäbe noch viel zu erzählen von dieser WELT IN DER WELT.
Von köstlichen Buffets, die den Gusto locken und die es – zumindest dem Autor – buchstäblich schwer machen, leichtfüßig zu bleiben. Vom Beauty Center >Wunder-Schön<; vom Sport- und Fitnessprogramm mit Massai Walking, Tai Chi, Meditationen, Pilates, Aqua Jogging, Inlineskating, Tennis, Volleyball und ach … von diesen traumverwobenen Oasen der Einkehr an den Ufern des Wassers, das hier allgegenwärtig und doch so himmlisch gezähmt ist. So warm. So kuschelig.
Und geheimnisvoll vulkanisch.

Manche Aufbrüche sind groß und rebellisch. Manche unspektakulär. Was jedoch ist der Reiz dahinter? Die Erkenntnis, dass es sich lohnt, alles auf eine Karte zu setzen. Sich und seine Grenzen zu testen, um eine neue Welt entstehen zu lassen. Bedeutet Aufbruch nicht, sich zu öffnen? Für alles, was ist und alles, was kommt?
Wenn Sie einen Platz suchen, um Ihren Aufbruch zu trainieren, dann schlage ich Ihnen die entspannte Welt von ROGNER BAD BLUMAU vor. Auch deshalb, weil sie hier ein Team von über 300 Menschen finden, die tagtäglich in ihrem Tun: aufbrechen.
In einem Haus, das größer ist als unser Körper. In einem SPA, das in der Sonne wächst und schläft in der Stille der Nacht; und es ist nicht ohne Träume.

ROGNER BAD BLUMAU

www.blumau.com
Tel.: +43-3383-5100-0

Das ROGNER BAD BLUMAU arbeitet mit einem dichten Netz unterschiedlichster Berater zusammen. Nicht nur Management-Trainer, auch Künstler, Freidenker, Wissenschafter. Auf hohem Niveau. International. Das inspiriert alle Bereiche der Therme und sorgt dafür, auf gute Art mit Spitzenwissen und Spitzenkönnen verbunden zu sein.
In diesem Zusammenhang ist interessant, was uns die neue Wissenschaft der >Epigenetik< lehrt. Nämlich: nicht die DNS bestimmt unser physisches Leben. Dieser Ansatz veraltert und ist zu materialistisch. Vielmehr wird sowohl unser persönliches Leben als auch unser kollektives Dasein durch die Verbindung von innen und außen, zwischen Geist und Materie gesteuert. Das heißt, wir werden auf molekularer Ebene enorm von unserer Umgebung beeinflusst.
Ist diese nun so ausgewogen und bis in das kleinste Detail ausbalanciert – wie hier im Rogner Bad Blumau, wo sogar eigens komponierte Musik den Klangraum erweitert – so entsteht eine Unterstützung bis in den Bereich der Zellen; bis zur molekularen Ebene und - darüber hinaus - in den energetischen Bereich unseres Mensch-Seins.
In dieser umfassenden, multidimensionalen Komposition liegt der innere Wert und der äußere Beitrag dieses Ortes.

Ich bin bereit. Und freu' mich wie ein Kind.

FLÜSSE MÜSSEN DAS MEER FINDEN – DOCH UNSER MEER IST IN UNS.

Gedanken dieser Art schwingen in mir, während ich in einer der Liegen dieses verzaubernde Panorama aus dampfendem Wasser, verspielten Formen und jenem heiteren Zulassen genieße, das manchmal unsere Tage so wohlig füllt.
Jwala liegt neben mir.
Hier – und doch irgendwie versunken in ihrer eigenen Welt. Ich weiß, sie lässt ein Sign für diesen Ort in ihr werden. Ich kenne das. Es hat die Anmutung einer Geburt, doch jenseits von Schmerzen. Es ist ein wissendes Warten. Es kommt – doch wann?
Langsam dreht sie sich zu mir. Ihre Hand wandert meiner entgegen. Ich schau in ihr geliebtes Gesicht und sie flüstert:
>Mein Herz geht auf.<
„Ja, sagt sie, das ist das Sign für diesen Platz. Das ist die innerste Botschaft, die sich in mir formt. Es trifft den Adel dieses Ortes und ist doch so schlicht. So einfach."
Auch mein Herz geht auf. Mit den Augen schenkt sie mir einen Kuss und etwas in mir sinkt tiefer und will berührt werden. Beide fallen wir in eine gute Stille. Unsere Blicke wandern zu den Menschen, zu den Pärchen, die verstreut ihre Plätze fanden und einander so vertraut wie leise berühren. Überall scheint es zu flüstern:

MEIN HERZ GEHT AUF.

Freude
ist
der
Schlüssel

ZAUBERFEST
RUDI HAIMERL

>Den Anfang im Ende finden< – unsere Reise zu 21 Partnern dieses Projektes endet hier und – findet einen neuen Beginn. Und was könnte schöner sein, als diesen >Anfang< in der Freude und im Lachen aus Herzenslust zu begründen?

Lachen ist eine grandiose Besonderheit des menschlichen Wesens. Tiere können nicht scherzen, können nicht lachen. „Tiere sind ernsthafte Leute," sagt Rudi Haimerl. „Und alle ernsten Leute sind tierisch … ernst!" Bumm. Das sitzt. Und so etwas kann sich nur einer leisten, der verschmitzt die Narrenkappe aufsetzt, um der Weisheit die Bühne des Lachens zu bieten.
Wenn jede Zelle unseres Körpers lacht, vibriert unser Wesen vor Freude und: bringt wundervolle Entspannung. Wir lachen dann mit Kopf und Herz – vor allem jedoch aus dem Bauch heraus. Ein solches Lachen ist total ansteckend, berührt unser Zentrum und lässt Wellen der Fröhlichkeit über die Peripherie unserer ernsthaften und ach so wichtigen Rollen schwappen.

Einer, der das Wunder der Fröhlichkeit zu seinem Beruf gemacht hat, ist Rudi Haimerl. Einer, der schon immer anders war. Einer, der schon mit „0 Jahren" seine Frau kennen lernte; Ursel. EINER, DER SICH VORGENOMMEN HAT, NIE UND NIMMER und unter gar keinen Umständen – auch nicht später einmal – VERNÜNFTIG ZU SEIN. Und zwar vernünftig im Sinne von ausgetrocknet. Humor-fern. Morsch und besserwissend. Zugepflastert von der Trostlosigkeit nicht gelebter Sommernachtsträume. >Don't disturb. Tür zu. Stören Sie mich nicht im Missfallen der Welt…< so einer ist unser Rudi nicht.

Rudi Haimerl ist der Zeremonienmeister der Zauberfeste. „MEINE LEBENSAUFGABE IST ES, MENSCHEN GLÜCKLICH ZU MACHEN" – sagt er in einer innigen Art, die das Herz berührt. Der Rudi ist einer, den man einfach gern haben muss. Ein Freund aller Welt – doch alles andere als ein Allerweltsfreund. Keiner, der Späße auf Kosten anderer macht oder Giftpfeile verschießt. Er blickt durch den Türspalt der Menschlichkeit bewusst als Schelm und ver-rückt damit das Besondere hin zum Einzigartigen. Denn das Besondere ist immer getrennt vom Rest der Welt. Einzigartig hingegen ist alles. Jeder Mensch, jede Situation, jedes Jetzt. In der Einzigartigkeit zeigt sich die Gleichwertigkeit allen Lebens. In der Besonderheit hingegen sonnt sich das Ego.

Rudi Haimerl ist in Bayern geboren, 1966. Und so lange der zurückdenken kann, ist ein Mädel in seinem Leben, das heute seine Frau ist. „Die heirat' ich amal" – hat er schon als Bub gesagt. Und so war es dann auch, als beide 22 Jahre waren. Ursel war das Mädchen aus der Nachbarschaft, die beiden haben miteinander im Sandkasten gespielt und sich weder aus dem Herzen noch aus den Augen verloren. Bis heute. Und wenn Rudi von seinen Eltern und von seiner Kindheit spricht, so kommt ein feines Leuchten in sein Gesicht. „Mach, wenn es dir eine Freude macht" – das war der Leitspruch seiner Eltern.

Rudi Haimerl: „Meine Eltern waren meine größten Förderer. Durch sie habe ich mir so etwas wie ein Urvertrauen ins Dasein aus der Kindheit bis zur jetzigen Stunde mitnehmen können. Gleichzeitig war und bin ich in meinem Leben immer auf seltsame Art am Rand. Kein Außenseiter. Doch auch nie einer, der so ganz und gar dazugehört. Am Rand' eben. Auch jetzt, bei diesem Buch-Projekt. Mein Beitrag kommt einerseits zum Schluss und gehört anderseits doch voll und ganz dazu."

Ja, und macht etwas rund. Fast könnte man sagen: Etwas ganz und damit heil. Denn HUMOR IST DIE VIELLEICHT HEILIGSTE EIGENSCHAFT IM LEBEN, über die nur das menschliche Bewusstsein verfügt. Im Humor liegt das Spielerische, das Leichte, die Nicht-Anhaftung und der innere Abstand. Aus dem Humor begründet sich so etwas wie Wohl-Sein-im-Leben. Und weil das so ist, mündet Humor stets auch in menschlicher Tiefe. Es hat seinen Sinn, wenn der Dalai Lama sagt: „Lachen ist meine Religion."

Rudi Haimerl inszeniert Zauberfeste. Meist allein – oft jedoch auch mit seinen Vertrauten, die sich zu einem offenen Netzwerk zusammengefunden haben. Vom Zauberer bis zur Musikband, vom Clown bis zum Kasperltheater, vom Schauspiel bis zu Tanz und Gesang – alles ist möglich. Kleine Feiern – große Feste. Zauberfeste!

Rudi über sich: „Ich habe die Gabe, etwas aus Menschen herauszuholen, was diese selbst zutiefst wollen. Ohne – und zwar vollkommen jenseits davon – Menschen zu diskrimieren, auf gut Bayrisch: Zum Deppen zu machen."
Ein Beispiel?
„Gerne erinnere ich mich an ein junges Mädel. Ihre Mutter kam zu mir und sagte: >Sie lacht nicht. Sie lacht einfach nie und hat so was Trauriges, dass schon unsere ganze Familie von dieser permanenten Gedämpftheit angesteckt ist. Wenn sie nur einmal aus sich herausginge und – lachen würde.< Ja, und was soll ich sagen? Wir haben für das junge Dirndl ein Zauberfest arrangiert. Ein Musikant und ich. Und das Mädchen hat sich bald gekugelt vor lauter Lachen. Es war so eine Freude. Die Mutter hat unterm Lachen geweint, der Vater war so glücklich, auf so gute Art zufrieden und heiter. Und uns allen hat es Spaß gemacht. Das meine ich, wenn ich sage: >etwas herausholen.< Ganz ohne Therapie. Irgendwie gemacht und doch nicht.

DENN ICH HABE MIT JEDER FASER MEINES SEINS GELERNT, AUF SITUATIONEN SPONTAN UND UNVOREINGENOMMEN ZU REAGIEREN. Mit Witz. Lustig. Leicht."

Rudi Haimerl ist einer, der den Spuren seiner inneren Signale folgt. Und da das viele sind, hat er nicht einen Beruf – sondern eine Berufung: DIE FREUDE DER MENSCHEN. Das drückt er nicht nur mit den von ihm inszenierten und auch persönlich umgesetzten Zauberfesten aus, sondern hauptsächlich und vor allem für Firmen. Unternehmen engagieren ihn, um heikle Themen in einem Kontext aus Humor zu präsentieren. So hat beispielsweise BMW etwas über 110 Seminare für drei Jahre gebucht, um wesentliche Qualitäts-Standards zu implementieren. Rudi Haimerl arbeitet hier mit Hans-Joachim Schneider zusammen, einem der Top-Experten Europas zum Thema Qualität. Während Schneider für den Wissens-Transfer sorgt, lockert Rudi Haimerl durch Parodien und Sketche auf oder verstärkt einzelne Highlights aus dem Seminar durch humorige Einlagen – sozusagen aus Kundensicht. Kurzum:

DAS UNERWARTETE BESTIMMT DIE RICHTUNG.

Um die Arbeitsweise von Rudi zu beleuchten, hier noch ein anderes Beispiel. In einem Unternehmen gab es in zwei verschiedenen Werken ein dramatisch differenziertes Verständnis zu Qualitätskontrolle. Rudi kam auf die Idee, alle Mitarbeiter/innen aus beiden Teams plus das verantwortliche Management in einem Raum zu versammeln. Mit Bühne.

Zwischen Zuschauerraum und Bühne spannte er einen leichten weißen Vorhang, der dadurch die beiden Räume trennte. Auf der Bühne – für die Zuschauer somit unsichtbar – nahmen die Projektleiter mit ihren jeweiligen Assistenten aus den beiden Werken Platz. Die Bühne wurde von der Bühnenwand her mit Scheinwerfern beleuchtet, so, dass sich die Schatten der Projektverantwortlichen auf dem Vorhang zeigten. Der Zuschauerraum wurde abgedunkelt. Beide Teams erzählten nun – in gewissem Sinne anonym – ihre Sicht von Qualitätskontrolle. Danach wieder Bühne frei – und Rudi Haimerl moderierte die Diskussion mit den Zuschauern. Dadurch entstand eine ebenso intelligente wie leichte Sicht auf beide Standpunkte und: im Nu fanden sich Schnittstellen der Einigung.

Wir schließen diesen Bogen zu Rudi Haimerls Arbeit mit einem weiteren Geschäftsfeld – ebenfalls getragen von Humor, Spiel und Praxisbezug. >Zauberfest< organisiert auch Messen. Beispielsweise eine der größten >Hochzeitsmessen< im Freistaat Bayern. Dabei wird das Thema Hochzeit als HOCH-ZEIT verstanden – die nicht auf einen Tag, sondern möglichst auf das ganze Leben ausgedehnt wird. Ähnliches gilt für ein >Kids-Festival.< Auch hier werden Themen integriert, die normalerweise weit den Rahmen einer Messe sprengen wie >Indigo-Kinder< oder Themen zu >Lernschwierigkeiten< oder >Zukunfts-Szenarien für Familien< aus den Bereichen Trend- und Werteforschung.

Besonders spannend die Erlebnismesse LUST AUF … die als Pionierprojekt erstmals im Spätherbst 2007 die Tore öffnet. >LUST AUF … alles, worauf Menschen Lust haben. Rudi Haimerl: „Ja beispielsweise Lust auf … FINANZIELLE FREIHEIT, WUNSCHERFÜLLUNG, Wellness, schöne Weine, Raritäten aus den unterschiedlichsten Bereichen, Liebe, Geld, innere und äußere Erneuerung, Ermächtigung, Designer-Möbel. Super günstige Kleider… Was immer. Worauf eben die Menschen Lust haben. Und das schließt aus, worauf die Menschen keine Lust haben: Stress, Ärger, Schulden, keine Zeit, Übergewicht u.ä. Meine Absicht ist, dass sich bei >LUST AUF …< Menschen treffen, die einfach Lust haben, anderen Menschen in so einem Rahmen zu begegnen. In einem Rahmen aus Farben, Musik, Licht, Leichtigkeit, Tiefe und schönen Dingen."

Schlussfrage:
>Gibt es so etwas wie DEINE PERSÖNLICHE LEBENSPHILOSOPHIE?<
„Hm – ja schon" – sagt er zögerlich – „und gleichzeitig entwickelt sich diese ständig weiter und hat somit nichts Festes oder gar Dogmatisches. Es ist mehr meine Haltung, wie ich im Leben stehe, was ich so denke und auch wonach ich handle."

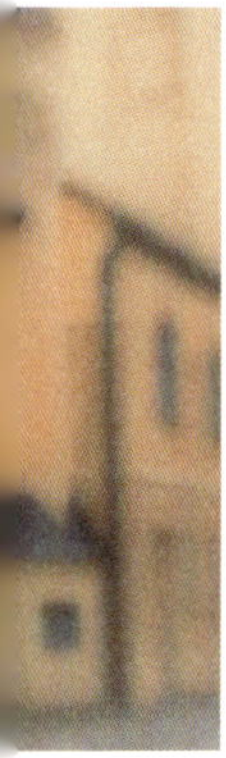

Rudi erzählt.

„DER STOFF, AUS DEM DIE FREUDE IST – IST EINE ART URKRAFT, ein grundsätzlicher Energiestrom, der durch alles fließt was existiert, überall im Universum. Manche Menschen sind sich dieser Energie bewusst – andere weniger. Die Anzahl jener, die in welcher Form und mit welchen Worten auch immer von dieser einheitlichen, grundlegenden Ur-Kraft sprechen, nimmt – zumindest in meinem Leben – mit atemberaubender Geschwindigkeit zu. Menschen sprechen darüber, von denen ich das nie auch nur im Entferntesten vermutet hätte."

„Und ich denke, dass eines der machtvollsten Gesetze im Universum das der Anziehung ist. Gleiches gesellt sich zu Gleichem.

EINE MAGNETISCHE RESONANZ zieht die richtigen Dinge an, BRINGT DIE PASSENDEN MENSCHEN ZUSAMMEN. Es ist irgendwie magisch, dieses Mysterium Leben. Und es macht so eine Freude, da dabei zu sein. Zu leben. Sich auszuprobieren. Ich sage oft: >Tu es einfach. Probier dich aus. Riskier dich. Was geht schief, wenn es schief geht?< Das sind meistens Peanuts im Verhältnis zu dem, es nicht probiert zu haben." „Ich bin sehr dankbar, in unserer großzügigen, demokratischen Welt zu leben. In einer Zeit, in der die Menschen zunehmend über Begrenzungen gehen. Nicht nur denkend und im Kopf. Sondern ganz real. Mit ihren Handlungen. Das Leben ist für viele keine Sünde mehr. Es sind die ernsten Leute, die es zur Sünde gemacht haben. Für viele – auch für mich – ist das Leben eine Belohnung, ein Geschenk. Ein Geschenk, für das ich dankbar bin und das mir Freude macht. GROSSE FREUDE. Und in dem ich mich auch spielend riskiere. Neues wage. Das ist im Grunde meine einfache Philosophie."

GRÜSS GOTT. Überall auf der Welt, in allen Kulturen, Sprachen und auf allen Kontinenten ist dieses Wissen lebendig: >Grüß Gott - ich grüße das Göttliche in dir.< >Namastè< in Indien. >In Lak'ech< bei den legendären Mayas, wörtlich übersetzt als >Ich bin ein anderes Du-Selbst.< Nur zwei Beispiele aus einer Flut von möglichen.

Die Idee der >Anonymen Erdlinge< kam in den 1980ern von den damals ersten Bewusstseins-Aktivisten. Gedacht, um Menschen daran zu erinnern, dass das Göttliche in uns Erdlingen wohnt. „Grüß Gott." Und dass wir Menschen uns andocken können an jene gestaltende Kraft, die Schöpfung prägt. Das macht uns auf gute Art verantwortlich für unser eigenes Leben – und auch für den Planeten. Einerseits.
Anderseits auch fähig, unser Denken zu lenken, unsere Gefühle zu fühlen und unser Bewusstsein zu ordnen.
Ja, und Menschen in der gesamten Tiefe als Menschen zu erkennen.
Rudi Haimerl greift das Anliegen der „Anonymen Erdlinge" auf und bietet dazu ein Forum. Er lädt „Anonyme Erdlinge – AE" ein - die Lust haben - auf die erste >LUST AUF …< zu kommen. Essenbach. Niederbayern. zauberfest.de
LUST AUF … Liebe für das, was du tust? Dann: Grüß Gott.

DIE FRAU, DIE ICH LIEBE
JWALA – UND IHRE SIGNS

Das steht auf einer der Sign-Karten von Jwala. Meiner Frau.
Und ich bin „der Eigene." Mit einem Lachen und gerne. Wir haben es gut miteinander. Seit dem 25. Februar 1989. Es war Liebe auf den ersten Blick Und ohne daraus ein Dogma zu machen, haben wir beide das Gefühl von >Seelenpartnerschaft<. So fühlt sich etwas an, was in jeder Pore stimmig schwingt.
Was wächst, sich ausdehnt, in Liebe gründet und im Ausdruck mündet.
Ja, das ist unser beider Leidenschaft: das Leben. DAS ERFORSCHEN UND ERFAHREN VON DEM, WAS EIN GUT GELEBTES LEBEN IST.

Wir haben viele Ausbildungen gemeinsam gemacht. Manche über Jahre. Doch nie, um daraus einen Beruf zu machen. Uns hat immer das Mysterium der eigenen Innenwelt interessiert und die Form. Also das, was in uns schlummert, in die Welt zu heben. In einer gesamthaften Geste. Sowohl für andere als auch für uns. Nie reduziert auf nur eine einzige Form. Nie >nur< Buch oder ausschließlich >Signs<. Unser Reiz ist die Orchestrierung. Die Vielzahl der Formen – doch einem Anliegen verpflichtet.
Daher ist unsere Welt die der Resonanz und der Stimmigkeit.
WIR FOLGEN DEM ECHO DES LEBENS.

Aus diesem Hintergrund haben sich die Signs ent-wickelt; herausgeschält. Es war ein behutsames, langsames Beginnen. Zuerst nur bei unseren Trainings, die Bewusstsein und Business zum Nutzen der Menschen verbanden.
Anwendungsorientiert. Praxisbezogen.
Jwala mit ihrem Sinn für Schönheit und Ästhetik schenkte jeder Teilnehmerin – jedem Teilnehmer – ein von ihr handgefertigtes Buch. Größer als A3. Sie ließ dazu edle Kartons in verschiedenen Farben in einer Druckerei herstellen und kaufte die entsprechenden leeren Blätter dazu. Geduldig fertigte sie daraus ein >Buch< und verband den

Karton der Vorderseite durch spezielle Ringe mit dem der Hinterseite. Im Mittelteil leere Blätter. Für Notizen.
Und die Überraschung für jeden Teilnehmer? Ein Sign!
Jwala schwang sich im Vorfeld auf jede Einzelne, auf jeden Einzelnen ein und schrieb ein spezielles Sign auf eines der großen Blätter ...
So wurde das >Buch< zum Willkommens-Geschenk.
Wir waren beide von der Wirkung der Signs vollkommen verblüfft.
Wenn Menschen fremd sind und einander in einem Seminar begegnen, herrscht diese eigene unsichtbare Aufgeregtheit. Alles ist neu – und gleichzeitig hat sich jede/r für mindestens eine Woche verpflichtet, hat Zeit und Geld investiert. Viele kamen von weit her.

Die rot leuchtenden Bücher mit den Signs lagen wohl vorbereitet auf den weißen Tischen im alten Bauernhaus. Im Seminarraum. Wir starteten in der Cafeteria nebenan. Wir baten, bewusst den Seminarraum zu betreten und zu dem mit dem Namen gezeichneten Platz zu gehen.
Dann: öffnen alle gemeinsam ihr Buch.
EINEN MOMENT BLEIBT DIE ZEIT STEHEN. Es ist, als ob ein Lot die Energie ins Jetzt zieht. Stille breitet sich aus, erfüllt den Raum, und ein Leuchten kommt in die Augen der Menschen, oft verbunden mit einer scheuen Träne der Freude.

Eine LEICHTIGKEIT KEHRTE EIN - die nicht wieder ging und uns durch die Tage trug. Später, oft nach langer Zeit, wenn wir dem einen oder der anderen wieder begegneten, war der Zauber der Signs stets der Beginn eines Austauschs.

Im Laufe der Zeit wurden die Signs so etwas wie ein Markenzeichen unserer Seminare, die wir gemeinsam entwickelten und die ich hielt. Das war eine sehr bewusst gewählte, authentische Form, die wir immer wieder als Paar kritisch hinterfragt und auf Stimmigkeit überprüft haben.
Wir waren beide von den Signs begeistert und Jwala entwickelte diese gekonnt weiter. Verfeinerte den Ausdruck. Arbeitete mit verschiedenen Materialien. Richtete sich ein eigenes Atelier ein mit Farben und Pinseln, den vielfältigsten Tuschen und Papieren. Gleichzeitig blieben die Signs auf unsere Seminare begrenzt.

Die Wende kam, als mich ein führendes Bankhaus für einen Vortrag engagierte. Thema: >Der Geist einer kulturell-kreativen Wirtschaft<. Der Auftrag lautete, diesen >Geist< sichtbar zu machen und mit anwendungsorientierten Beispielen zu unterlegen. Das Publikum: Unternehmer/innen. Der Ort: Ein Festsaal mit Galerie und Bühne. Das war 2005.
Jwala war an meiner Seite und wir entwickelten eine Analogie zwischen Ballonfahren und Neuer Wirtschaft. Mit wunderschönen Bildern von einem der Großen des Ballonfahrens, Wolfgang Nairz.

Ballonfahren hat seine eigene Schönheit. Der Ballon fährt mit dem Wind, der Pilot kann nur begrenzt Höhe und Tiefe langsam verändern und weder seitlich noch rückwärts steuern. Das bedeutet Mitzufließen mit der Situation, das Potenzial des Moments zu erkennen und zu nützen, das ideale Ziel erst während des Fluges zu wählen.
Zu wissen, wie ein guter Landeplatz auszusehen hat. In Verbindung zu sein mit den unsichtbaren Strömen des Windes, mit den Gefährten am Boden und: auch die Gäste an Bord nicht zu vergessen. Ja, und vieles andere mehr. Herausforderungen, die Fähigkeiten aktivieren, die wir auch im Business brauchen. Nach dem letzten Bild verbeugte ich mich. Langer Beifall belohnte.
Dann das vereinbarte Zeichen zur Regie. Eine riesige Leinwand senkte sich von der Decke, das Licht wurde abgedunkelt, ich trat zur Seite und starke Projektoren warfen >Signs by Jwala< auf die Leinwand. Ballon-Signs.
Jwala hatte im Tonstudio eine CD aufgenommen. Mit einer Musik, die Schweben und Fliegen und Sehnsucht ist. Dazwischen ihre Stimme. Sie sprach die Signs, die gleichzeitig auf der Leinwand zu sehen waren. Zum Schluss ein Standbild.

Vielleicht kennen Sie das? ABSOLUTE STILLE IM RAUM. In mir das Gefühl, als würde Bewusstsein nicht nur den Saal erfüllen, sondern sich grenzenlos ausdehnen und alles erfassen. Und während langsam das Licht hochgefahren wurde, formte sich ein Orchester aus Applaus. Und zum Rhythmus des Klatschens kamen strahlende Gesichter. Ich hielt beide Hände hin zu Jwala. Es war ihr Erfolg. Es war ihr Beitrag, der dem Gesagten eine Dimension hinzufügte.
Eine Frau brachte es auf den Punkt. Sie kam unmittelbar danach zu mir und sagte: „Durch Ihren Vortrag, durch die Brillanz der Bilder, bekam ich eine Vorstellung von einer Neuen Wirtschaft. Doch durch die Signs Ihrer Frau habe ich verstanden: DA!" – und sie legte die Hand auf ihr Herz. Wie gerne erzählte ich das Jwala. Noch an diesem Abend beschlossen wir: Die Signs sollen hinaus in die Welt. Hin zu den Menschen.

Jwala gestaltete ihre erste Sign-Mappe: >Anfangen<. Wir nahmen das Risiko der Druckkosten auf uns, um eine Mappe zu realisieren, die in gewissem Sinne kaufmännische Vernunft aufhebt. Schweres, edles Papier, über 60 cm breites Format; zum Aufhängen ein Weidenstab, den Bergbauern im Wald suchten. Alles sorgfältig verpackt im eigens dafür gefertigten Karton. Wir riskierten eine Auflage von 1.500 Stück. Und wir spielten das Spiel oberhalb der Linie der Angst. Denn Angst aktiviert das Muster des Mangels. Nach fünf Monaten war die erste Auflage verkauft.

Wir sahen einmal mehr: Signs wirken.
Das ist die eine Seite. Die andere: Menschen wollen auch gerne so etwas wie einen Beweis. Wie jedoch sollten wir eine Wirkung beweisen, die so subtil und sanft berührt? Und auch nicht alle Welt – sondern eben eine bestimmt Art von Menschen. Wir machen daraus kein Gut oder Schlecht, keine Bewertung und keine Etikettierung. Nicht alles spricht alle gleich an. Wie schön, dass dies so ist. Das gibt dem Wettspiel der Ideen eine weitere Facette.

Als wir die Frage nach einer Art >Beweis< bewegten, öffnete sich uns eine inspirierende Fährte. Wer macht die Wirkung von Gedanken fotografisch sichtbar? Wer bewegt sich in einem wissenschaftlichen Umfeld, wenngleich naturgemäß am Rande? Und wessen Arbeit berührt auch die Herzen und nicht nur den Kopf? Dr. Masaru Emoto. Japan. Der bekannteste Wasserforscher weltweit. Wir nahmen mit ihm Kontakt auf. Er kam, sprach hier bei uns im Claudiaschlössl vor Hunderten Menschen und wir hielten gemeinsam Vorträge in Kärnten, dem Land der 1.200 Seen.
Emoto: „Das Wasser ist der Spiegel des Geistes und der Seele. Das Wasser reagiert auf GEFÜHLTE GEDANKEN. Es bildet zum Wort Dankbarkeit einen vollkommen anderen Wasserkristall als zu dem Wort Dummkopf. Wasser reagiert auf Schwingungen. Es antwortet auf Frequenzen." Und Emoto vor laufender Kamera im Sommer 2005: „Das Sign **STILLE** von Jwala ruft eines der schönsten Wasserkristalle meiner gesamten Karriere hervor."

Das brachte uns einen Moment in Versuchung, in das lukrative Geschäft der Wasserveredlung einzusteigen. Doch Jwala geht es nicht in erster Linie um Wasser. JWALAS ANLIEGEN SIND MENSCHEN. Sie will auch keine Künstlerin sein, die Originale für einige wenige schafft. Ihr Brennen ist, möglichst viele Menschen zu erreichen. Wie erreichen? Wo erreichen?
In ihrem Herzen.

Die Signs von Jwala entstehen aus einem RAUM VON MEDITATION. Es ist dieser Ton der Stille, der sich durch ihre Schrift in der Form der Signs manifestiert. Ein >gefühlter Gedanke,< der sich einerseits materiell verankert – anderseits hin zum Be-

trachter strahlt. Jwalas Kunst sind wenige Worte. WORTE, DIE DIE ESSENZ EINES ANLIEGENS TRANSPARENT MACHEN.
Wie hier. In diesem Buch.

Meine vielen Worte sind wie eine Blumenwiese. Da gibt es viel zu sehen, zu bestaunen, zu betrachten. Manches gefällt – anderes nicht.

>Signs by Jwala< sind wie eine Rose.
„Eine Rose ist eine Rose ist eine Rose," sagte Gertrude Stein.
Was sollte dem hinzugefügt werden? Es ist alles gesagt.

Signs by **Jwala**

Schon 2006 ging der Botschaft der Signs über mein Buch „So schön kann Wirtschaft sein" in die Welt. Tausende Menschen wurden damit erreicht und die Verlagsgruppe Kamphausen bot Jwala an, mit dem weltbekannten Weisheitslehrer Eckhart Tolle einen Kalender für 2007 zu formen. Das geschah.

Im Zuge unseres neuen Buch-Projektes wechselte Jwala erstmals das Medium. Statt Papier – Wände. >Signs by Jwala< dienen dem Therapiebereich im ROGNER BAD BLUMAU als ENERGIEBOTSCHAFTEN.

Ein weiteres großes Projekt beginnt sich ebenfalls durch dieses Buch zu entfalten: Kerzen. Aus 100 Prozent reinem Palmwachs von WAGNER LIFE DESIGN. >DieSign-Kerze by Jwala<.

Und das nächste Projekt von Jwala?

Ein organisch wachsender Sign-Shop im Internet.

Mit Sign-Mappen und nach und nach allem, was das Herz erfreut. Signs auf einem guten Mix verschiedensten Materialien: Glas. Keramik. Textilien. Holz. Stein …

Jwalas Anliegen ist, viele Menschen zu berühren. MIT ESSENTIELLEN BOTSCHAFTEN. Mit >gefühlten Gedanken,< die der Frequenz der Liebe einen Schwingungs-Raum öffnen und damit Menschen an ihre eigenen essentiellen Qualitäten erinnern. Qualitäten wie Freiheit, Grenzenlosigkeit, Klarheit, Fülle, Vergebung, Dankbarkeit, Anmut, Schönheit, Frieden, Humor, Leichtigkeit, Sanftmut, Stärke, Mut, Akzeptanz und Lebenskraft. Freude!

Jwala: „Signs berichten vom Sein. Wie kleine Sternfunken. Geschenke, die so viele Menschen auf so vielen Ebenen berühren können. Ich bin selbst fasziniert von den Möglichkeiten der Signs. Sie sind auf gute Art stylisch und transportieren doch Liebe. Sie bieten einen Zugang zum Dasein. Und plötzlich ist Freude da, wie aus heiterem Himmel."

Wie ein Raum, der sich öffnet. Es ist kein Tun. Es ist kein Nicht-Tun. Es ist einfach. Wie die Liebe. Wie das Leben. Wie der Atem im Tanz der Zeiten.

SIGNS BY JWALA

www.gamper.com oder jwala.gamper.com
Tel.: +43-5337-62962-0

SHORT CUT

Signs sind tief und spontan und wirken.
Sie folgen keiner vorgedachten Motivation; es sind Spuren im Sein.
Signs ermutigen, das zu tun, was für jede Frau und für jeden Mann in ihrem Jetzt ansteht. Eine Architektur aus Zeichen, die nichts erbaut und doch so vieles entstehen lässt.
Jwala. Die Frau, die ich liebe.

Und wieder ist ein Werk vollendet.
Genügend Schritte sind getan

Die Zeit ist Jetzt

sich auszuruh'n.
Lass mich vom Leben tragen.

SIESTA
AUSKLANG

Danke für die Reise bis hierher, über 22 Stationen, von der Einzelunternehmer/in bis zum Konzern, vom Handelshaus über Produktionsbetriebe bis zu Beratungsfirmen.

Wir haben eine unsichtbare Fährte in dieses Buch gewebt.
Im Mittelpunkt stehen nicht Konzepte, weil sich das Leben wenig um unsere mentalen Konzepte kümmert. Der allzu begradigte Fluss tritt über das Ufer. DIE NATUR FOLGT IHRER EIGENEN WEISHEIT.
Der innere Fokus in diesem Buch liegt auf einem Dreiklang aus Anliegen und persönlichem Ausdruck. Aus diesen beiden schält sich das neue Dritte. Wie Kinder nicht die Summe der Eltern sind – so ist das, was sich aus dem ZusammenSpiel von Herzensanliegen und ausgedrücktem Feuer zeigt, ebenfalls neu. Daher der Name: Das NEUE DRITTE. Es ist jener Klang, der hörbar und fühlbar wird, wenn sich Anliegen und Ausdruck verbinden.
Ich schlage dafür den Namen >innerUSP<* vor.
Es handelt sich dabei um einen individualisierten, unverwechselbaren Wettbewerbsvorteil, direkt gekoppelt an persönliches Anliegen, verbunden mit Ausdruck und Umsetzung. Dieser >innerUSP< ist niemals kopierbar. Weil Sie selbst das Unikat sind. Einzigartig wie ein Fingerabdruck. Weltweit beginnen Menschen zunehmend, mit ihren Anliegen zu werben; wissend um das Gesetz der Anziehung und der Resonanz. Der Ausdruck dieses >innerUSP< ist das vorzeigbare Unternehmen.

IBM hat unlängst eine Studie vorgelegt, deren Inhalt Fragen an Top-Manager in aller Welt waren. Der klare Tenor: Eine überwältigende Mehrheit der Führungskräfte befürwortet nicht nur eine radikale Veränderung der Management-Methoden, sondern hält dies für zwingend not–wendig.
Doch in welche Richtung wird sich der Wandel bewegen?

DIESES BUCH TRITT FÜR EINE VERLAGERUNG DER AUFMERKSAMKEIT EIN. Von einer Außenorientierung hin zu einer integralen Orientierung, die auch Innenräume einbezieht. Eine Orientierung, die beispielsweise die „Merits" beachtet und Freude hat an einem inner GAME; die Aufmerksamkeit den Ressourcen unseres Mensch-Seins schenkt, Ermächtigung fördert und persönliches Wachstum als wesentlich anerkennt und wertschätzt.

DIESES >WACHSTUM NACH INNEN< HALTE ICH FÜR DEN GRÖSSTEN WACHSTUMSMARKT DER ZUKUNFT.

---

* USP; unique selling proposition. Der Begriff des einzigartigen, unverwechselbaren Wettbewerbsvorteils geht auf Rosser Reeves zurück, der diesen 1966 prägte. In den gesättigten Märkten einer globalen Wirtschaft verglüht die Nützlichkeit eines an Äußerlichkeiten orientierten USP.

Die Menschen wollen lernen,

- die Regie über ihre Gefühle zu übernehmen,
- ihre Gedanken zu lenken,
- bewusst Worte zu wählen und
- Handlungen zu initiieren
- mit Resultaten,
- die Freude bereiten.

Der amerikanische Autor A. Ardagh hat über viele Jahre Tausende von Interviews geführt und kommt zu dem Schluss, dass „Geschäft und Spiritualität nicht länger getrennte Arenen des Lebens sind."

Das ist auch meine Beobachtung, die ich um einen wesentlichen Punkt bereichern möchte: **um das Verständnis von Angst**.
Angst führt uns in eine Dualität, innerhalb der wir permanent beide Seiten einer unendlichen Schleife ausagieren müssen. Wie bei einer liegenden Acht.
Eine Seite wollen wir. Die andere wollen wir nicht. Dadurch bewegen wir uns stets innerhalb dieser Schleife und müssen beide Seiten erleben. Die Inder nennen das Samsara – das ewige Rad des Lebens.

SOLANGE WIR UNS IN DER NIEDEREN SCHWINGUNG DER ANGST BEWEGEN, KOMMEN WIR NICHT AUS DIESEM GEFÄNGNIS HERAUS.

Wo ist der Ausweg? Wie kommen wir darüber hinweg?
Die Treppe in die Freiheit hat vier Stufen:

DIE ERSTE lautet Erkennen und Verstehen.
Solange wir dieses Gefängnis der Angst - mit all den Masken der Angst wie Mangel, Ärger, Wut, Ohnmacht, Scham, Schuld, Stress … nicht voll und ganz durchdringen und verstehen - bewegen wir uns innerhalb der Achterschleife der Dualität. Samsara.
DIE ZWEITE Stufe besteht darin, mit Angst professionell umzugehen. **
Angst ist immer IN uns. Nie anderswo! Die Angst, die von außen kommt, geschürt über Medien in Filmen, Nachrichten, TV, Zeitschriften, Zeitungen, Bücher; über andere Menschen … hat nur dann Macht über uns, wenn Angst IN uns Resonanz hat. Wenn es IN uns Räume der Angst gibt. Wo nichts ist, kann auch nichts zum Klingen gebracht werden.
DIE DRITTE Stufe ist, uns über die Linie der Angst zu erheben. Und aus einer bewusst gewählten >Disziplin der Freiheit< die Räume der Angst nicht mehr zu betreten! **BEFREIUNG GESCHIEHT**, in dem wir die Angst IN uns wahrnehmen, kurz fühlen und sie in das Licht des Bewusstseins tauchen.
Sie voll und direkt mitfühlend anschauen. Die Angst nicht wegdrücken!

** Jwala und Karl Gamper haben ein kostenloses Internet-Projekt im September 2006 gestartet. Ein 21-Tage-Programm. www.meinWEG.cc – Der Adler befreit sich. Tausende und Abertausende Menschen machen mit, um die Schwingung der Angst gegen die Frequenz der Freude zu tauschen.

Angst ist wie Dunkelheit. Es ist sinnlos, Dunkelheit zu analysieren. Licht genügt. Im Licht entpuppt sich Angst als Papiertiger. Wie eine vermeintliche Schlange, die zu einem Seil wird. Einem Seil, das uns in weitere und größere und leichtere Räume des Bewusstseins leitet. In Räume der Freude. In Räume der Stille. In Räume der Liebe und des Wohl-Seins und der Wunscherfüllung.

Das ist DIE VIERTE Stufe:

Sie tauschen die niederfrequente Schwingung der Angst gegen die hochfrequente Schwingung der Freude. Ein für allemal. Freude ist eine schöpferische Energie. Freude läßt sich in kein Gegenteil verändern. Freude ist non-dual. Freude ist die Abwesenheit von Angst.

Dann beginnt sich ein Kreis zu schließen, über den wir in diesem Buch öfter sprachen. Aus dem Gefühl der Freude entstehen Gedanken der Freude, fördernde Worte und Handlungen, zu denen Sie gerne Ja sagen und für die Sie gerne die Verantwortung übernehmen.

Aus dieser Freude heraus werden Sie möglicherweise die Frage erforschen:

- „Was will ich wirklich? Was will ich ganz genau?" – und:
- „Wofür ist das gut für mich?"

Die Frage nach dem „Wofür" bringt Sie in eine höhere Schwingung. Viel höher als die Frage nach dem „Wie" oder nach dem „Wer." Bitte klären Sie zuerst immer den Punkt „ob." Ob Sie das, was Sie wollen, auch wirklich wollen. Solange das für Sie nicht sonnenklar ist, gilt das „verbotene WIE". Zuerst kommt die Wahl des OB - dann erst das WIE.

Die Antwort auf die Frage, was wir ganz genau wollen, ist meist in tieferen Schichten unseres Bewusstseins verborgen. Seien Sie daher geduldig mit sich. Und wenn das, was Sie wirklich wollen, etwas mit Ihrem Beruf zu tun hat, dann könnte „Funktion statt Konvention" ein guter Tipp sein. Sind dann >Experten< gegen Sie, dann wissen Sie: Sie sind auf einer heißen Spur.

Wirtschaft ist ein Wettspiel der Ideen. In diesem Wettspiel hat jener Mensch die besten Karten, der auf viele Ebenen und Räume zugreifen kann. Und: Der offen ist für gewünschte Resultate. Freude.

ES IST ALLES GESAGT.

JETZT braucht es Beispiele.

www.gamper.com

Alle 22 Beiträge dieses Buches stehen als PDF-Dokumente auf unserer website.

SHORT CUT

Zeit für Entspannung. Siesta. Darf ich Sie auf eine Tasse Tee einladen? Aus feinen Darjeeling Teeblättern. Was will noch gesagt werden?

danke

ES WAR EINE FREUDE, DIESES BUCH ZU MACHEN.

Wir lernten so viele großartige Menschen kennen. Unser größter Dank gilt jenen 21 Partner/innen, die couragiert JA sagten und bereit waren, Zeit in einen tiefen Austausch zu investieren. Für alle Beteiligten war und ist dieses Projekt ein Prozess. Wir haben uns aufeinander eingelassen und wir wurden einander vertraut.
Es braucht Mut, Zeichen dieser Art zu setzen und sich als Unternehmer/in einzulassen um – andere zu ermutigen: „JA, ES IST MÖGLICH. ES GELINGT!“
Begonnen hat das Projekt in Wien. Mai 2006. Die ersten Konturen entstanden im Gespräch bei Comdao, dem Institut für Vernetzung. www.comdao.org. Hannes Offenbacher, Nicole Arnitz, Heinz Grünwald, Alexandra Traun und Dipl. Ing. Dr. Alfred Strigl, der das „Österreichische Institut für nachhaltige Entwicklungen“ leitet, waren die Gefährten der ersten Stunde.
Die Freunde der Verlagsgruppe Kamphausen waren immer an unserer Seite, ebenso das feinfühlige Lektorat in Innsbruck. Danke!
Über 100 Stunden haben Jwala und ich das Layout dieses Buches im high tech-Studio der Sterndrucker im Tiroler Zillertal gestaltet. Mit Engelsgeduld und kaum fassbaren Engagement des Teams wurde Seite um Seite umbrochen und zu einem großen Bogen gefügt. Den Profis bei Sterndruck ein Hoch.
Dr. Elisabeth Fechter und Herbert Fechter, Wien, haben uns gezeigt, dass Freundschaft Wunder bewirkt. Sogar fünf nach zwölf. In gewissem Sinn haben die beiden die Uhren rückwärts gedreht und scheinbar Unmögliches möglich gemacht. Dankeschön.
Buchstäblich in letzter Sekunde – alle Seiten waren fertig gestaltet, das Layout fixiert, die Druckplatten belichtet – rief Karl Hacker an: „Wir machen den Groove zum Buch. Und wenn ihr wollt, schenken wir allen Lesern der ersten Auflage eine CD.“
Wir haben den Druck um ein paar Tage verschoben und wünschen Ihnen lässige Momente mit >THIS ONE. der groove zum buch.< Eine super Idee die zeigt:

DAS PROJEKT BEKOMMT SEINE EIGENE DYNAMIK.

Das größte Geschenk ist für uns – das Leben. Es offenbart sich jede Sekunde neu, schenkt uns das Mysterium der Liebe und trägt uns von Abenteuer zu Abenteuer.

DANKE FÜR DIE BEGEGNUNG JETZT MIT IHNEN.

Jwala und Karl

www.gamper.com

Erfolgreich am Marktplatz zu sein erfordert, die Schlüsselthemen zu beherrschen: Zeit, Geld, Kommunikation. Und einen Blick dafür zu haben, wohin die evolutionäre Reise führt. SO SCHÖN KANN WIRTSCHAFT SEIN gibt Antworten. Es ist ein „Fährbuch". Es ruft die Kulturell-Kreativen auf den Marktplatz, lädt diese Szene ein – die immerhin mehr als ein Drittel der Menschen in der Ersten Welt ausmacht – mit ihren Ideen, ihrem Anliegen, ihrem Spirit hervorzutreten.

GEH' AUF DEN MARKTPLATZ, STEIG EIN IN DAS WETTSPIEL DER IDEEN UND HAB ERFOLG DAMIT.

Das innovative Wirtschaftsbuch von Karl Gamper mit Signs by Jwala.
Erschienen bei: J. Kamphausen. 168 Seiten. 2. Auflage 2007
ISBN 978-3-89901-073-2

J. Kamphausen

35 cm inkl. Spiralbindung

72 cm inkl. Weidenstab

Eine Mappe, die wirkt.
Ab dem Moment, wo sie an der Wand hängt.
Sie wirkt ermutigend. Unterstützend. Es ist eine stille Kraft, die wirkt.

SIGN-MAPPE >ANFANGEN< VON JWALA GAMPER.

12 Sign-Seiten zur Auswahl. Edles Papier. Mit Spirale und Weidenstab zum Aufhängen.
Bestellen bei: www.gamper.com · ISBN: 978-3-9501903-9-7 – edition.gamper.com